सियाचिन
दुनिया की सबसे ऊँची युद्धभूमि

सियाचिन
दुनिया की सबसे ऊँची युद्धभूमि

नितिन अनंत गोखले

BLOOMSBURY
NEW DELHI • LONDON • OXFORD • NEW YORK • SYDNEY

First Published, 2016

BLOOMSBURY PUBLISHING INDIA PVT. LTD.
New Delhi London Oxford New York Sydney

ISBN: 978-93-84898-61-8

10 9 8 7 6 5 4 3 2 1

Published by Bloomsbury Publishing India Pvt. Ltd.
DDA Complex LSC, Building No. 4, 2nd Floor
Pocket 6 & 7, Sector C
Vasant Kunj, New Delhi 110070

Printed and bound in India by Replika Press Pvt. Ltd.

भारत
के उन जवानों के नाम
जिन्होंने इस देश को काफी कुछ दिया
और जिन्हें चाहिए देशवासियों से वो सम्मान और पहचान
जिसके वे हकदार हैं

आभार

इस किताब को लिखना शायद मुमकिन नहीं हो पाता अगर इन दोस्तों, वरिष्ठों और संस्थानों ने अपनी अमूल्य जानकारियां हमसे साझा नहीं किया होता।

- भारतीय सेना
- भारतीय वायुसेना
- लेफ्टि जनरल (रिटा) एमएल छिब्बर
- ब्रिगेडियर (रिटा) वीएन वर्मा
- कर्नल (रिटा) नरिंदर 'बुल' कुमार
- लेफ्टि जनरल आरके नानावटी
- एवीएम (रिटा) मनमोहन बहादुर
- लेफ्टि जनरल संजय कुलकर्णी
- लेफ्टि जनरल केएच सिंह
- मेजर जनरल शौकीन चौहान
- लेफ्टि जनरल (रिटा) पीसी कटोच
- ब्रिगेडियर अभिजित बापट
- एयर कमोडोर (रिटा) अनिल के सिन्हा
- ग्रुप कैप्टन (रिटा) डब्ल्यूवी रामाराव
- 'कैप्टन' जोसेफ 'सैम' सैमुअल
- कर्नल (रिटा) गोपाल करुणाकरन
- कर्नल (रिटा) दानवीर सिंह
- आर्मी मेडिकल कॉर्प्स
- केतकी आंग्रे
- मयंक सिंह
- JAK LI रेजिमेंटल सेंटर

प्रस्तावना

रणनीतिक स्तर की बात करें तो वहां लंबी याददाश्त, दूरदर्शिता और विज़न की जरूरत होती है।

सीमाएं राष्ट्र के पहचान की जमीनी अभिव्यक्ति हैं। विवादित सीमाएं अक्सर जंग की वजहें बनती हैं, सियाचिन दोतरफा विवादित सीमाओं के बीच है, पाकिस्तान और चीन। नितिन गोखले की किताब "सियाचिन: दुनिया की सबसे ऊँची युद्धभूमि" ने मुझे भारत के लिए इसकी सामरिक अहमियत और इसे सुलझाने की राह में आने वाली जटिलताओं को लेकर लिखने का एक मौका दिया।

देश के उत्तरी–पश्चिमी सिरे पर अवस्थित सियाचिन काराकोरम रेंज में (लद्दाख रेंज के उस पार) है। जहां ग्लेशियर 23,000 फीट से 12,000 फीट पर उतरता है। 75 किमी लंबा ये ग्लेशियर करीब 10 हजार वर्ग किमी के दायरे में फैला है जहां इंसानी मौजूदगी नहीं है। दूसरे ग्लेशियरों समेत सियाचिन उस इलाके में सिंधु नदी के लिए पानी का अहम स्रोत है जो लद्दाख और करगिल के बाद पाक अधिकृत कश्मीर से होकर बहती है। इस इलाके पर हम अपना दावा अक्टूबर 1947 में हुए जम्मू कश्मीर के भारत में विलय और 1949 में हुए कराची समझौते के तहत करते हैं जिसमें सीजफायर लाइन को ये कहते हुए पारिभाषित किया गया कि वो प्वाइंट एनजे 9842 से 'उत्तर दिशा में ग्लेशियरों के इलाकों के लिए' (सालतोरो रिज की ओर) जाती है।

पाकिस्तान की कोशिश एनजे 9842 को भारत–चीन सीमा पर मौजूद काराकोरम दर्रे से जोड़ने की रही (यानी बजाय सीधे उत्तर जाने के उसे उत्तर–पूर्व की ओर ले जाना) जिसकी शुरुआत पर्वतारोहियों के दल भेजने से हुई और बाद में उसकी योजना सशस्त्र सेना के इस्तेमाल में कब्जा करने की थी जिसे सेना ने अप्रैल 1984 में "ऑपरेशन मेघदूत" के जरिए नाकाम कर दिया। भारतीय सेना ने सालतोरो रिज पर कब्जा कर इसे और यहां से पूर्व के इलाकों को पूरी तरह से सुरक्षित कर लिया। यहां

सेना की तैनाती ने (क) भारत को सालतोरो रिज के पश्चिम घाटी में मौजूद पाकिस्तानी सेना के मुकाबिल मजबूत पोजीशन में ला दिया, (ख) सालतोरो रिज पास के जरिए लद्दाख में होने वाले घुसपैठ पर लगाम लगाई, (ग) तुर्तुक और उसके दक्षिणी इलाके में पाकिस्तानी सेना की गतिविधियों को सीमित किया, इसके सबसे उत्तरी छोर इंदिरा कोल से साग्शम घाटी (जिसे पाकिस्तान ने अवैध तरीके से चीन को स्थानांतरित किया है) पर नजर रखी जा सकती है और काराकोरम दर्रे तक पाकिस्तान की पहुंच का रास्ता बंद कर दिया। इसके बाद से एनजे 9842 से उत्तर के इलाके में मौजूद भारतीय सेना की पोजीशन को एक्चुअल ग्राउंड पोजीशन लाइन (AGPL) कहा जाता है।

सियाचिन पाकिस्तानी सेना के लिए हमेशा से एक करारा झटका माना जाता रहा है। दरअसल ये बात कभी भी सार्वजनिक नहीं की गई कि सालतोरो रिज के इलाके पर भारतीय सेना मुस्तैदी से ज़मी है और सियाचिन के करीब उसकी कहीं कोई मौजूदगी तक नहीं है। शिकस्त का ये अहसास कई बार कई मौकों पर देखने को भी मिल चुकी है, जब भारतीय सेना ने पाकिस्तान की योजना को नाकाम करते हुए पहले ही सालतोरो रिज पर कब्जा कर लिया तब बेनजीर भुट्टो ने सार्वजनिक तौर पर ये कहते हुए पाकिस्तान की सेना पर ताना कसा था कि वो 'सिर्फ अपने नागरिकों से लड़ने के लायक' है। उन्होंने दूसरी बार भी ऐसा ही किया जब 1987 में भारतीय जवानों ने नायब सूबेदार बाना सिंह की अगुवाई में 21,000 फीट की ऊंचाई पर मौजूद कायदे आजम पोस्ट पर अपना कब्जा जमा लिया, जिसे बाद में बाना पोस्ट का नाम दिया गया।

पाकिस्तान के लिए सियाचिन एक टीस की तरह है, जैसे जिस्म में कांटे चुभने पर अहसास होता है, पाकिस्तानी सेना का मनोवैज्ञानिक कमजोर पहलू। परवेज मुशर्रफ एक जमाने में यहां स्पेशल सर्विसेज़ ग्रुप के कमांडर रह चुके हैं जिन्होंने भारतीय चौकियों पर कब्जे की कई नाकाम कोशिशें की। 1999 के करगिल जंग के पीछे पाकिस्तानी सेना के जेहन में सियाचिन के एक हिस्से पर 'दोबारा कब्जा' कर उस इलाके की अहम सप्लाई लाइन काटकर अलग–थलग करने की योजना भी थी। उन्हें न सिर्फ मुंह की खानी पड़ी बल्कि एक महंगी कीमत भी चुकानी पड़ी।

और अब बात चीन–पाक की सामरिक साजिश और साझेदारी में चीन की भूमिका थी!

1950 में तिब्बत पर कब्जा जमाने के दो साल बाद, चीन ने अक्साई चिन इलाके से होकर तिब्बत को झिंग्झियांग से जोड़ने वाली सामरिक सड़क (चीन नेशनल हाइवे 219) बनाने का काम शुरू किया, जो जम्मू–कश्मीर राज्य का हिस्सा माना जाता है। अक्साई चिन से होती हुई ये सड़क 1957 में पूरी हो गई जिसकी तिब्बत की सीमा के साथ विवादों के कई रिकार्ड मौजूद हैं। विवादित सीमा और इलाके पर होने वाले दावे 1962 में हुई भारत–चीन जंग के आधार बने। जंग के फौरन बाद 1963 में चीन और पाकिस्तान ने एक सीमा समझौते पर दस्तखत किए और पाकिस्तान ने एकतरफा फैसला लेते हुए सांग्शम घाटी (सालतोरो रिज से आगे का इलाका जो तब पाक अधिकृत जम्मू–कश्मीर का हिस्सा था) को चीन के हवाले कर दिया। इस समझौते के तहत काराकोरम दर्रे को पाकिस्तान–चीन सीमा का पूर्वी छोर बताया गया है और पाकिस्तान ने नक्शे पर 1949 के कराची समझौते में कहे गए 'वहां से उत्तर ग्लेशियरों की तरफ' की अनदेखी करते हुए सीमा रेखा को एनजे 9842 से उत्तर–पूर्व की तरफ काराकोरम दर्रे से जोड़ दिया। जिसका नतीजा था अभी तक चीन और भारत की सीमा पर रहे काराकोरम दर्रे में पाकिस्तान की दखल।

ये बात गौर करनी होगी कि चीन, पाकिस्तान के साथ जम्मू–कश्मीर की सीमा रेखा (काराकोरम दर्रे के पश्चिम) मसले को बातचीत के जरिए सुलझाना चाहता था लेकिन उस वक्त तक वे भारत के साथ इस मसले को 'विवादित' बताकर बातचीत करने से मना करते रहे।

1987 में चीन और पाकिस्तान ने सीमा निर्धारण समझौते पर दस्तखत किए। काराकोरम दर्रे को सीमा का आखिरी छोर दिखाना और अक्साई चिन पर चीन की संप्रभुता को पाक की मान्यता देना, उनकी मिलीभगत की कलई खोलता है।

1997 में जब मैं चीफ ऑफ आर्मी स्टाफ था, चीन भरोसा बहाली के कदमों के तहत अपने कमांडर को लेह में भारतीय समकक्ष से बैठक के लिए भेजने पर तैयार हो गया। लेकिन तारीख करीब आई तो ये प्रस्ताव आया

कि बैठक लेह की बजाय नई दिल्ली में रखी जाए। इसका चूंकि कोई मतलब नहीं बनता था लिहाजा बैठक रद्द कर दी गई। करगिल जंग के बाद, युद्ध क्षेत्र का जायजा लेने के लिए पाकिस्तान छोड़कर दूसरे सभी देशों की मिलेट्री अटैची को निमंत्रण दिया गया, चीन के अटैची ने आने से मना कर दिया।

चार साल पहले चीन ने जम्मू–कश्मीर से आने वाले नागरिकों को 'स्टेपल वीजा' जारी करना शुरू किया। उसने जीओसी इन कमांड, नॉर्दन कमांड को वीजा देने से मना कर दिया, जो उस वक्त चल रहे सैन्य स्तर सहयोग को लेकर चीन की आधिकारिक यात्रा पर जा रहे थे।

चीन ने अब उत्तरी इलाके में अपनी नागरिक और सैनिक मौजूदगी बढ़ा ली है और इसके मुताबिक बुनियादी ढांचे भी मजबूत कर रहा है। इसमें पुनर्निमाण के उन प्रोजेक्ट्स को प्राथमिकता दी जा रही है जिनका रिश्ता 2009 में तबाह हुए काराकोरम हाइवे की मरम्मत और अपग्रेडेशन से जुड़े हैं। चीन की योजना झिंझियांग के काशगर से पाकिस्तान के पोर्ट ग्वादर तक रेलवे ट्रैक और तेल पाइप लाइन बिछाने की भी है।

आज की तारीख में सियाचिन से सेना को हटाना और भी मुश्किल क्यों है?

जब कभी भारत और पाकिस्तान सियाचिन मुद्दे पर चर्चा करते हैं तो पाकिस्तान आधिकारिक तौर पर एजेपीएल के वजूद और वहां भारतीय सैनिकों की मौजूदगी से इंकार करता है। पाकिस्तान की मांग है कि भारतीय सैनिक 1972 के पहले वाली पोजीशन में लौटे यानी एनजे 9842 और काराकोरम दर्रे को जोड़ने वाली लाइन के पूरब। बिना किसी प्रामाणिक औपचारिकता के किसी सामरिक महत्व के इलाके को लेकर इतना विवाद जाहिर है। पाकिस्तानी सेना के लिए सालतोरो रिज और ग्लेशियर आसान पहुंच में हैं, इससे चीन के लिए सांक्शम घाटी की सुरक्षा भी पुख्ता होगी ताकि आगे चलकर वहां राजनीतिक नियंत्रण पर आखिरी मुहर लगाई जा सके।

बेशक अपने शुरुआती दिनों में सेना की किसी असाध्य को साध्ने सरीखी सैन्य चुनौतियों के अलग, सियाचिन इलाके को सुरक्षित बनाने और बनाए

रखने की कवायद देश के संसाधनों के लिहाज से एक खर्चीली जिम्मेदारी रही, हालांकि बाद के सालों में अनुभवों और बेहतर तकनीक की मदद से इन तमाम मुश्किलों पर कापफी हद तक जीत हासिल की जा चुकी है।

भारत और पाकिस्तान (खासकर पाक सेना) के बीच भरोसे की कमी कोई नई बात नहीं है। बिना एजीपीएल के औपचारिक मान्यता के भविष्य में होने वाली किसी भी घुसपैठ का फैसला कैसे हो सकती है? ये बात साफ कर देना जरूरी है कि आज की तारीख में निगरानी की ऐसी कोई भी सौ फीसदी कारगर तकनीक मौजूद नहीं है जिससे छिटपुट या छोटे स्तर पर होने वाली घुसपैठ का पता लगाया जा सके या इस पूरे इलाके पर नजर रखी जा सके। क्या सालतोरो रिज सरीखे सामरिक तौर पर बेहद संवेदनशील मोर्चे पर मजबूती से जमे भारत को इस विश्लेषण के आधार पर छोड़ देना चाहिए कि वहां फायदे के मुकाबले खर्च ज्यादा आ रहा है या फिर वहां घास का एक तिनका तक नहीं पनप सकता? तो दक्षिणी ध्रुवीय इलाके के गंगोत्री में तिरंगा लहराने का क्या मतलब है? क्या भारत एजीपीएल की मान्यता मिलने तक पाकिस्तान पर भरोसा कर सकता है, खासकर करगिल और एलओसी पर पाक सेना की करतूतों को देखने के बाद? पाकिस्तान से इस मसले पर बातचीत करते वक्त वार्ताकारों को अपने जेहन में इन बातों को रखने की जरूरत है।

अभी तक बहुत कम लोगों ने ही सियाचिन को लेकर विस्तार से लिखा है, जो पहले दुनिया का सबसे ऊंचा जंग का मैदान बना और अब सबसे ऊंचा संघर्ष का इलाका कहा जा सकता है। एक 'पूर्वसैनिक' के बेटे नितिन गोखले, जिनकी पहचान अब लेखक, शिक्षक और अनुभवी पत्रकार की है, अपनी किताब 'सियाचिनः दुनिया की सबसे ऊँची युद्ध भूमि' में सियाचिन से जुड़े तथ्यों का गहराई से विस्तृत विश्लेषण किया है। किताब में उन जवानों और अफसरों से बातचीत का अंश भी है जो 'ऑपरेशन मेघदूत' का हिस्सा रहे थे या अपनी भूमिका निभाई थी, इससे तथ्यों में विश्वसनीयता और मानवीयता का पुट मिलता है। साथ ही ग्लेशियर ऑपरेशन से जुड़ी बड़ी संख्या में बेहतर, दुर्लभ और अनदेखी तस्वीरें इसे जीवंत बनाने के साथ वहां की मुश्किलों से लोगों को रूबरू कराती हैं।

नितिन गोखले के 30 सालों का अनुभव, खबरों के पीछे भागने की चाहत और संजीदगी से किए गए शोध ने इस पुस्तक को बेहद रोचक और सूचनाप्रद बनाया है।

जनरल वीपी मलिक

पूर्व चीफ ऑफ आर्मी स्टाफ

251, सेक्टर 6, पंचकुला 134109

विषय सूची

मनोगत

"पहाड़ और सेना दोनों ही मुझे बराबर लुभाते हैं"

शायद इसलिए कि 1983 से 2006 तक मैं देश के नॉर्थ–ईस्ट इलाके से रिपोर्टिंग करता रहा और इस दौरान दूसरों के मुकाबले इनसे घुलने मिलने का ज्यादा मौका मिला।

सियाचिन योद्धाओं को एक मूक श्रद्धांजली अर्पित

सियाचिन युद्ध स्मारक पर लेखक पत्नी नेहा के साथ

वो 1999 की गर्मियां थी।

उस दौरान आउटलुक मैगजीन के एक खोजी और खतरों से खेलने के शौकीन एडिटर का साथ मुझे करगिल के पहाड़ों में ले गया। तब मैंने पहली बार सियाचिन का नाम सुना, वो भी बस यूं ही आते–जाते।

भारत और पाकिस्तान के बीच जारी जंग के दौरान गुजारे उन 45 दिनों में मुझे कई मौके पर ये कमेंट सुनने को मिला कि, पाकिस्तान का असली मकसद संपर्क काटकर सियाचिन को अलग–थलग करने का है। लेकिन एक रिपोर्टर जिसे हमेशा अगले दिन की स्टोरी की फिक्र लगी हो, उसे करगिल जंग के पीछे की सामरिक नीतियों और पहलुओं के बारे में सोचने का मौका कहां था?

2006 में दिल्ली शिफ्ट करने के बाद मुझे एनडीटीवी में बड़ी जिम्मेदारियां संभालने का मौका मिला, जो अपने नजरिए को और व्यापक बनाने का एक सुनहरा अवसर भी रहा।

शुरुआती चंद महीनों में ही सियाचिन का सवाल एक बार फिर उठा जब

भारत–पाकिस्तान के बीच स्थायी शांति की वार्ता के लिए संदर्भों की तलाश हो रही थी। भारत और पाकिस्तान के बीच चल रहे आधी सदी पुराने इस विवाद का फौरी हल तलाश रहे कूटनीतिज्ञों को सियाचिन और सर क्रीक कम मेहनत में अच्छे नतीजे वाले टार्गेट लगे, जिनसे व्यापक शांति समझौते की पहल हो सके।

जब बातचीत परवान न चढ़ सकी और बात बेनतीजा रही तो तत्कालीन सेना प्रमुख को इसलिए बलि का बकरा बनाने की कोशिश हुई जिन्होंने इस बात पर जोर दिया था कि सियाचिन के हल पर पहुंचने से पहले नक्शे पर भारतीय और पाकिस्तानी सेना की जमीनी पोजीशन की मार्किंग की जानी चाहिए, पाक इसके लिए तैयार नहीं था। तथाकथित शांति के पक्षधरों ने भारतीय सेना पर देश की विदेश नीति को लेकर वीटो लगाने का जिम्मेदार ठहराया गया, जबकि सेना ने कहा कि उसने अपनी एक्सपर्ट सलाह दी थी।

इस बार सियाचिन के फोकस में आते ही मेरी पुरानी दबी दिलचस्पी जाग उठी, मैंने उपलब्ध सारी चीजें पढ़ना शुरू कर दिया और उन लोगों से

अक्टूबर 2013 में सियाचिन बैटल स्कूल में

बातचीत भी की जो वहां ग्लेशियर पर तैनात रह चुके थे। जुलाई 2007 में मुझे पहली बार सियाचिन जाने का मौका मिला। मैंने वहां बेसकैंप में चार दिन गुजारे, जवानों और पायलटों से बातचीत करते हुए उनकी दिनचर्या पर गौर किया, उन के शारीरिक और मानसिक समझौतों को महसूस किया। उन्हें इतनी ऊंचाई पर तैनाती से पहले तीन महीने की ट्रेनिंग देकर तैयार किया जाता है, एक ऐसी जगह के लिए जहां इंसान ज्यादा वक्त नहीं गुजार सकता।

अगले छह सालों तक मैं लद्दाख जाता रहा, एक बार तो पूरे परिवार के साथ खासा लंबा वक्त गुजरा और कम से कम आधे दर्जन अपने काम के सिलसिले में गया। चीन से लगी सीमा के विवादों पर रिपोर्टिंग, एक कुदरती हादसा और फिर करगिल विजय के दस साल। इन सबके बावजूद सियाचिन एक–आध अधूरा रहस्य बना रहा, मुझे भारत की आधिकारिक पोजीशन पता थी, इतनी ऊंचाई वाले इलाके में सेना की तैनाती और इसके लिए जरूरी बंदोबस्त में जुटे उन हवाई जांबाजों की भूमिका की भी जानकारी थी। लेकिन कई बीच की कड़ियां गायब थीं।

सेना विमानन पायलेटों और आधार शिविर के अन्य अधिकारियों के साथ

थॉइज एयरफील्डः सियाचिन के लिए लाइफ लाइन

1984 की गर्मियों में किस शख्स या लोगों ने सालतोरो के दूसरी ओर के इलाके को पाकिस्तानी की नजर से सुरक्षित बनाया? क्या ये फैसला राजनीतिक था या सेना का? या फिर इन दोनों का मिला जुला फैसला था? काराकोरम इलाके में पाकिस्तान की अवैध घुसपैठ का पता कैसे चला?

ये सारे सवाल मेरे दिमाग में थे, तभी संयोग से पूर्व सेंट्रल आर्मी कमांडर लेफ्टिनेंट जनरल वीके अहलूवालिया की एक किताब के लॉन्च समारोह के मौके पर मेरी मुलाकात ब्लूम्सबरी इंडिया के सुरेश गोपाल जी से हुई। एक हफ्ते बाद हम डिनर पर बातचीत कर रहे थे, तभी सुरेशजी ने पूछा कि मैं किस विषय पर किताब लिखना चाहूंगा तो मैंने फौरन जवाब दिया... भारत के नॉर्थ–ईस्ट पर एक समग्र पुस्तक। इसके बाद मैंने उन्हें बताया कि उस पूरे इलाके से मैं कितना करीब से जुड़ा रहा हूं। उन्होंने कहा जरूर, लेकिन भारतीय सेना को लेकर कैसा रहेगा?

और तब मैंने बगैर एक पल हिचके कहा... सियाचिन पर किताब को लेकर आप क्या सोचते हैं?

मैं नहीं जानता ऐसा क्यों कहा, मुझे पता था कि इससे पहले इस विषय पर चार किताबें लिखी जा चुकी हैं, मैंने इस विषय पर जरूरी रिसर्च भी नहीं किया था और इस बात को लेकर भी पक्का नहीं था कि सियाचिन के इलाके में पहुंच बन सकती है। तो मैं किस आधार पर एक किताब लिखने चला था? लेकिन ब्लूम्सबरी उत्सुक था और मुझे भी लगता है वो सही वक्त था। मुझे पता था कि अप्रैल 2014 में भारतीय सेना की सबसे लंबी तैनाती ऑपरेशन मेघदूत के 30 साल पूरे होने थे, इस लिहाज से एक डेडलाइन भी पहले से ही तय थी, अगर मुझे सियाचिन पर कोई किताब लिखनी थी तो इसे उसकी 30वीं सालगिरह के मौके पर आ जाना चाहिए था, इस तरह मेरे पास सारे तथ्यों, दस्तावेजों को जुटाने और पढ़ने से लेकर मैनुस्क्रिप्ट तैयार करने के लिए छह महीने से भी कम का वक्त था।

प्रकाशक की तरफ से बढ़ते दबाव को देखते हुए मैं विषय की गहराइयों में उतरता गया। अक्टूबर 2013 तक मुझे सेना की तरफ से सियाचिन बेसकैंप जाने और वहां तैनात रहे लोगों से मिलने की इजाजत मिल गई। मैं बेहद उत्साहित था और उन लोगों के अनुभवों को सहेजने लगा जो ग्लेशियर पर तैनात रह चुके थे। सूचनाओं का प्रवाह खुल चुका था।

तुर्तुक के रास्ते पर पत्नी नेहा के साथ

जब सियाचिन की गाथा को कालक्रम से लिखने की मेरी कोशिशों की बात लोगों को पता चली, वो भी गाथा उन बेमिसाल बहादुर जवानों की, भारतीय सैनिकों की उस निष्ठा और बलिदान की तो कई सैनिक और हवाई जांबाजों ने जो अब सेना छोड़ चुके थे, अपने अपने अनुभवों को मुझसे साझा करने के लिए संपर्क करने लगे। सेना, वायुसेना और आर्मी मेडिकल कॉर्प्स के कई अफसरों ने खुद से आगे बढ़कर मुझसे सूचनाएं साझा की। हर कोई उन दिनों से जुड़ी यादों के उन पन्नों को दोबारा पलट रहा था, पुराने अल्बमों को पलट रहा था जब वे एक अनजाने इलाके में बिलकुल अलग तरह के मिशन का हिस्सा थे। हर किसी ने मेरे लिए अपना कीमती वक्त निकाला और अपनी बातचीत रिकार्ड करने की इजाजत दी। ऐसा लग रहा था कि सियाचिन से जुड़ा हर जांबाज अपनी यादों के पिटारा को खोलना चाहता है, कुछ कहकर अपने आप को हल्का करना चाहता है जिन्हें एक अरसे तक अपने दिल में दबाए रखा हो।

सारे तथ्यों पर नजर डालने के बाद मैं ये तय कर चुका था कि किताब कैसी नहीं होनी चाहिए, यानी एक नीरस, रारकारी रिपोर्ट की तरह जो सेना के ऑपरेशन की जानकारी देती हो। इसके बदले हमने तय किया कि इसमें मानवीय पहलू होंगे, वो हादसे, नेतृत्व की भूमिका, सियाचिन के जवानों की निष्ठा और उनकी बहादुरी।

इस किताब को पक्के तौर पर ऑपरेशन मेघदूत का इतिहास नहीं कह सकते, लेकिन ये इतिहास का कतरा जरूर है कम–से–कम उन लोगों की निगाह से जिन्हें सियाचिन पर तैनात रहने का मौका मिला। मेरी मंशा किसी रक्षा विश्लेषक होने की कतई नहीं है। मैं एक पत्रकार हूं जिस पर भारतीय सेना के जवान और अफसरों ने भरोसा किया, एक ऐसा भरोसा, जिसे हमारे पेशे में किसी भी दूसरी चीज से कहीं ज्यादा अहमियत हासिल है।

एनजे 9842 से आगे, सियाचिन गाथा एक सामूहिक प्रयास का नतीजा है जिसमें कई लोगों ने अपना योगदान दिया, लेकिन आखिरी जिम्मेदारी मेरी बनती है। कई सारे दोस्त, सहकर्मी, वरिष्ठ सेना अधिकारी और कूटनीतिज्ञों ने अपना वक्त और नज़रिया दिया, लेकिन छह महीने के भीतर ये पूरी किताब तैयार नहीं हो सकती थी अगर मुझे पत्नी नेहा से

हर हमेशा सहयोग ना मिला होता। चाहे वो सुबह चार बजे उठने की मेरी आदत हो या पिफर बेडरूम में ही कंप्यूटर पर लगातार लिखने का काम, उन्होंने सब कुछ बड़ी सहजता से लिया। छह महीने की डेडलाइन पूरी करने की धुन में मैं परिवार को उतना वक्त नहीं दे पाता था और ज्यादातर पारिवारिक मसलों से दूर ही रहा। यहां तक कि उन्होंने मेरे साथ सियाचिन बेसकैंप जाने की भी बहादुरी दिखाई। हमेशा जब मैं कोई किताब पूरी करता हूं, वैसे ये चौथी है तो मैं उनसे वादा करता हूं कि अगली बार कम वक्त में कोई किताब पूरी करने की जिम्मेदारी नहीं लूंगा। उम्मीद है अगली बार कोई प्रोजेक्ट हाथ में लेते वक्त मैं अपने वादे पर कायम रहूं। हमारे दोनों लड़के हर्ष और उत्कर्ष जो अब बड़े हो चुके हैं लेकिन सवाल वही होते हैं जो मेरे शुरुआती दिनों में पूछे जाते हैं जब मैं न्यूज एडिटर हुआ करता था... मैनुस्क्रिप्ट पूरा होने में अभी कितने दिन लगेंगे? इसमें इतना ज्यादा वक्त क्यों लग रहा है? उनके बेलाग मशविरे और नेहा की सकारात्मक आलोचना से मुझे ताकत मिलती है।

कई और लोगों से भी इस किताब में सहयोग मिला, जिन लोगों के नाम लिए जा सकते हैं आगे के पन्नों पर जगह दी गई है, लेकिन जिनके नहीं है वे भी कम अहम नहीं हैं। मैं उन सभी का आभारी हूं। मैं पूर्व चीफ ऑफ स्टाफ जनरल वीपी मलिक का शुक्रिया अदा करना चाहूंगा जिन्होंने सियाचिन को सामरिक संदर्भ में रखते हुए इसकी भूमिका लिखी।

तीन दशक लंबे ऑपरेशन मेघदूत सरीखे ऑपरेशन में कई अनकही कहानियां होंगी, मैंने ज्यादा से ज्यादा को शामिल करने की कोशिश की है, जिन्हें नहीं कर सका वो मेरी असफलता है। लेकिन इस किताब को पढ़े और मूल्यांकन करें।

ये आपको एकदम से खड़े होकर ये कहने को मजबूर कर देगी – मां तुझे सलाम!

नई दिल्ली, नितिन ए गोखले

ऑपरेशन मेघदूत – प्रारंभिक दिन

I

सियाचिन के लिए चलें

'अपने मियां को मत जाने दो कर्नल कुमार के साथ!'

सन 1975 में, अगर वो जर्मन अभियान दल उत्तर पश्चिमी भारत के लद्दाख इलाके से गुजरने वाली सिंधु नदी में राफ्टिंग के लिए नहीं आता, तो आज ये किताब नहीं लिखी गई होती।

कर्नल 'बुल' कुमार (बायें) 2013 में और उनके युवा दिन

उस अभियान का शुक्रिया कहिए कि उस दौरान भारत के मशहूर सैनिक पर्वतारोही कर्नल नरिंदर 'बुल' कुमार के हाथ वो नक्शे लगे जिसमें इस बात के संकेत थे कि पाकिस्तान सियाचिन ग्लेशियर के इलाके में अपनी पोजीशन आगे बढ़ाकर बता रहा है, साथ ही इसमें काराकोरम रेंज के पहाड़ों को लेकर भी बदलाव किए गए थे।

इसके बाद घटनाएं एक के बाद एक बदलती गई और नतीजतन अप्रैल 1984 में भारत को एक ऑपरेशन लॉन्च करना पड़ा और इस तरह सियाचिन दुनिया का सबसे ऊंचा जंग का मैदान बन गया।

लेकिन यहां मैं इससे पहले की कहानी बताना चाहूंगा।

सितंबर 2013, मैं मशहूर कर्नल कुमार के साथ दक्षिणी दिल्ली के उनके अपार्टमेंट में बैठा बातें कर रहा था और तभी अपने वॉयस रिकार्डर को ऑन कर दिया। बुल कुमार ने मुझसे पहले ही पूछा कि क्या मेरे पास पूरा वक्त है? फिर बिना मेरे जवाब का इंतजार किए कहने लगे, "मैं आपको एक बहुत लंबी कहानी सुनाने जा रहा हूं कि कैसे हमने सियाचिन को लेकर पाकिस्तान के मंसूबों पर पानी फेर दिया।"

मेरे पास भी वक्त की कोई कमी नहीं थी।

कर्नल कुमार के मुताबिक कहानी असल में 1975 से शुरू होती है।

उन दिनों शेख अब्दुल्ला जम्मू–कश्मीर के मुख्यमंत्री हुआ करते थे और कर्नल कुमार मशहूर पर्यटक स्थल गुलमर्ग के नेशनल स्की स्कूल में डेपुटेशन पर थे। "एक दिन मुझे शेख साहब का संदेश मिला", शायद दो जर्मन सिंधु नदी में राफ्टिंग के लिए जाना चाहते थे जो उनके मुताबिक दुनिया की पांचवीं बड़ी चुनौती थी और इससे पहले अभी तक किसी ने ऐसा नहीं किया था। शेख साहब ने उनसे कहा कि "अगर इस मुहिम में कोई तुम्हारी मदद कर सकता है तो वो कर्नल कुमार है। किसी वजह से उन्हें मुझपर यकीन था।"

मुस्तफा कमाल, शेख अब्दुल्ला के ही बेटे जो बहुत मशहूर नहीं थे, तनमर्ग में रहते थे। उन्होंने कर्नल कुमार से कहा कि फौरन शेख अब्दुल्ला से मुलाकात कर लें। कर्नल कुमार जब श्रीनगर पहुंचे तो मुख्यमंत्री शेख

अब्दुल्ला ने उनकी मुलाकात दोनों जर्मन से कराई और प्रोजेक्ट में मदद करने को कहा।

अभियान शुरू हुआ, कर्नल कुमार उसके टीम लीडर थे। राफ्टिंग दक्षिण पूर्व लद्दाख में चुमथांग से शुरू होनी थी जो डेमचोक से ज्यादा दूर नहीं है, यहां सिंधु नदी तिब्बत सीमा लांघकर भारत में आती है। इसकी इजाजत मिलने में वक्त लगा, उन दिनों लद्दाख में किसी विदेशी की मौजूदगी के लिए पहले सेना और फिर राज्य के गृह मंत्रालय से हरी झंडी लेनी होती थी, जिसे 'इनर लाइन परमिट' कहते थे। इस मामले में शेख साहब ने बिना सेना के क्लियरेंस के सीधे परमिट जारी किया।

अभियान जो शायद सिंधु नदी में कोई पहली राफ्टिंग मुहिम थी बिना किसी बाधा के पूरी हो गई। "हमें चुमथांग से खलसी तक राफ्टिंग में पांच दिन लगे, इसके आगे सिंधु पाकिस्तान की सीमा में चली जाती है।" कर्नल कुमार ने मुझे उस जमाने के अखबार भी दिखाएं जो अलग–अलग हेडरों से छपे थे "Indo-German team tames the Indus" किसी ने तड़का लगाया "Pying down river Indus"।

लेकिन कर्नल कुमार को इस बात का अंदाजा नहीं था कि मुहिम के बाद मुसीबतें उनके इंतजार में हैं। तब देश में इमरजेंसी लागू थी और ऐसे में किसी विदेशी के साथ ज्यादा मेलजोल सेना की नजर में कोई तारीफ का काम नहीं था, लिहाजा बुल कुमार से उनके ब्रिगेडियर ने जवाब तलब किया कि वो बिना सेना की इजाजत के ही राफ्टिंग अभियान का हिस्सा क्यों बने? लेकिन शेख साहब और इंदिरा गांधी के अच्छे रिश्ते थे और उन्होंने सीधे प्रधानमंत्री से बात करके कर्नल कुमार को मुश्किल से उबार लिया।

नेशनल स्की स्कूल में उनका काम खत्म हुआ तो कर्नल कुमार वापस सेना में चले गए और वहां कंजनजंगा पर फतह हासिल करने के इरादे से निकले। 1977 के आखिर तक जब वो कंजनजंगा पर तिरंगा लहरा चुके थे कि उन्हें आर्मी चीफ जनरल टी एन रैना का संदेश मिला। दोनों ही कुमाऊँ रेजिमेंट से थे। लगातार कामयाबियों के एवज में बुल कुमार को हाई एल्टिट्यूट वारफेयर स्कूल का कमांडेंट बनाया गया। ये तब गुलमर्ग में हुआ करता था जिसे सोनमर्ग में शिफ्ट कर दिया गया है। ये जगह कश्मीर घाटी को लद्दाख से जोड़ने वाले जोजीला पास के करीब है।

किस्मत कैसे करवटें बदलती है, कर्नल कुमार की अगुवाई में सिंधु में राफ्टिंग करने वाला वो जर्मन दल एक बार फिर कश्मीर आया, जो अब सियाचिन ग्लेशियर से निकलने वाली नुब्रा नदी में राफ्टिंग करना चाहता था। इससे पहले किसी ने नुब्रा में राफ्टिंग नहीं की थी। जर्मन नागरिकों के पास कोई अमेरिकी नक्शा भी था। जब कर्नल कुमार अपने अगले अभियान की योजना तैयार करने बैठे तो उनकी आंखें उस नक्शे से चिपक कर रह गई। खासकर पूर्वी काराकोरम के इलाके में प्वाइंट NJ

9842 और काराकोरम पास को जोड़ने, वो लाइन कांटे की तरह चुभ रही थी।

''उस नक्शे को देखकर मुझे हैरानी तब हुई जब उसमें सीजफायर लाइन (अब लाइन ऑफ कंट्रोल) को काराकोरम दर्रे तक आगे बढ़ाया गया था।'' कर्नल कुमार याद करते हुए कहते हैं कि ''मुझे फौरन लग गया कि कुछ ना कुछ गड़बड़ है।'' उस मशहूर पर्वतारोही ने मुझे कहा और फिर 1961 के दिनों में ले गए।

''1962 की लड़ाई के एक साल पहले एक पर्वतारोहण अभियान के दौरान मैं फ्रॉस्टबाइट का शिकार हो गया जिसकी वजह से अस्पताल में रहना पड़ा था, बाद में मुझे खुफिया विभाग में अटैच कर दिया गया ताकि मैं आगे भी अपना इलाज करा सकूं। उस दौरान मुझे काफी स्टाफ वर्क करने का मौका मिला, मैं नक्शे देखता, ड्राफ्ट तैयार करने में मदद करता, सिचुएशन रिपोर्ट्स पढ़ता। मैं उस इलाके और उसके असली नक्शे को जानता था, सीजफायर लाइन जो अब लाइन ऑफ कंट्रोल या एलओसी कही जाती है, नक्शे पर प्वाइंट NJ 9842 पर खत्म हो जाती है, लिहाजा जब मैं 1977 के आखिर में मिले उस अमेरिकी नक्शे को देखा जिसमें उस लाइन को काराकोरम दर्रे तक बढ़ाया गया है, जबकि उसे उत्तर पश्चिम की ओर पहाड़ की चोटियों के सहारे आगे बढ़ना चाहिए था, मेरे दिमाग में खतरे की घंटी बजने लगी। नक्शे को पढ़ने और उससे जानकारियां हासिल करने की तमाम पुरानी ट्रेनिंग याद आ गई, मैंने उस लाइन को अच्छी तरह से अपने दिलोदिमाग में बिठा लिया और चुपचाप अभियान पूरा किया।''

लेकिन नक्शे ने कर्नल कुमार को इतना बेचैन क्यों किया, वे बताते हैं कि अमेरिकन नक्शे में NJ 9842 के आगे की लाइन का सीधा मतलब था कि पाकिस्तान अब जमीन के नए हिस्से पर दावा कर रहा है।

कर्नल कुमार को इतना याद नहीं कि उन जर्मनों के नक्शे यूएस डिफेंस मैपिंग एजेंसी के ऑपरेशनल नेविगेशन चार्ट थे या नहीं, लेकिन लेफ्टिनेंट जनरल वी आर राघवन जो सामरिक चिंतक और पूर्व डीजीएमओ रह चुके हैं, उन्होंने अपनी किताब *सियाचिनः कनफ्लिक्ट विदाउट एंड*, में लिखते हैं कि ''यूएस एजेंसी के 1974 संस्करण के नक्शे में पहली बार एक एयर

India's Position

- From map point NJ 9842 the delimitation line should run along the Saltoro Ridge. This line, called AGPL, is presently held by India
- Troops withdrawal is only possible if Pakistan accepts that the present positions belong to India

Pakistan's Position

- The delimitation line should run eastward from NJ 9842 joining with the Karakoram Pass
- Considers the present positions along AGPL held by India illegal

डिफेंस इन्फॉर्मेशन जोन दिखाया गया जो काराकोरम इलाके में भारत और पाकिस्तान को अलग करता है। इसका बंटवारा NJ 9842 के आगे लाइन को सीधे काराकोरम दर्रे तक खींचकर दिखाया गया था, बजाय अंतरराष्ट्रीय मानकों के जिसके तहत कुदरती सीमा पहाड़ों की चोटियां जिन्हें रिज लाइन भी कहते हैं, से होकर गुजरती है। ये सीमा नहीं हो सकती थी क्योंकि पहाड़ों के बीच सीधी लाइन नहीं खींची जा सकती।

पहले सीमाएं दो पहाड़ों के वाटरशेड या फिर नदियों के सहारे होती थी जबकि एडीआईजेड इनमें से किसी के मुताबिक नहीं था।'' जनरल राघवन ने ये बातें 2002 में लिखी।

पहाड़ों और मिलिट्री ट्रेनिंग का लंबा अनुभव रखने वाले कर्नल कुमार को ये भांपते देर नहीं लगी कि पाकिस्तान ने नए इलाकों पर दावा करने के लिए नक्शे में हेरफेर की है। इसमें भारत के लिए सबसे बड़ा खतरा ये था कि पाकिस्तान, चीन से वाया सियाचिन ग्लेशियर सीधा जुड़ने की फिराक में था।

बाद में नॉर्दन कमांड की 1984 की जायजा रिपोर्ट में इसकी तस्दीक हो गई। "पश्चिम में सालोभर खुला रहने वाले काराकोरम हाईवे से और पूरब में अक्साई चीन रोड तक, लद्दाख इन दो ताकतों की खुली कैंची के सामने पड़ा खुला शिकार है। सियाचिन से काराकोरम दर्रे तक के इलाके पर पाकिस्तानी कब्जे से नुब्रा घाटी और लेह के रास्तों पर उसका दबदबा कायम होगा। सियाचिन का भारत में होना किसी खूंटे की तरह था जो पाक अधिकृत कश्मीर, चीन को पाकिस्तान से मिले साढ़े चार हजार वर्ग किमी के इलाके और 1962 में चीन के कब्जे में गए अक्साई चीन के बीच भीतर जाकर धंसा हुआ था। इस इलाके पर पाकिस्तान के कब्जे से चीन की पकड़ और मजबूत होती जो पहले से ही वहां मौजूद है।"

तो जैसे ही 1977 का अभियान खत्म हुआ कर्नल कुमार ने जर्मनों से नक्शा छोड़कर जाने की गुजारिश की ''लेकिन वे जरा भी नहीं पसीजे, आखिरकार उन्हें उस नक्शे को रखने के लिए एक ठीक–ठाक रकम अदा करनी पड़ी।'' कर्नल कुमार कहते हैं ''तब मैं उस नक्शे को लेकर सीधा लेफ्टि. जनरल छिब्बर के पास गया, मेरी उनसे पुरानी पहचान थी, जब मैं मिलिट्री ट्रेनिंग डायरेक्टेरेट में था तब HAWS के लिए ढेर सारे ट्रेनिंग मैनुअल्स लिखा करता था, लिहाजा मुझे उनके पास सीधे जाने की छूट हासिल थी।''

लेकिन दिल्ली में बतौर डीएमओ, मेजर जनरल छिब्बर के पास कर्नल कुमार से मिलने के अलावा और भी कई जरूरी काम थे, लिहाजा उन्होंने कुमार को अपने ऑपरेशन डायरेक्टरेट के डिप्टी डायरेक्टर जनरलों में से एक, ब्रिगेडियर मेहता के पास ये कहते हुए भेज दिया कि 'मेरे इस

नौजवान पुराने ऑफिसर को अपने साथ ले जाओ, इसे चाय की प्याली दो और इसकी बकवास सुनो'। ये एक तरह से कर्नल कुमार को खारिज करने वाली बात थी।

लेकिन कर्नल कुमार अपनी सोच पर डटे रहे, उन्होंने ब्रिगेडियर मेहता से अपनी बात की शुरुआत उन संधियों से की जो महाराजा रंजीत सिंह के जमाने और उनके बाद होती आई है। ईस्ट इंडिया कंपनी से लेकर 1972 में इंदिरा गांधी और जुल्फीकार अली भुट्टो के बीच हुए शिमला समझौते तक, जब पुरानी सीजफायर लाइन को लाइन ऑफ कंट्रोल में बदल दिया गया। लंबे विचार–विमर्श के बाद ब्रिगेडियर मेहता कर्नल कुमार के उठाए उस मुद्दे पर आए जिसमें अमेरिकी नक्शे पर नए समीकरण और उसके खतरनाक नतीजे दिख रहे थे।

"ब्रिगेडियर मेहता को पूरा यकीन था कि मैं सही हूं, वो मुझे दोबारा डीएमओ के पास ले गए और पूछा, क्या दो मिनट का वक्त मिल सकता है?" कर्नल कुमार याद करते हुए कहते हैं कि "जब ब्रिगेडियर मेहता ने डीएमओ को ये बताया कि नक्शे की वो लाइन गलत है और इसका असर लद्दाख की सुरक्षा पर पड़ेगा। फिर डीएमओ ने उस अमेरिकी नक्शे पर दोबारा नजर डाली तो हैरान रह गए।"

कर्नल कुमार के मुताबिक फिर तो डीएमओ के ऑफिस में बड़ी हलचल मची।

नक्शे को देखते हुए जनरल छिब्बर ने कहा, "अरे पाकिस्तान खुद से दस हजार वर्ग किमी पर कब्जा कर रहा है और हम कुछ जानते ही नहीं। ये लाइन 1963 में खींची गई थी और हम 1978 में बात कर रहे थे यानी 15 सालों तक हमें इसका पता नहीं चला।"

शुरुआती झटके के बाद जनरल छिब्बर ने कर्नल कुमार से पूछा, "तुम हमारे लिए क्या कर सकते हो?" मैंने कहा, "मैं वहां एक अभियान लेकर जाऊंगा" और इस तरह से हमने अपना पहला अभियान 1978 में लॉन्च किया। रिटायर होने के बाद भी जनरल छिब्बर ने एक लेख में लिखा कि सियाचिन इलाके में पाक सेना की मौजूदगी और अमेरिकी गलत नक्शे के मामले को सावधानी से हल किए जाने की जरूरत है। "मैं वहां से सेना प्रमुख टी एन रैना, एमवीसी के पास गया और जाकर समस्या बताई।"

अगर इसे ऑपरेशन पेट्रोल कहा जाता तो कुमार को तमाम मुमकिन साजोसामान दिए जा सकते थे लेकिन अगर वो इसे बिना सरकारी मदद के एक पर्वतारोही अभियान कहते तो उसपर 8–10 लाख रुपए का खर्च आता। मिसाल के तौर पर अगर दल को ऊंचाई के लिए 100 कुली चाहिए तो रोजाना 50 रुपए के रेट से साठ दिनों के लिए ये खर्च करीब 3 लाख रुपए का था। इसके अलावा विशेष खाना, मेडिकल कवर, बीमा, एयर ड्रॉपिंग सप्लाई, खास कपड़े और उपकरण मिलकर बजट पूरा कर देते।

तो क्या पहला सैनिक सर्वेक्षण एक सिविल अभियान के तौर पर किया गया?

इधर दिल्ली में जनरल छिब्बर और सेना मुख्यालय ने अमेरिकी नक्शे में दी गई गलत जानकारी के मसले को रक्षा और विदेश मंत्रालय के जरिए अमेरिकी सरकार के साथ उठाया लेकिन इसका कोई नतीजा नहीं निकला, क्योंकि नक्शे की छपाई एक कमर्शियल फर्म ने की थी। इस बीच कुमार HAWS लौटकर सियाचिन अभियान की तैयारी में जुट गए।

'चूंकि मैं हाई अल्टिट्यूट वारफेयर स्कूल का कमांडेंट था लिहाजा मैंने अपने इंस्ट्रक्टर्स और एडवांस माउंटेनियरिंग के स्टूडेंट्स को ही अभियान पर ले जाने का फैसला किया।' कर्नल कुमार ने 2013 में ये बात मुझसे कही।

किसी भी ऑफिसर या जवान ने अभियान से जुड़ने में गर्मजोशी नहीं दिखाई, लेकिन हैरानी तब हुई जब कर्नल कुमार की पत्नी कहीं से एक खबर उन तक ले आईं जो सारे तालों की कुंजी निकली। ''मेरी पत्नी ने किसी दूसरे ऑफिसर की पत्नी को किसी तीसरे से ये कहते सुना था कि *अपने मियां को मत जाने दो कर्नल कुमार के साथ, वो पाकिस्तान भी जा रहे हैं और चाइना भी।*'' आज के सियाचिन के लिए जा रहे उस बेहद गोपनीय अभियान की सुरक्षा का ये हाल याद करके कर्नल कुमार अब भी दिल खोलकर हंसते हैं।

अभियान ग्लेशियर तक वाया खारदूंग ला, पुल्लु, खालसर, ससोमा पहुंचा और अपना भारतीय झंडा दिखाते हुए तेरम कांगड़ी तक मौजूदगी दर्ज करने लगा जो सियाचिन ग्लेशियर की आधी चढ़ाई पर है।

पाकिस्तानी प्लेन और हेलीकॉप्टर आकर पवर्तारोहियों की तस्वीरें ले गए। चढ़ाई की यादों के अलावा कर्नल कुमार को याद है तब 3 इंफ्रैंट्री डिविजन के हेडक्वार्टर रहे लेह और सेक्टर हेडक्वार्टर परतापुर के बीच तीन लद्दाख स्काउट के सैनिक बिना हथियार के दौलतबेग ओल्डी जाने वाले काफिलाओं पर नजर रख रहे थे।

आज 35 साल बाद लद्दाख की सुरक्षा में खारदूंग ला और उससे आगे के लिए एक पूरी ब्रिगेड है, जिसमें छह बटालियन देश की सरहद की सुरक्षा के लिए तैनात किए गए हैं। हालांकि ये इस कहानी से काफी आगे की बात है।

लौटने के बाद कर्नल कुमार उस नए और अनजाने इलाके की रिपोर्ट देने को बेताब थे।

अभियान खत्म होने के बाद कर्नल कुमार वापस HAWS आ गए और उन्होंने सेना को सियाचिन ग्लेशियर से इंदिरा कोल और सिया कांगड़ी तक एक और अभियान चलाने की सिफारिश करते हुए अपनी रिपोर्ट पेश की। रिपोर्ट के मुताबिक कुमार ने पाकिस्तान की तरफ से कुछ हवाई हलचलों का भी जिक्र किया, जब पाकिस्तानी सैबर जेट ने उन सबके ऊपर से उड़ान भरी थी। हालांकि कुमार को अभियान के दौरान उन गर्मियों में पाकिस्तान की तरफ से किसी अभियान के कोई निशान नहीं मिले थे, लेकिन बिलाफोंड ला के करीब उनकी टीम को कुछ पुराने अभियानों के सुराग जरूर मिले, उन्हें जापानी में छपे टिन के कुछ लेबल मिले। कर्नल कुमार ने रिपोर्ट में सालतोरो रिज के इलाके में गर्मियों में एक पोस्ट की सिफारिश की, ताकि पाकिस्तान सियाचिन ग्लेशियर की तरफ घुसपैठ नहीं कर सके।

इधर नॉर्दन कमांड के सेना मुख्यालय में उस रिपोर्ट को बारीकी से जांचा गया लेकिन ये महसूस किया गया कि बेहद खराब मौसम और बहुत ऊंचाई की वजह से ग्लेशियर के ऊपर किसी स्थायी पोस्ट का होना नामुमकिन है। जनरल छिब्बर याद करते है, 'ये फैसला किया गया कि अभियानों के अलावा उस इलाके में, जो अब सियाचिन कहलाता है गर्मियों के महीने में नियमित गश्त लगा करेगी, ये भी फैसला लिया गया कि उस

तरह के पर्वतारोही अभियानों को बढ़ावा दिया जाएगा और अलग–अलग पर्वतारोहण से जुड़े जरनलों में उनका प्रचार भी किया जाएगा ताकि चोरी–छुपे पाकिस्तानी घुसपैठ की मंशा को हतोत्साहित किया जा सके।'

दरअसल कर्नल कुमार ने इस अभियान की पूरी रिपोर्ट तफसील से *हिमालयन जर्नल* में 1979–80 की गर्मियों में छपवाया था, (http://www-himalayanclub-org/journal/teram&kangri&ii&expedition) लेकिन इस बात की भनक नहीं दी गई थी कि इसका किसी सैन्य मुहिम से भी लेना देना है। इसमें सिर्फ एक ही संकेत था कि लेख में जहां वो लिखते हैं कि, ''मुझे उसी तरह के प्रशासनिक सहायता की जरुरत है जैसा कि कंचनजंगा मुहिम में थी, लिहाजा मैंने चीफ ऑफ आर्मी स्टाफ जनरल ओ पी मल्होत्रा, PVSM को अपनी योजना बताई और मुझे ये सुनकर बहुत अच्छा लगा कि...।'' कराकोरम एक शानदार आइडिया है। अब जहां तक प्रशासनिक मदद की बात थी कोई फिक्र नहीं रही...।'' अगर उन्होंने कोई बात छुपाई तो वो ये कि इस पर सेना के करीब दस लाख रुपए खर्च हुए जिसे इलाके के ऑपरेशनल रेगुलर गश्त पर खर्च के तौर पर दिखाया गया ताकि सेना के ऑडिटर्स के पेचीदे सवालों से बचा जा सके।

1980–81 की शुरुआत तक कर्नल कुमार के पास करने को कुछ नया नहीं बचा, 28 साल की नौकरी के बाद उन्हें लगा वो किसी मुकाम तक नहीं पहुंचे, उनके कई सारे जूनियर्स ब्रिगेडियर हो चुके थे, पर्वतारोहण में भी उन्होंने जितना कुछ किया कई लोग सोच भी नहीं सकते, लिहाजा उस सैनिक ने ये तय कर लिया कि 1981 की शुरुआत में रिटायर हो जाएगा। आवेदन किया और 17 अक्टूबर, 1981 रिटायरमेंट की डेट भी तय हो गई।

तब किसे पता था उनके शानदार पर्वतारोही सैनिक की जिंदगी की सबसे कड़ी चुनौती अभी बाकी थी।

रिटायर होने के ठीक दो दिन पहले जब कर्नल कुमार अपनी नौकरी के आखिरी छह महीने छुट्टियों के तौर पर बिताने निकलने वाले थे। सेना ने तय किया कि पूर्वी काराकोरम में एक अभियान और भेजा जाए जो सीधा इंदिरा कोल तक का हो।

कर्नल कुमार (बाएं) के साथ लेफ्टि जनरल एस.पी. मल्होत्रा, उत्तरी सेना कमांडर (1981)

"मैंने खुद से सोचा कि यार ये सब मैंने शुरू किया है और मुझे ही इसे खत्म करना चाहिए।" सितंबर 2013 में दिल्ली के एक शालीन अपार्टमेंट में कॉफी की चुस्कियां लेते हुए याद करते हैं। लेकिन इसमें एक पेंच थी, कर्नल कुमार छुट्टी पर थे, अब उन्हें रिटायर होना था और सबसे बड़ी बात ये थी कि उनके मेडिकल ऑफिसर ने साफ कह दिया कि सी कैटेगरी का स्वास्थ्य होने की वजह से उन्हें 7000 फीट से ऊपर जाने की इजाजत नहीं दी जा सकती थी। अगर वो जाना चाहते हैं तो अपने जोखिम पर जाएं कोई मेडिकल कवर नहीं मिलेगा।

"मैं बहुत हैरान और परेशान था पर कोई रास्ता नहीं था, लिहाजा मैंने लिखकर दिया कि अपने रिस्क पर अभियान पर जा रहा हूं।"

अभियान पर जाने से पहले कर्नल कुमार आर्मी चीफ जनरल ओ पी मल्होत्रा से मिलने गए, जिन्हें एक महीने बाद रिटायर होना था। उन्होंने कर्नल कुमार से पूछा तुम्हें किस चीज की सबसे ज्यादा जरूरत है तो उन्होंने कहा कि इस अभियान को सरकारी दस्तावेजों पर जाहिर नहीं किया जाए। सेना के किसी गुप्त मिशन की जानकारी भी कई लोगों को

1978 के लगभग सियाचिन ग्लेशियर पर कर्नल कुमार की टीम

होती है, लिहाजा मैं नहीं चाहता कि इसकी भनक किसी को लगे कि पूरा मिशन एक गुप्त सैन्य अभियान था। सेना प्रमुख ने बेमन तरीके से हामी भरी पर कहा कि नॉर्दन आर्मी कमांडर साथ रहेंगे, तब लेफ्टिनेंट जनरल एस पी मल्होत्रा नॉर्दन कमांड के प्रमुख थे, उन्हें ये बात बताई गई और कर्नल कुमार की शर्तें भी कही। नॉर्दन आर्मी कमांडर भी अपनी असहमति के बावजूद मान गए कि अभियान सेना के रिकार्ड में नहीं रहेगा।

उधमपुर से, जो तब नॉर्दन आर्मी कमांड का हेडक्वार्टर था, वापसी के दौरान कर्नल कुमार को आर्मी कमांडर के प्लेन में साथ चलने से थोड़ी हिचक हुई। लेफ्टिनेंट जनरल मल्होत्रा को अभी भी ये बात गले नहीं उतरी थी कि इसे रिकार्ड से बाहर क्यों रखा जाए? कर्नल कुमार को याद है कि वे प्लेन में भी बड़े कशमकश में दिखे फिर आधे रास्ते तकरीबन खींझे हुए से बोले, 'कर्नल तुम नहीं चाहते कि मैं तुम्हारा स्टाफ ऑफिसर रहूं, तो मेरे अलावा कोई दूसरा शख्स लूप में रहेगा। मैंने कहा ठीक है, क्या हम ब्रिगेडियर डायस को अपने भरोसे में ले लें?' वे बाद में कॉर्प्स कमांडर बनकर रिटायर हुए। वे मुझसे छह महीने जूनियर थे और हम पहले से एक दूसरे को जानते थे, आर्मी कमांडर राजी हो गए।

मैंने कहा कि वे ब्रिगेडियर डायस को कह दें कि यह मिशन सैन्य नहीं है। इसे ओपन रहना चाहिए, क्योंकि एक पर्वतारोही के तौर पर मेरा बैकग्राउंड दुनिया जानती है और अगर मैं अभियान की अगुवाई करुंगा तो किसी को भी शक नहीं होगा। वे सारी बात समझ गए।

उधर पाकिस्तानियों ने भारत के 1978 के अभियान की जो तस्वीरें ली थी उसमें कोई हथियार नहीं दिखा। लिहाजा जब 1981 में भारतीयों ने दोबारा ग्लेशियर पर चढ़ना शुरू किया तो पाकिस्तान में वैसी कोई हलचल नहीं हुई। इसे बस एक–दूसरे पर्वतारोही अभियान के तौर पर देखा जा रहा था।

इसी टीम के एक–दूसरे सदस्य रिटायर्ड मेजर जनरल बी के शर्मा, जो अब यूनाइटेड सर्विसेज इंस्टिट्यूट के फेलो हैं तब नौजवान कैप्टन रहे उन दिनों को याद करते हैं कि 9 पैरा कमांडो की प्लाटून और लद्दाख स्काउट इस मिशन को सुरक्षा दे रहे थे। हमें पता था कि हम एक हाई रिस्क और टॉप सिक्रेट मिशन पर हैं।

मेजर जनरल शर्मा की यादों में कई बातें शामिल हैं। जैसे कि "फिल्म डिविजन और सर्वे ऑफ इंडिया के लोग भी शामिल थे, लेकिन हमारे पास उस इलाके का कोई नक्शा नहीं हुआ करता था।"

टीम एक एव्रो एयरक्राफ्ट से श्रीनगर से थौसे के लिए चली, जो परतापुर के सेक्टर हेडक्वार्टर की करीबी हवाई पट्टी है। वहां से ट्रक लेकर ससोमा पहुंचे जो सड़क के जरिए आखिरी मुकाम है और आमतौर पर दौलत बेग ओल्डी जाने वाले मिशन के लिए एक पड़ाव का काम करता है। ससोमा से चार दिन का सफर तय कर अभियान दल ग्लेशियर के मुहाने तक पहुंचा, ये तकरीबन वही जगह है जहां अब सियाचिन ग्लेशियर का बेसकैंप है, इंटरव्यू के दौरान मेजर जनरल शर्मा को सारी बातें याद थी।

कर्नल कुमार अपने मिशन से वापस आए और नौकरी से रिटायर हो गए, उन्होंने एक बार फिर एक लेख लिखा (http://www-himalayanclub-org/journal/the&indian&army&epedition&to&the&eastern&karakoram&1981) और सेना को एक खुफिया रिपोर्ट दी जिसमें ग्लेशियर की अहमियत और वहां जापानी और दूसरे अभियान दलों को पाकिस्तान से मिली इजाजत के सबूत पेश किए।

अगले दो सीजन 1982 और 1983 भारत लगातार टोही मिशन भेजता रहा जैसे पोलर बीयर 1, पोलर बीयर 2, आईबेक्स 1, आईबेक्स 2, आदि। 26 सेक्टर परतापुर की नजरें ससोमा से आगे के इलाकों में टिकी रहीं, वो इलाका जिसे लेकर एक पूर्व कमांडर ने कहा था उस इलाके को सियाचिन के तौर पर जाना गया।

जब पहला हैलीकॉप्टर सियाचिन उतरा

सेना की तरह भारतीय वायुसेना ने भी ससोमा से आगे शायद ही कभी उड़ान भरी हो, हेलीकॉप्टर आमतौर पर खारदूंग ला पार कर थौसे, तुरतुक और त्यागसी तक जाते थे पर ग्लेशियर के ऊपर गुजरने का मौका कभी नहीं मिला।

लेकिन सितंबर, 1978 में सब कुछ बदल गया।

हेलीकॉप्टर ट्रेनिंग स्कूल से निकले एवीएम बहादुर की 114 हैलीकॉप्टर यूनिट में तैनाती हुई थी, 114 एचयू का हेडक्वार्टर तब जम्मू में हुआ करता था, जिसकी कमान स्क्वार्डन लीडर के हाथ होती थी और उनके साथ 10 दूसरे स्क्वार्डन लीडर, दो फ्लाइट लेफ्टिनेंट यूनिट में पहले से ही तैनात थे। इतने सारे सीनियरों के बीच सबसे जूनियर और नौजवान रहे फ्लाइंग ऑफिसर बहादुर को लगता कि उड़ान भरने का मौका शायद ही हाथ लगे। उन दिनों हेलीकॉप्टर पायलट जम्मू से महीने के डिटैचमेंट के लिए लेह जाते, लेकिन सितंबर में एक सरप्राइज की तरह फ्लाइंग ऑफिसर बहादुर को लेह की अस्थायी ड्यूटी पर लगाया गया। ये बात उस नौजवान के लिए किसी सपने के सच होने जैसी थी।

जिसे याद करते हुए वे कहते हैं कि वो इलाका किसी की कल्पना से भी ज्यादा खूबसूरत हुआ करता था और उसके ऊपर उड़ान भरना तो जैसे किसी दूसरी दुनिया की बात थी।

"असाइनमेंट के बीच मुझे बताया गया मैं 3 डिव के डिटैचमेंट कमांडर स्क्वार्डन लीडर के डी एस साम्बयाल का सहयोग करुं। हमें कर्नल नरेंद्र कुमार की अगुवाई में हो रहे HAWS के अभियान की जानकारी दी गई थी, नक्शे को देखते हुए हमने अंदाजा लगाया कि हम वहां

कभी नहीं गए हैं। दरअसल उन अनजाने इलाकों के ऊपर उड़ान भरने के बारे में कभी सोचा ही नहीं गया था। हमें याद है कि कर्नल जीएस हमें उस मिशन का मकसद समझा रहे थे। उस इलाके पर झंडा दिखाते हुए जो हर तरह से हमारा था लेकिन पाकिस्तान ने उसे विदेशी पर्वतारोही अभियानों के लिए खोल रखा था। हमें ये भी बताया गया कि पाकिस्तान और कुछ विदेशी नक्शों में उस इलाके को पाकिस्तान का दिखाया गया है। हमें कहा गया कि HAWS का ग्लेशियर अभियान उन इलाकों में पाकिस्तान की अवैध जमीनी घुसपैठ को रोकने के लिए भेजा जा रहा है। उसी वक्त मैंने पहली बार सियाचिन शब्द का नाम सुना, एक हेलीकॉप्टर पायलट के नाते हमें अभियान दल के सदस्यों को ताजा राशन पहुंचाने और उनकी डाक लाने ले जाने की जिम्मेदारी थी। मेरी लॉग बुक के मुताबिक 114 एचयू ने 20 सितंबर, 1978 को सियाचिन के लिए पहली बार उड़ान शुरू की थी।"

जैसे ही चेतक ने सियाचिन के ऊपर से उड़ान भरी, दो पायलटों ने उस ग्लेशियर का शानदार नजारा देखा। ग्लेशियर का काला मुहाना जो शानदार और खतरनाक तो दिखा पर वो बेहद प्रभावशाली था। उड़ान के दौरान मैं बाएं और दाएं देखकर वहां लैंड करने की गुंजाइश तलाश रहा था। ग्लेशियर बर्फ और खतरनाक गहरी बर्फीली दरारों से ढंका था। हमारे हैलीकॉप्टर में स्की भी नहीं थी, फिर भी काम तो आखिर काम है।

तो हम इसके लिए तैयार थे, सामने कैंप 1 था, मैं आगे की तरफ झुका हेलीकॉप्टर लहराने लगा, स्लाइडिंग दरवाजा खुला और हमने वजन नीचे गिरा दिए, इसके थोड़ा आगे ही कैंप 2 था। ये कई–कई बार किया गया।

ट्रिप से लौटकर, जो ऐतिहासिक था, हमने आपस में इस बात पर चर्चा की कि ये तरीका सैनिकों से उनकी डाक लाने के लिए बेहतर हो सकता है। लिहाजा जब अगले फेरे के लिए के लिए 23 सितंबर, 1978 को अर्जी आई तो हम तैयार थे। स्क्वार्डन लीडर जेके कौशिक इस बीच डिटैचमेंट कमांडर थे, एक बार फिर कैंप 1 के

ऊपर जैसे ही हेलीकॉप्टर ने गोता लगाया स्क्वार्डन लीडर कौशिक जिन्हें हम प्यार से चाचा कहते, उन्होंने दरवाजे का स्लाइडिंग विंडो खोल दिया।

फिर कैंप 1 के ऊपर हेलीकॉप्टर एक बार मंडराया, स्क्वार्डन लीडर कौशिक (जिन्हें प्यार से चाचा पुकारते) ने स्लाइडिंग विंडो खोली और एक धागे से मेन रोटर टिप कवर को बांध कर नीचे गिराया। टिप कवर के साथ हिंदी में लिखा एक छोटा सा नोट था, "हम दस मिनट में वापस आ रहे हैं, कृपया आप सब अपनी चिट्ठियां बैग में डाल दें।" इसके बाद चाचा ने धागे को कुछ ऐसा खींचा जैसे कुएं से पानी की बाल्टी खींची जाती है।

कैंप 2 पर भी यही प्रक्रिया दोहराई गई, बहादुर ये याद करते हुए बताते हैं।

लौटते वक्त दोनों पायलट कैंप 1 पहुंचे, ये सोचते हुए कि जमीन पर मौजूद जवान अपने घरवालों के लिए जरूर कोई संदेश लिखकर रखे होंगे, लेकिन उन्हें झटका लगा।

"जैसे ही हमने कैंप 1 के ऊपर गोता लगाया तो रस्सी से टिप कवर जुड़ा था और चिट्ठियों की जगह एक छोटी सी चीज रखी थी। मैं चिट्ठियों के लिए लगातार संकेत दे रहा था लेकिन उसका कोई जवाब नहीं मिला, हमारा ईंधन कम था। जब रस्सी खींची गई तो जो हाथ आया वो एक आई ड्रॉप दवा की छोटी सी कार्टन थी, जिसके भीतर मुड़े–तुड़े कागज के टुकड़े पर हिंदी में लिखा था, *साहब हमारे पास लिखने के लिए कागज नहीं है, कृपया लिखने के लिए कुछ सामान ले आएं।* कई साल बाद भी मुझे अच्छी तरह याद है कि ये पढ़कर स्क्वार्डन लीडर कौशिक और मेरे गले में कोई भारी चीज अटकी रही। संयोग से हमारे पास सेना के जवानों के लिए इस्तेमाल होने वाले कुछ अन्तर्देशीय पत्र हेलीकॉप्टर में मौजूद थे। हमने उसे सैनिकों को दिया और उसके बाद से हर फेरे में हम अपने बहादुर सैनिकों की चिट्ठिय़ां जाने ले आने के लिए वही तरीका इस्तेमाल करते जैसे कुएं से पानी निकाला जाता है।"

वायुसेना के हेलीकॉप्टर पायलट काफी ऊंचाई पर बहुत कम ऑक्सीजन के साथ उड़ान भरने के नए–नए तरीके सीखते रहते हैं। नए खिलाड़ी बहादुर और उनके सीनियर स्क्वार्डन लीडर एस के मोंगिया सियाचिन की पहली उड़ान के एक महीने के भीतर ही अपना नाम इतिहास के पन्नों में दर्ज कराने वाले थे।

उनके शानदार घर में बीयर की चुस्की लेते हुए हम एक बार फिर 1978 के पन्नों में खो गए।

सितंबर में ग्लेशियर के दो फेरे लगाने के बाद, बहादुर जम्मू वापस लौट गए।

अक्टूबर की शुरुआत में लेह में मौजूद एक हेलीकॉप्टर के इंजन को बदलने की जरूरत थी, लिहाजा यूनिट में सबसे नौजवान होने के नाते बहादुर को स्क्वॉर्डन लीडर हूण के साथ इंजन को वहां ले जाने की जिम्मेदारी मिली। वे सुबह होते ही जम्मू से श्रीनगर के लिए चले, वहां ईंधन भरवाया और वहां से दो घंटे की उड़ान के बाद लेह पहुंचे। उनका इरादा शाम तक वापस जम्मू लौटने का था, लेकिन जब इंजन को वहां उतारा जा रहा था उसी समय बेस पर ग्लेशियर से एक आपात संदेश (CASEVAC) पहुंचा। जिसमें हादसे में घायल किसी शख्स को निकालने की गुजारिश की गई थी। कर्नल कुमार की टीम के एक सदस्य को फौरन इलाज की जरूरत थी और उन्हें ग्लेशियर से उठाना था।

इसे संयोग ही कहा जाएगा कि उस दिन डिटैचमेंट पर मौजूद स्का लीडर मोंगा और स्का लीडर डोगरा, इन दोनों में से किसी को भी सियाचिन के ऊपर उड़ाने भरने का अनुभव नहीं था जबकि इकलौता बहादुर ही ऐसा था जिसने हाल ही में वहां के दो फेरे लगाए थे। ऐसे में स्क्वॉर्डन लीडर मोंगा ने अपना को–पायलट बनने को कहा।

"नौजवान होने के नाते आप ऐसे एडवेंचर से खुश होते हैं। इस बीच मैंने ग्लेशियर की उड़ान की तैयारी के दौरान एक कप काफी पी, तब दिन के करीब दस बजे थे और सुबह से मैंने सिर्फ एक सेब खाया था। फिर जरूरी चेकअप पूरा होते ही हम उड़ चले। लेकिन चेतक चीता

से अलग एक कम ताकत की मशीन है और इतनी ऊंचाई पर उड़ाने भरने के लिए डिजायन नहीं किया गया है। ऐसे में हमने पहाड़ों का चक्कर काटते हुए निकलना तय किया, ताकि पहाड़ की चट्टानों की वजह से ऊपर उठने वाली हवा से मदद मिलती रहे और हेलीकॉप्टर ऊंचा उठकर दर्रों से होकर पार कर जाए। हमारे पास खारदूंग ला और चांग ला को पार करने का यही इकलौता रास्ता था। आज शायद ही कोई यकीन करे कि हम लद्दाख की पहाड़ियों के ऊपर चेतक की उड़ान भरा करते थे। ये कुछ वैसी ही बात हुई कि हमसे पहले वाले 1960 में Mi–4s उड़ाया करते थे। जब कभी हमें अपड्राफ्ट से मदद नहीं मिलती तो हमारा चेतक 35 नॉट की रफ्तार से जमीन से सिर्फ 20 फीट की ऊंचाई पर उड़ान भरता, ऐसे में हमारी एक आंख एयर स्पीड इंडिकेटर और दूसरी गेटअवे डायरेक्शन पर होती। वहां की कम हवा में रोटर के पंखों से अजीब सी फट–फट की आवाज निकलती। हम ऊंचाई पर जाने के लिए अप–ड्राफ्ट का इस्तेमाल करते, कई बार आपको अप–ड्राफ्ट नहीं मिलता तो आप तेजी से नीचे घाटी में मुड़ते हैं और दूसरी बार पार करने की कोशिश में जुट जाते हैं।

खैर उस दिन किसी तरह हम खारदूंग ला को पार कर गए और ससोमा होते हुए बेस कैंप को भी पार कर आगे निकल गए। मैं नक्शा देख रहा था, हमें उस जगह के अक्षांश–देशांतर दिए गए थे, जहां से हादसे के शिकार हुए जवान को ले आना था। हमने कैंप 1, कैंप 2 और उस जगह को भी पार किया जहां कर्नल कुमार का कैंप लगा हुआ था, लेकिन वहां किसी हादसे के निशान नहीं दिखे लिहाजा हम आगे बढ़ते रहे। मुझे यकीन है कि हम पक्के तौर पर इंदिरा कोल यानी ग्लेशियर के उत्तरी छोर तक गए और वापस आ गए। शायद हम एक अहम मोड़ पर चूक गए थे। हमारी नजर लगातार उस जगह पर थी जहां से जख्मी जवान को उठाना था। कुछ देर बाद हमने ग्रुप को तलाश लिया। स्क्वार्डन लीडर मोंगा ने चक्कर लगाकार जरूरी जायजा लिया कि कहां उतरा जा सकता है और फिर हम लैंड कर गए। स्क्वार्डन लीडर मोंगा की वो उड़ान हैरतअंगेज वीरता की मिसाल थी, मैं आपको भरोसा दिला सकता हूं।" 35 साल बाद भी बहादुर को वो सारी बातें एकदम आंखों के सामने लगती हैं।

उनके गुड़गांव के घर एक रविवार दोपहर जमी एक बीयर बैठकी के दौरान वे लॉगबुक के उस दिन का वो पन्ना ले आए, जिसमें ये बात 6 अक्टूबर, 1978 के दिन दर्ज थी कि चेतक जेड–1410 स्क्वा लीडर मोंगा लेह–सियाचिन एडवांस बेसकैंप–थोइस, 2 घंटा, 50 मिनट।

और यही तब तक अनजान रहे उस सियाचिन ग्लेशियर पर वो पहली लैंडिंग थी।

जवान मनमोहन बहादुर

114 एचयू कमांड

लेह में भारतीय एयरफोर्स को सूचित करते हुए पंक्तिबद्ध हवाई योद्धा

हालांकि बहादुर के लिए ये एडवेंचर का समापन नहीं था, जो अपनी पहली पोस्टिंग के 16 साल बाद 114 एचयू को कमांड करने एक बार फिर लेह गए।

"जैसे ही हमने उस नर्म बर्फ पर लैंड किया, स्क्वा लीडर मोंगा बाहर आए और मुझे कंट्रोल संभालने को कहा। उन्होंने एक अफसर और एक जवान को चॉपर में सुरक्षित रखकर दरवाजा बंद किया। इस दौरान रोटर लगातार चलते रहे। उनका दम फूल रहा था, तब हम 18,000 फीट की ऊंचाई पर थे। उतनी ऊंचाई पर बिना ऑक्सीजन और एकदम नए वातावरण में मूवमेंट करने में मुश्किल हो रही थी। स्क्वा लीडर मोंगा तेजी से चॉपर में दाखिल हुए और ऑक्सीजन के कुछ दम खींचे। तब ऑक्सीजन हुक्के वाले तरीके में लेते थे। एक बोतल होती थी जिससे एक पाइप जुड़ा होता था और इसके साथ ही हम टेकऑफ के लिए तैयार थे। क्या दिल दहला देने वाला टेकऑफ था वो। वजन बढ़ चुका था और 18,000 फीट से भी ज्यादा पर थे जैसे ही हम चलने को तैयार हुए उन्होंने मेरे जैसे नौसिखुए को कंट्रोल थमा दिया। स्क्वाईन लीडर को लगातार ऑक्सीजन की जरूरत थी क्योंकि वो दोनों मरीजों को केबिन में लाने के दौरान काफी थक चुके थे। हमें ईंधन की भी जरूरत थी लिहाजा हमने तय किया कि हम लेह की बजाय थोइस की पहाड़ी पर रुकेंगे।

"तभी मुझे कुछ हुआ, मुझे उस सर्दी में भी पसीना आने लगा, चिपचिपेपन का अहसास हुआ अचानक ही पेट में गहराई महसूस हुई। मेरी हालत बेहद खराब थी। तब मैं मुश्किल से 23 साल का रहा हूंगा। ऐसे में मैं अपने से बड़े से कैसे कहता कि मुझे ठीक नहीं लग रहा। लेकिन मेरे पास और कोई रास्ता नहीं था स्क्वा लीडर मोंगा ने मेरी तरफ देखा और पूछा, आज तुमने सुबह से कुछ खाया है? मैंने बताया कि सिर्फ एक सेब और कॉफी, वो समझ गए।

जैसे ही हम थोइस के रेडियो संपर्क में आए, उन्होंने बेस को सबसे पहले यही कहा, खाने के लिए कुछ लेकर हेलीपैड पर पहुंचो। मेरी हालत इसलिए बिगड़ी क्योंकि मेरा ब्लड शुगर अचानक बेहद नीचे आ गया।

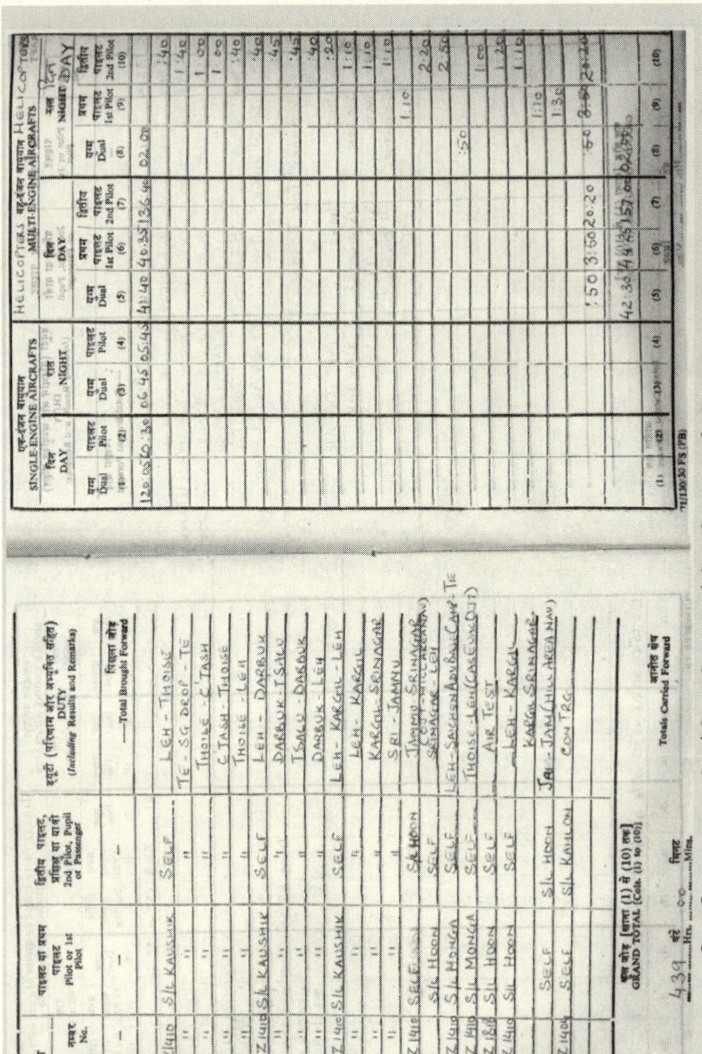

सियाचिन पर पहली लैंडिंग दिखाता ऐतिहासिक कार्यपंजिका पृष्ठ

जैसे ही हमने वहां लैंड किया उन्होंने पहला काम ये किया कि मुझे हैंडमेड ब्रेड टोस्ट और बटर दिया। जैसे मैंने ब्रेड निगला, सब कुछ एकदम नॉर्मल था जैसे किसी ने जादुई छड़ी घुमाई हो। उस सुबह मैंने उड़ान का सबसे बड़ा सबक सीखा, पहाड़ों पर कभी भी खाली पेट उड़ान मत भरो, खासकर ज्यादा ऊंचाई वाले इलाकों में। उसके बाद से मेरे उड़ान करिअर में ऐसा कोई दिन नहीं था जब मैंने बिना कुछ खाए उड़ान भरी हो।

एवीएम बहादुर सच्चे दिल से कबूल करते हैं कि उनके इस संकल्प को निभाने में पत्नी विनिता का काफी अहम रोल रहा है। जो इस बात की गांरटी देती थी कि अगर सुबह चार बजे भी उड़ाने भरनी हो तो घर से बगैर कुछ खाए नहीं जाने देती।

6 अक्टूबर, 1978 को हुई उस पहली लैंडिंग के बाद से ही हेलीकॉप्टर सियाचिन ग्लेशियर पर तैनात लोगों के लिए लाइफ लाइन की भूमिका निभाते रहे हैं।

1978 में 16 मिमी मूवी कैमरा से फिल्म बनाते कर्नल कुमार

बर्फ में फंसी टेंट को गर्म पानी डालकर निकालती कर्नल कुमार की टीम

कर्नल कुमार, जनरल टी एन रैना, चीफ ऑफ आर्मी स्टॉफ के साथ, 1978

II

विकल्पों का भार

"पाकिस्तान बर्फीले इलाकों के कपड़े पिकनिक के लिए नहीं खरीद रहा।"

कर्नल कुमार के 1978 और 1981 के अलावा कुछ दूसरे अभियानों के बाद नॉर्दन कमांड को इतना अंदाजा हो गया था कि स्कार्दू और गिलगित के रास्ते सियाचिन में सिविल अभियानों का आना बढ़ गया था। साफ था

कर्नल कुमार बेस कैम्प के समीप (1981)

कि पाकिस्तान काराकोरम को पर्वतारोहण अभियानों के जरिए खोलना चाहता था। दरअसल इसकी शुरुआत उत्तरी इलाके में पर्यटन को बढ़ावा देने से हुई, लेकिन भारतीय अधिकारियों के लहजे में कहें तो बाद में ये पहाड़ों पर अवैध कब्जे की मुहिम बन गई। जिसमें लाइन ऑफ कंट्रोल को उसके उत्तरी छोर NJ 9842 से काराकोरम दर्रे तक बढ़ाते हुए सियाचिन को पाकिस्तान का हिस्सा दिखाया गया था।

मशहूर पर्वतारोही हरीश कपाड़िया अपनी किताब, Siachen Glacier: The Battle of Roses में दावा करते हैं कि पाकिस्तान ने 1974 से ही सियाचिन ग्लेशियर के लिए पर्वतारोही अभियानों की इजाजत देना शुरू कर दिया था। सियाचिन के लिए पहला अभियान शेरपी कांगड़ी II के दक्षिणी रिज

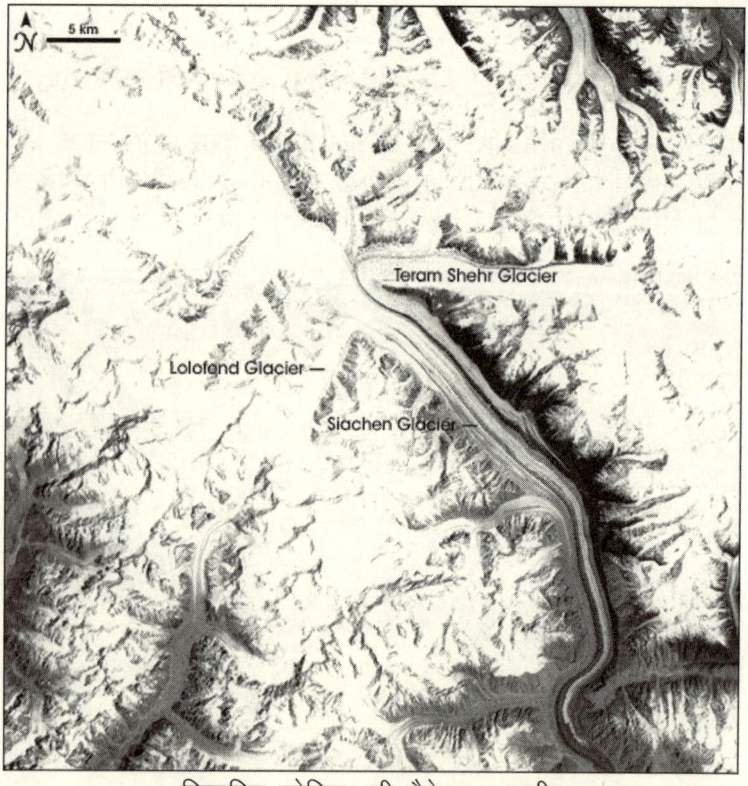

सियाचिन ग्लेशियर की सैटेलाइट तस्वीर

तक आया, उनके पीछे एक ऑस्ट्रियन दल आया जिसने दक्षिण–पश्चिम की तरफ से सिया कांगड़ी की चढ़ाई की। K_2 के लिए एक बड़ा जापानी अभियान दल आया था, जिसके दो पर्वतारोहियों ने चोटी पर पहुंच कर संदेश तो दिया, लेकिन कभी बेसकैंप नहीं लौट सके, उतरते वक्त उनकी मौत हो गई। सियाचिन ग्लेशियर को घेरते हुए 1974 में तीन अभियान हुए, लेकिन इसके थोड़े ही दिन बाद मुख्य ग्लेशियर के लिए अभियान हुए। शिजुका यूनिवर्सिटी की टीम 1964–69 के बीच हर साल चोटियों पर चढ़ने के लिए पाकिस्तानी अधिकारियों से इजाजत मांगती रही थी पर नहीं मिली। दरअसल 1961–74 के बीच पाकिस्तान सियाचिन इलाके में मुहिम की अर्जी को सख्ती से खारिज करता रहा, लेकिन 1974 में पाकिस्तानी अधिकारियों ने बाकायदा जापानियों को सूचना भेजी कि अब उनके अभियान को इजाजत मिल सकती है, इतना ही नहीं उन्हें चोटियों की फीस में 50 प्रतिशत के डिस्काउंट ऑफर के अलावा पाकिस्तानी सेना की मदद का भरोसा भी दिया गया। उनके परमिट में चोटी चीन और पाकिस्तान के सीमांत इलाकों में कहीं थी। आखिरी अनुमति जनवरी 1975 में मिली और 14 सदस्यों के अभियान दल के साथ पाकिस्तानी सेना का कैप्टन शौकत नाजिर हमदानी बतौर लायजन ऑफिसर बनकर साथ रहा।

उस वक्त के दस्तावेजों से पता चलता है कि पाकिस्तान ने बेहद सुनियोज़ित तरीके से इलाके की कुछ मशहूर चोटियों पर आकर चढ़ने की प्रोमोशनल मुहिम ल़ॉन्च की। एक रिपोर्ट के मुताबिक 1975–80 के बीच कम से कम पांच जापानी और एक अमेरिकी मुहिम को सियाचिन ग्लेशियर के लिए सिया ला और बिलाफोंड ला के जरिए सालतोरो रिज पार करने की इजाजत दी गई।

हरीश कपाडिया कहते हैं कि पाकिस्तानी एक तरह से पानी नाप रहे थे और भारतीय प्रतिक्रिया का इंतजार कर रहे थे। जैसा कि उन्होंने लिखा है, 'ये बेहद हैरान करने वाली बात है कि भारतीय एजेंसियों को पर्वतारोहण की इन गतिविधियों में जरा सी भी दिलचस्पी नहीं थी, जो ठीक उनके नाक के नीचे हो रही थी। जबकि इनका पूरा विवरण कई जर्नल्स में छपे, इनमें तो एक भारतीय भी था। तो क्या इतिहास एक बार खुद को दोहरा रहा था? 1962 में भारत–चीन जंग की शुरुआत तब हुई जब चीन भारतीय इलाके अक्साई चीन में रोड बना रहा था।

पाकिस्तानी गतिविधियों की अहमियत का अंदाजा भारत को 1978 में कर्नल कुमार के अभियान के बाद ही लगा, लेकिन इसे तब तक गंभीरता से नहीं लिया गया जब तक कि पाकिस्तान ने सियाचिन पर दावा करते हुए 1983 में नॉर्दन कमांड से अपना विरोध नहीं जताया। जबकि उस वक्त तक सेना के तीन अभियान 1980, 1981 और 1982 में ग्लेशियर जा चुके थे।

1982 में नॉर्दन आर्मी के कमांडर की कमान संभाल चुके जनरल छिब्बर ने सियाचिन मसले को तब गंभीरता से लिया जब उनके स्टाफ ने पाकिस्तान का प्रोटेस्ट नोट दिखाया, उसमें भारतीय सेना को उसके अभियानों के बाद सियाचिन के इलाके से दूर रहने की हिदायत दी गई थी। जनरल छिब्बर उस घटना को भूले नहीं थे, जब उन्होंने 1978 में डायरेक्टर जनरल मिलेट्री ऑपरेशन रहते हुए कर्नल कुमार को सियाचिन गए पहले सैन्य अभियान को सिविलियन बताकर इजाजत दी थी।

अपने रिटायरमेंट के बाद जनरल छिब्बर ने एक डिफेंस जरनल में लिखा, "सियाचिन विवाद की जड़ को समझने के लिए गिलगित इलाके में हो रहे बदलाव को जानना जरूरी है। सत्तर के दशक के मध्य में पाकिस्तान सरकार ने काराकोरम को विदेशी पर्वतारोहियों के लिए खोलने की नीति अपनाई। ये पर्यटन को बढ़ावा देने का एक कदम था जिसमें अभियानों के लिए प्रक्रिया को आसान बनाया गया, यहां तक कि 6100 मीटर से कम ऊंची चोटियों के लिए उन्होंने रॉयल्टी भी खत्म कर दी। ये एक सोची समझी साजिश थी कि लोगों को इन चोटियों की तरफ आकर्षित करने के लिए बुलाया जाए। इनमें गाशेरब्रम ग्रुप, माउंट गाडविन ऑस्टिन और नंगा पर्वत शामिल हैं। गिलगित और स्कार्दू के लिए आने–जाने की सुविधा बेहतर बनाई गई, होटल खुले। इसका वाकई बहुत अच्छा असर दिखा, लेकिन अभियानों की आड़ में ये एक तरह से पहाड़ों का अवैध कब्जा था।"

1983 की गर्मियों तक ये साफ हो गया कि भारत को सियाचिन पर पैनी नजर रखने की जरूरत है। जून से सितंबर 1983 के बीच पोलर बीयर 1 और पोलर बीयर 2 नाम से दो अभियान भेजे गए। दूसरे पेट्रोल को वहां एक छोटी झोपड़ी बनाने का जिम्मा सौंपा गया। सितंबर के आखिर तक वहां एक पड़ाव तैयार हो गया जो गश्ती दल को बर्फीले तूफानों से

ऑपरेशन मेघदूत के शुरुआती दिनः
ब्रिगेडियर चन्ना (ठीक बायें) और जनरल छिब्बर (दायें से दूसरे)

बचाने के लिए कारगर था। सच कहें तो इन गश्ती दलों का सामना कभी भी पाकिस्तान के पैदल गश्ती दलों से नहीं हुआ, हालांकि कुछ मौके पर पाकिस्तानी हेलीकॉप्टर की हलचलें जरूर दिखीं। सितंबर के आखिर में सर्दियों की शुरुआत के साथ ही टुकड़ी बेस पर वापस आ गई।

सियाचिन से लौटे गश्तीदल की रिपोर्ट से नॉर्दन कमांड हेडक्वार्टर संतुष्ट था, लेकिन अगस्त 1983 में पाकिस्तान की तरफ से आए प्रोटेस्ट नोट ने उसके रुख का संकेत दे दिया। 21 अगस्त 1982 को नॉर्दन सेक्टर कमांडर की ओर से आए नोट में पहली बार ये दावा किया गया था कि NJ 9842 और काराकोरम दर्रे को जोड़ने वाली लाइन के उत्तर का पूरा इलाका पाकिस्तान का है, उसमें लिखा थाः

"अनुरोध है कि अपने सैनिकों को फौरन NJ 9842 और काराकोरम दर्रे को जोड़ने वाली लाइन ऑफ कंट्रोल से दक्षिण की ओर हटा लें, हमने अपने सैनिकों को भरसक संयम बरतने को कहा है, लेकिन इलाके को खाली करने में हो रही देर से हालात गंभीर हो सकते हैं।" विडंबना ये

थी कि नोट की आखिरी लाइन मैत्रीपूर्ण थी जिसमें लिखा था कि ''लाइन ऑफ कंट्रोल पर शांति और संयम बनाए रखने में हम अपने सहयोग का भरोसा देते हैं।''

.नॉर्दन कमांड को लाइन ऑफ कंट्रोल का एकतरफा खिसकाया जाना कतई मंजूर नहीं था, उसने हवाई क्षेत्र के उल्लंघन को लेकर जवाबी प्रोटेस्ट नोट भेजा। लेकिन पाकिस्तान भारत के विरोध को दर्ज करना नहीं चाहता था, अगला नोट 29 अगस्त को मिला जो ज्यादा साफ था।

"हमारे 21 अगस्त, 1983 के प्रोटेस्ट पर आपका जवाब हमें प्राप्त हुआ।

(क) आपके सैनिक NJ 9842 और काराकोरम दर्रे NE 7410 को जोड़ने वाली लाइन ऑफ कंट्रोल के उत्तर में घुसपैठ कर रहे हैं। उन्होंने हमारे सियाचिन ग्लेशियर के इलाके में करीब 25 मील भीतर तक घुसपैठ की।

(ख) पिछले साल भी आपके सैनिकों ने इसी इलाके में घुसपैठ की थी जिसे लेकर हमारी सरकार ने विरोध दर्ज कराया था।

ये एक गंभीर उल्लंघन हैं और अगर इसे फौरन बंद नहीं किया गया तो शांतिपूर्ण हालात बिगड़ सकते हैं। लिहाजा आप अपने सैनिकों को निर्देश दें कि वो NJ 9842 और काराकोरम दर्रे को जोड़ने वाली लाइन के दक्षिण ही रहें।"

जनरल छिब्बर अब याद करते हैं कि, ''हमने प्रोटेस्ट नोट पर विचार किया और इस नतीजे पर पहुंचे कि इस तरह के नोट जम्मू–कश्मीर के सरहदी इलाके को लेकर आम बात है, जहां भारत और पाकिस्तान की सेना एक दूसरे के सामने 'ना जंग, ना शांति' (No war, no peace) की हालत में डटी है। एक जवाबी प्रोटेस्ट दर्ज किया गया और फैसला लिया गया कि 1983 की गर्मियों में हमारी गश्त जारी रहेगी। वो 1983 का साल था जब पाकिस्तान की ज्यादतियां टकराव में तब्दील हो गईं। तब ये साफ हो गया था कि पाकिस्तानी सैनिक अब सियाचिन ग्लेशियर पर आने को तैयार हैं। ऐसे में ये जरूरी था कि उन्हें रोकने के उपाय किए जाएं।''

नार्दन कमांड ने सेना हेडक्वार्टर के संपर्क में रहते हुए हालात का खुद से विश्लेषण करना शुरू किया।

भारतीय सेना की फाइलों में दबी सियाचिन की स्थिति और उसके सामरिक महत्व पर दोबारा गौर किया गया। 'हम सियाचिन ग्लेशियर के लिए अभियान और गश्त 1978 से कर रहे थे। पाकिस्तान इसका विरोध 1983 में किया कि हमारी टुकड़ी उसके इलाके में घुसपैठ कर रही है। उनका ये दावा पूरी तरह नाजायज और लाइन ऑफ कंट्रोल को एकतरफा खिसकाने वाला था जिसका आधार अमेरिका में छपने वाले नक्शे थे। इस बात की पक्की खुफिया रिपोर्ट थी कि पाकिस्तान 1984 में भारतीय गश्ती दल का सामना करने के लिए साजोसामान से लैस दल भेज रहा है।'

ये नतीजे सिर्फ सेना की खुफिया रिपोर्ट पर ही आधारित नहीं थे बल्कि देश की बाहरी खुफिया संस्था रॉ यानी रिसर्च एंड एनालिसिस विंग को खबर मिली कि पाकिस्तान 1983 के जाड़े में यूरोप से अल्पाइन कपड़े और साजोसामान की बड़े पैमाने पर खरीद कर रहा है।

रॉ के पूर्व चीफ विक्रम सूद तब एजेंसी के श्रीनगर स्टेशन हेड हुआ करते थे। उन्हें याद है जब वो बादामी कैंटोनमेंट एरिया में 15 कॉर्प्स कमांडर लेफ्टिनेंट जनरल पीएन हून के दफ्तर गए थे और उस इलाके में बढ़ती पाकिस्तानी गतिविधियों की जानकारी दी थी। "हमें पता था कि उस समय पाकिस्तानी ज्यादा से ज्यादा सिविलियन अभियान भेज रहे थे लेकिन जब तक हमने सारी चीजों को एक साथ जोड़कर नहीं देखा इस बात का अंदाजा नहीं लगा कि बात अभियान दल भेजने से आगे कहीं ज्यादा गंभीर है। जैसे ही हमें पता लगा कि पाकिस्तान भारी पैमाने पर बर्फीले इलाकों के लिए कपड़े और ऊंचाई पर इस्तेमाल होने वाले साजोसामान खरीद रहा है मेरे लिए ये जरूरी हो गया कि ये जानकारी प्रेम (Lt Gen Hoon) से शेयर करूं," 2013 में मेरे एक इंटरव्यू के दौरान विक्रम सूद ने व्यंग्य करते हुए कहा था कि 'पाकिस्तानी इन चीजों की खरीद पिकनिक मनाने के लिए

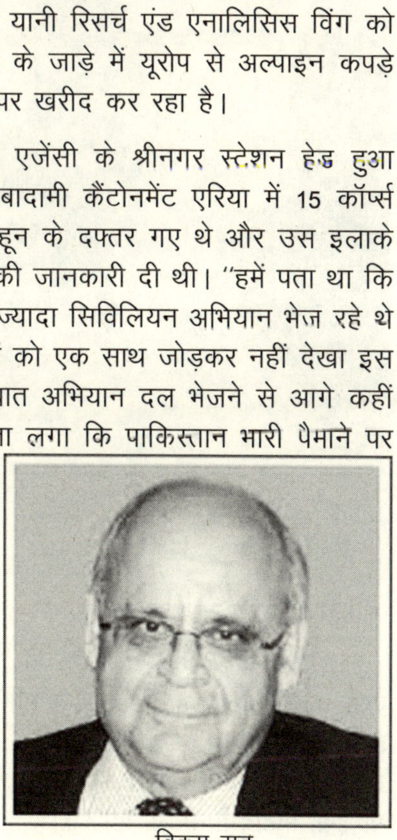

विक्रम सूद

नहीं कर रहे थे।' विक्रम सूद और लेफ्टिनेंट जनरल हूण की एक बैठक बेहद अहम थी।

स्थानः बादामी बाग, श्रीनगर, 15 कार्प्स कमांडर हेडक्वार्टर्स, लेफ्ट जनरल प्रेम हूण।

सालः 1983

शामिल हुए लोगः कॉर्प्स कमांडर और रॉ स्टेशन चीफ।

विषयः सियाचिन और एलओसी के पार से इस इलाके में हो रही पाकिस्तानी गतिविधियों की खुफिया रिपोर्ट।

श्रीमती गाधी के साथ जनरल पी एन हूण, साथ में नौजवान ऑफिसर कर्नल एन सी विज (बायें) जो बाद में आर्मी चीफ बने

ऐसा कहना गलत होगा कि इस मीटिंग का नतीजा सालतोरो रिज पर हमले के तौर पर हुआ जो सियाचिन ग्लेशियर के पश्चिम में है, लेकिन ये सच है कि अब मामला गंभीर हो चुका था और इंदिरा गांधी सरकार भी इसे संजीदगी से ले रही थी।

दिखावे के पर्वतारोही अभियानों के जरिए पाकिस्तानी इलाके की टोह ले रहे हैं ये रिपोर्ट परेशान करने वाली थी। जाहिर है कि पाकिस्तानी सालतोरो को पार कर काराकोरम का रुख करने वाले थे जो जम्मू कश्मीर और तिब्बत की सीमा पर था।

यहां तक कि 1983–84 में आर्मी हेडक्वार्टर को भेजे गए जनरल छिब्बर के नोट में ऑपरेशन लांच कर सालतोरो रिज के दर्रों पर कब्जा जमाने की बात कही गई थी जिसमें पाकिस्तान की हरकतें और उनके इरादे भी साफ किए गए थे।

उन्होंने सेना मुख्यालय को बताया, 'पाकिस्तान ने सिया ला के लिए एक कॉलम तैयार किया है जिसमें एक कमांडो कंपनी और एक नॉर्दन लाइट इंफैंट्री की सहायता के लिए मोर्टार प्लाटून भी शामिल हैं। इसमें हो रही देर की वजह शायद विदेशों से आने वाले गर्म कपड़े और उपकरण में हुई देर है। नोट में आगे कहा गया कि हालांकि हम ऑपरेशन मेघदूत की तैयारी कर रहे हैं लेकिन खुफिया रिपोर्ट्स के मुताबिक पाकिस्तान भी इस इलाके में सैन्य कार्रवाई की योजना बना रहा है, जिसके कई संकेत मिलते हैं।

(क) *छुट्टियां रद्दः* जनवरी 84 में फोर्स कमांडर नॉर्दन एरिया ने सितंबर तक छुट्टियां रद्द कर दी।

(ख) *संचार लाइनें बिछानाः* दिसंबर, 1983, खुफिया रिपोर्ट के मुताबिक स्कार्दू से आगे तक संचार लाइनें बिछा दी गई है, बाद में अप्रैल 84 में रिपोर्ट आई कि खापलू में एक्सचेंज बिठाया गया है।

(ग) *ऊंचाई के उपकरणों की खरीदः* नवंबर 1983 में इस बात के संकेत मिलते हैं कि पाकिस्तान ऊंचाई के गर्म कपड़ों के 1000 सेट खरीद रहा है।"

भारतीय सेना के नॉर्दन कमांड की इन जानकारियों की तस्दीक बाद में पाक सेना के लेफ्टिनेंट जनरल जहांदाद खान ने अपनी किताब में भी किया है जो तब रावलपिंडी के एक्स कॉर्प्स के कमांडर थे।

जब एसएसजी कंपनी ने बिलाफोंड ला दर्रा पार किया तो हेलीकॉप्टर पायलट ने सियाचिन इलाके में 1000 गज आगे भारतीय लोकेशन की

रिपोर्ट की। जैसे ही भारतीय सैनिक और उनके साथ मौजूद लद्दाख स्काउट्स ने हमारे हेलीकॉप्टर को देखा वो अपने राशन और टेंट छोड़कर फौरन वहां से निकल गए। एसएसजी कंपनी उस इलाके में 10 दिनों तक रही लेकिन सितंबर 1983 के पहले हफ्ते में उसे वहां से लौटने के आदेश दिए गए क्योंकि तब बर्फबारी शुरू हो गई थी और जवानों के पास बर्फ का मुकाबला करने वाले कपड़े नहीं थे।

एसएसजी कंपनी की वापसी के बाद बैठकों के कई दौर चले ताकि 1984 की गर्मियों का प्लान बनाया जा सके जब ज्यादा संख्या में भारतीय सैनिक आने वाले थे। इस बात पर भी विचार हो रहा था कि उन दर्रों पर जो भी पहले पहुंचेगा कब्जा उसी का होगा क्योंकि वहां के मौसम और जमीनी हालात को देखते हुए किसी के लिए खाली करवाना मुमकिन नहीं था। बतौर कॉर्प कमांडर मैंने यही राय दी।

अगले साल (1984) में भारत पहले ही दो बटालियन की मदद से सालतोरो रिज के अहम दर्रों पर कब्जे की तैयारी में था। साथ में एक तीसरी रिजर्व बटालियन भी थी। इसके अलावा उन्हें साजोसामान की मदद देने के लिए एक ब्रिगेड की जरूरत थी, इसके लिए हेलीकॉप्टर की हर मुमकिन क्षमता का इस्तेमाल किया जाना था। हवाई सुरक्षा के लिए एयरफोर्स तैयार थी जो आसमान के रास्ते रशद और उपकरण भी गिराने का काम करती।

इन दर्रों पर कब्जा जमाने के लिए बटालियन समेत एक ब्रिगेड की जरूरत थी इसके अलावा राहत और साजोसामान की मदद के लिए भी सैनिकों की जरूरत थी। गोमा से ग्लेशियर तक गोला बारूद और सामान पहुंचाने के लिए बड़े पैमाने पर कुलियों की जरूरत थी। हमारे दोनों हेलीकॉप्टर यूनिट एल्युट और प्यूमा इनके लिए तैयार थे। पाक एयर फोर्स भी बिलुकल तैयार थी। मैंने जीएचक्यू को अगाह किया कि साजोसामान को लेकर ये ऑपरेशन काफी महंगा साबित हो सकता है। हमारी सेना की इंटेलिजेंस को चौकस रहना होगा ताकि वो दुश्मन की लेह से आगे ग्लेशियर के इलाके में होने वाले किसी भी गतिविधि को लेकर हमें पहले ही खबर दे सके।

दिसंबर, 1983 में जीएचक्यू ऑपरेशन रूम में एक मीटिंग हुई जिसकी अध्यक्षता राष्ट्रपति जनरल जिया उल हक कर रहे थे। 10 कॉर्प्स की योजना सुनने के बाद COAS ने सोचा कि दोनों तरफ ये ऑपरेशन सीमित स्तर पर होगा और भारतीय तरफ से एक बटालियन और पाकिस्तानी ओर से भी एक बटालियन से ज्यादा इस्तेमाल नहीं होना चाहिए। जाहिर है उन्होंने दोनों ओर से सेना के कम इस्तेमाल का अंदाजा लगाया था। उन्होंने साजोसामान की समस्या को भी कमतर करके आंका जैसा कि उन्हें बताया गया था। बैठक में तय हुआ कि इस ऑपरेशन में पाक वायुसेना मदद देगी और मेजर जनरल पीर दाद खान को दर्रों पर कब्जा जमाने का जिम्मा दिया गया।

साथ ही कहा गया कि ये ऑपरेशन मई 1984 से पहले नहीं हो क्योंकि वहां का मौसम प्लेन और हेलीकॉप्टर को इसकी इजाजत नहीं देता। फैसले पर डिफेंस कोऑर्डिनेशन कमेटी की मुहर भी लगी, जिसमें ज्वायंट स्टाफ कमेटी के चेयरमैन और सारी सेनाओं के चीफ मौजूद थे। इसके साथ ही तैयारियां शुरु हो गईं और ऊंचाई पर काम आने वाले उपकरण और कपड़े खरीदे जाने लगे, रोड और ट्रैक्स बनाने का काम और कुलीयों की बहाली वगैरह भी शुरू हो गई। ये सारी तैयारियां अप्रैल 1984 तक पूरी कर ली जानी थी।

चार साल का अपना कार्यकाल पूरा कर मैंने 10 कॉर्प्स की कमान लेफ्टिनेंट जनरल जाहिद अली अकबर खान को सौंप दी। साथ ही उन्हें योजना की पूरी जानकारी देते हुए सतर्क किया कि वो खासतौर पर लेह से आगे के इलाके में भारतीय गतिविधियों पर नजर रखते हुए खुफिया एजेंसियों को अलर्ट कर दें। मुझे ये बाद में पता लगा कि जब मई, 1984 के तीसरे हफ्ते में हमारे सैनिक सालतारो रिज के दर्रों तक पहुंचे तो भारतीय वहां पहले से ही दक्षिण में ग्योंग दर्रे पर अपने पांव जमाए बैठे थे। वो जगह सामरिक तौर पर अहम थी क्योंकि वहां से वो दुश्मन की सप्लाई लाइन काट सकते थे। अब वहां से भारतीयों को हटाना नामुमकिन था ऐसे में अब और कोई रास्ता नहीं था कि उनके मुकाबले दूसरी सबसे ऊंची जगह पर कब्जा जमाया जाए। पाकिस्तान के लिए ये बहुत बड़ा झटका था। खासकर जब पूरी प्लानिंग और सारे इंतजाम सर्वोच्च स्तर पर किया गया हो। उस इलाके में पूरी की पूरी ब्रिगेड तैनात थी और हम

इसका अंदाजा लगाने में फेल हो गए। बाद में पता चला कि भारत ने अपने सैनिकों को अप्रैल के तीसरे हफ्ते में ही लेह से आगे भेजना शुरू कर दिया है।

दो तरफ दोनों देशों के सैनिकों के आमने–सामने आने के बाद से ये सीमा सक्रिय हो गई। जल्द ही आर्टिलरी गन्स, रॉकेट लांचर और एंटी एयरक्राफ्ट मिसाइलों जैसे भारी हथियारों का इस्तेमाल शुरू हो गया। दोनों ओर से गोलीबारी, गश्ती दलों में टकराव और हेलीकॉप्टरों से एंटी एयरक्राफ्ट मिसाइल का इस्तेमाल तकरीबन रोजाना होता। दोनों ओर से और सैनिक भी जुटाए गए। हालांकि इससे पोजीशन में कोई खास बदलाव नहीं आया। 1984 की सर्दियों में पाकिस्तानी सैनिकों को पहली बार ऊंचाई पर ऑपरेशन का अहसास हुआ, हालांकि उन्हें गर्म कपड़े और उपकरण दिए गए थे लिहाजा खराब मौसम से कोई असामान्य जानमाल का नुकसान नहीं उठाना पड़ा।

1983–84 के दौरान पाकिस्तान की मंशा के सबूत एशियन डिफेंस जर्नल के नवंबर, 1985 अंक में जियोपॉलिटिक्स ऑफ द सियाचिन ग्लेशियर के नाम से प्रकाशित जुल्फिकार ए खान के लेख में भी मिलते हैं। जिसमें कहा गया है, "अपने इलाके की सुरक्षा और भारत की ओर से किसी भी संभावित घुसपैठ को रोकने के लिए पाकिस्तान ने सियाचिन में एक स्थायी चौकी बनाने का फैसला किया, जिसे रोकने के लिए भारत ने कुमाऊँ बटालियन को हेलीकॉप्टर से एयरलिफ्ट किया।"

बेशक वो 1000 जवानों की बटालियन नहीं बल्कि 4 कुमाऊँ की करीब 30 जवानों की ताकत वाली एक प्लाटून थी जिसने ऑपरेशन मेघदूत का श्रीगणेश किया।

जनरल छिब्बर जो कि 1978 से ही किसी ना किसी तरह से सियाचिन से जुड़े रहे, सिया ला बिलाफोंड ला पर भारतीय सैनिकों के कब्जे के बाद पाकिस्तान के उग्र जवाब को लेकर सतर्क थे। उनके मुताबिक सियाचिन ग्लेशियर का ऑपरेशन स्थानीय झड़प में तब्दील हो सकता था और उसके आगे बढ़ने की भी साफ गुंजाइश थी।

"मैं सतर्क था कि ऑपरेशन मेघदूत स्थानीय स्तर से लेकर जम्मू कश्मीर में एलोसी तक फैल सकता था या फिर पाकिस्तान को लेकर पूरे

अंतरराष्ट्रीय सीमा पर।" नॉर्दन आर्मी कमांडर ने ये बात सेना मुख्यालय को भेजे एक नोट में लिखी।

बात बढ़ने की गुंजाइश के बावजूद सेना मुख्यालय ने प्रधानमंत्री कार्यालय से और खासकर प्रधानमंत्री इंदिरा गांधी से निर्देश लेकर *ऑपरेशन मेघदूत* को अंजाम देने का फैसला ले लिया। जनरल छिब्बर याद करते हुए कहते हैं कि "मैंने अपने सर्वोच्च कमांडरों को ये जानकारी दे दी कि अगर हम पाकिस्तान की ओर से बगैर किसी रुकावट के ऑपरेशन को अंजाम देना चाहते हैं तो हमें फौरन कार्रवाई करनी होगी। अगर पाकिस्तानी सियाचिन ग्लेशियर पर कोई चौकी बना लेता है तो उसे खाली कराना बहुत महंगा पड़ेगा। ये हो सकता है कि हम ऐसा नहीं कर सकें क्योंकि वो काफी ऊंचाई पर है।"

समीक्षा के तौर पर ये बात कही जा सकती है कि रॉ की खुफिया जानकारी, सेना का अपना विश्लेषण 1983 के पाकिस्तान के भेजे प्रोटेस्ट नोट के तेवर और सियाचिन इलाके को लेकर उसकी तैयारी के मुंहतोड़ जवाब साबित हुए। उन्होंने फौरन पोलर बीयर गश्त शुरू की और सितंबर 1983 में वापस आ गए। सेना के दस्तावेजों के मुताबिक सितंबर से दिसंबर 1983 के बीच जनरल छिब्बर और लेफ्टिनेंट जनरल पीएन हून और उनके स्टाफ के बीच कई बार राय मशविरा हुआ। उन्होंने पूरे ऑपरेशन की विस्तृत तौर पर रूपरेखा समझाते हुए दिशा निर्देश दिए।

जनरल छिब्बर ने नोट में लिखा, "1983 तक इस इलाके में हमारी मौजूदगी अभियानों और गश्त के तौर पर रही जो पाकिस्तान की तरफ से उचित बर्ताव के लिए काफी नहीं था, लिहाजा सियाचिन में 1984 में एक बड़ी और सशस्त्र सैनिक कार्रवाई का फैसला किया गया।"

अब *ऑपरेशन मेघदूत* कुछ महीने ही दूर रह गया था।

ग्लेशियर पर शुरुआती कैम्प

खतरनाक सालतोरो रिज

III

तत्पर रहना

"सियाचिन ग्लेशियर की सुरक्षा।"

1984 की जनवरी शुरू होते ही नॉर्दन कमांड और 15 कॉर्प्स जी–जान से सालतोरो रिज की चोटियों पर कब्जा जमाने की तैयारी में जुट गए, जो सियाचिन ग्लेशियर से पश्चिम का इलाका है।

संयोग से श्रीनगर में मौजूद 15 कॉर्प्स हेडक्वार्टर के लिए आज की तरह धुसपैठ की समस्या अभी पांच साल बाद की बात थी, लिहाजा इनकी ज्यादातर तैनाती पूंछ से द्रास करगिल, बटालिक चोरबाटला और तुर्तुक होते हुए NJ 9842 तक थी। मौजूदा हालात से अलग उन दिनों 15 कॉर्प्स की जिम्मेदारी पूर्वी लद्दाख से लगे तिब्बत सीमा की भी थी।

लद्दाख की सुरक्षा के लिए किसी दूसरे कॉर्प्स या डिविजन या कारगिल द्रास–बटालिक इलाके की सुरक्षा में लगे 8 माउंटेन डिविजन का, 1984 में तब कहीं नामोनिशां तक नहीं था। लेह में हेडक्वार्टर वाले 3 इंफैंट्री डिविजन के दो ब्रिगेड थे (70 कैरी में थे जो दक्षिण पूर्व लद्दाख देखते थे और उत्तर पूर्व लद्दाख की सुरक्षा में 114) और इसके कमांड में एक सेक्टर हेडक्वार्टर था परतापुर, जो खारदूंग ला के पार के इलाके की सुरक्षा में तैनात था। इस तरह से 3 इंफैंट्री डिविजन तब जोजी ला से लेकर सासोमा तक पूरे इलाके का इंचार्ज था।

जे एंड के, सियाचिन और कराकोरम सहित

ऑपरेशन मेघदूत के दो साल बाद 3 इंफैंट्री डिविजन का दायरा बढ़ाकर इसे पाकिस्तान और चीन के मोर्चे तक की जिम्मेदारी दी गई। लिहाजा 1986 में एक और 28 डिविजन का लेह के पास निमू में गठन किया गया। एक अनूठे इंतजाम के तहत 28 डिविजन को कारगिल बेस 121 इंफैंट्री ब्रिगेड और सियाचिन इलाके की भी जिम्मेदारी दी गई। (see map)

ये बंदोबस्त 1991 तक चला जब 28 डिविजन को उत्तरी कश्मीर के कूपवाड़ा में शिफ्ट किया गया जब 1989 से शुरू हुई घुसपैठ और आतंकवाद कश्मीर घाटी में अपना पांव जमा चुका था। इसी वक्त सियाचिन ब्रिगेड को वापस 3 इंफैंट्री डिविजन से जोड़ दिया गया।

ये 1999 के कारगिल जंग के बाद की बात है जब कारगिल में 8 माउंटेन डिविजन बनाया गया और लेह में 14 कॉर्प्स का गठन किया गया। 3 इंफैंट्री डिविजन को कारू भेजा गया जो लेह से बमुश्किल एक घंटे का सफर है अब वो खुद–ब–खुद 14 ORBAT (Order of Battle) के साथ था।

खैर इस पर विस्तार से बाद में।

जनरल छिब्बर अपने अफसरों के साथ, 1984

सियाचिन पर योजना तैयार करने वालों में जनरल छिब्बर के अलावा लेफ्टिनेंट जनरल हूण, जीओसी 15 कॉर्प्स मेजर जनरल एस शर्मा, जीओसी 3 इंफैंट्री डिव और जमीन पर काम करने वाले 26 सेक्टर के कमांडर ब्रिगेडियर वी एन चन्ना शामिल थे।

मकसद था–सालतोरो रिज के सबसे अहम दर्रे इंदिरा कोल, सिया ला और बिलाफोंड ला पर जल्द से जल्द कब्जा करना।

जैसे ही स्टॉफ और कमांडरों ने ऑपरेशन लांच करने की सारी जमीन तैयार कर ली, जनवरी 1984 में जनरल छिब्बर ने विस्तार से चिट्ठी लिखकर सेना प्रमुख जनरल ए एस वैद्य से ऑपरेशन शुरू करने की इजाजत मांगी।

योजना के अहम पहलुओं में 15 कॉर्प्स के 79 माउंटेन ब्रिगेड को बर्फीले इलाके में ऑपरेशन के लिए हिमालयन ब्रिगेड का दर्जा दिया जाना था। नॉर्दन कमांड की योजना के मुताबिक ये फोर्स खास तरह के गर्म कपड़े और स्किइंग उपकरणों से लैस थी। जनरल छिब्बर ने सेना मुख्यालय को

लिखे अपने नोट में ऑपरेशन मेघदूत में शामिल हो रहे इन सैनिकों के लिए विदेशों से साजोसामान खरीदने की सिफारिश की थी।

एक विशेष टास्क फोर्स को बनाने और संगठित करने के अलावा ये जरुरी था कि उनके लिए अलग से अपना एमआई 8 और चीता से लैस हेलीकॉप्टर यूनिट हो। इसके अलावा हेलीकॉप्टर से गोलीबारी की मदद और संबंधित इलाके के हवाई फोटोग्राफ की भी जरुरत थी। ससोमा से लेकर बेसकैंप तक हवा और रोड के जरिए संचार के साजोसामान, ससोमा और बेसकैंप में हेलीपैड के अलावा फाइबर ग्लास के बंकर बनाने की भी योजना थी।

जनरल छिब्बर ने 9 फरवरी, 1984 को सेना प्रमुख को लिखे अपनी चिट्ठी के मसलों पर जनरल वैद्य और डीजीएमओ लेफ्टि जनरल सोमन्ना के साथ राय मशविरा किया।

योजना को अंतिम रूप

पांच दिनों बाद ऑपरेशन मेघदूत की तैयारी पूरे जोर–शोर से शुरू हो गई।

जनरल छिब्बर नॉर्दन कमांड के हेडक्वार्टर ऊधमपुर लौटकर ऑपरेशन की योजना पर काम करने के लिए लेफ्टिनेंट जनरल हूण को बुलाया। इस चर्चा के दौरान जनरल छिब्बर के चीफ ऑफ स्टॉफ, लेफ्ट जनरल एन एस चीमा, MGGS मेजर जनरल अमरजीत सिंह और ब्रिगेडियर चन्ना भी मौजूद थे। 1984 में नॉर्दन कमांड एक तरह से इन्ही पांच ऑफिसरों के तहत काम करता था, जो पूरे दिन एक एक पहलुओं पर चर्चा करते रहे, सिवाय एक वर्किंग लंच के और ऑपरेशन से जुड़े सारे अहम पहलुओं को अंतिम रुप दे दिया गया।

इनमें से किसी को अंदाजा नहीं था कि वो एक ऐसी सैन्य कार्रवाई का आदेश देने जा रहे हैं जो भारत का सबसे लंबा जारी ऑपरेशन साबित होगा और सेना के इतिहास में ऐसी कोई मिसाल नहीं होगी।

नॉर्दन कमांड मुख्यालय में हुई 14 फरवरी की बैठक में जो बड़े फैसले लिए गए उसमें *ऑपरेशन मेघदूत* के लिए सेना की संरचना का प्रस्ताव भी था। पहले तय हुआ कि एक कंपनी, लद्दाख स्काउट्स की एक प्लाटून

जनरल छिब्बर (हाथ से इशारा करते) ब्रिगेडियर चन्ना और ब्रिगेडियर जल मास्टर के साथ

और 4 कुमाऊँ की एक कंपनी के साथ ऑपरेशन में मदद के लिए जरूरी फोर्स लगाई जाएगी।

1 विकास के लेफ्टिनेंट कर्नल पुष्कर चांद को *ऑपरेशन मेघदूत* के टास्क फोर्स का कमांडर बनाया गया। उनकी लोकेशन करीब 16,000 फीट की ऊंचाई पर बने फॉर्वर्ड लॉजिस्टिक बेस पर होनी थी। साथ ही उनकी किसी भी तरह की मदद के लिए नॉर्दन कमांड ने ससोमा में एक कमांडिंग ऑफिसर के तहत 19 कुमाऊँ की एक कंपनी भी तैनात की थी।

यहां एक दिलचस्प बात ये है कि 1984 में दो विकास बटालियन की तैनाती लद्दाख में 3 इंफैंट्री डिविजन के साथ थी, जो अब बेहद गोपनीय माने जाने वाले संगठन स्पेशल फ्रंटियर फोर्स के नाम से जानी जाती है। इसका गठन 1962 में 22 इस्टैबलिस्मेंट के कोड नाम से हुआ था, स्पेशल फ्रंटियर फोर्स के बारे में लोग ज्यादातर अंदाजा ही लगाते हैं पक्की जानकारी बहुत थोड़ी मिलती है।

माना जाता है कि एसएफएफ का काम भारत तिब्बत सीमा पर चीनी सेना की गतिविधियों पर नजर रखने और हर मुमकिन खुफिया सूचना जुटाने का था साथ ही जंग की हालत में एसएफएफ भारतीय सेना के लिए फॉर्वर्ड स्क्रीन की भूमिका निभाने वाले थे। इन्हें स्पेशल ऑपरेशन

के लिए ट्रेनिंग दी गई थी और ये पैराट्रूपर्स की भूमिका निभाने के साथ अक्साई चीन के इलाके में जमीनी सेना से आगे बढ़कर हवाई हमले को अंजाम दे सकते थे।

एसएफएफ में तिब्बती और गोरखा दोनों शामिल थे, इसमें तिब्बती अफसर बन सकते थे जबकि रेगुलर भारतीय सेना के अफसर डेपुटेशन पर इसकी अगुवाई करते थे। संगठन का मुखिया इंस्पेक्टर जनरल मसूरी के नजदीक चकराता में होता था जो आमतौर पर भारतीय सेना के मेजर जनरल रैंक का आफिसर होता था।

अभी लद्दाख में तैनात 14 कॉर्प्स के साथ कम से कम 2 विकास बटालियन हैं। लेफ्टिनेंट कर्नल पुष्कर चांद 1984 में इन दोनों में से एक को कमांड कर रहे थे जब उन्हें *ऑपरेशन मेघदूत* के टॉस्क फोर्स कमांडर के तौर पर नियुक्त किया गया।

जब जवानों ने साजोसामान से लैस होकर इसके लिए ट्रेनिंग शुरू की तो पता चला कि ये मिशन कितना बड़ा और मुश्किल होने वाला है। सेना मुख्यालय ने *ऑपरेशन मेघदूत* के लिए आखिरी इजाजत 31 मार्च 1984 को अपने पत्र सं. Aè35501èXM03 के जरिए दे दी, जिसमें दिए गए दिशा निर्देश थे

सबक – सियाचिन ग्लेशियर को सुरक्षित करना।

विशेष सबक – *बिलाफोंड ला, सिया ला, लोलोफोंड और तेरम सेहर ग्लेशियर की सुरक्षा।*

इंदिरा कोल तक सुरक्षा गश्त

इलाके में पाकिस्तानी प्रायोजित घुसपैठ रोकना।

इन निर्देशों से साफ है कि सेना मुख्यालय पाकिस्तान के खिलाफ आक्रमण के पक्ष में नहीं था बल्कि इरादा सालतोरो रिज की ऊंचाई पर तैनात होकर उसे सुरक्षित बनाने का था। इसके पीछे बहुत सारे कारण थे।

1984 का भारत आज हम जिस रुप में देखते हैं उससे काफी अलग था। श्रीमती इंदिरा गांधी 1977–80 के बीच सत्ता से बाहर रहने के बाद

दोबारा प्रधानमंत्री बनी थीं। भारत पर शासन करना कभी भी आसान नहीं रहा लेकिन 1980 का दशक खासतौर पर बुरा रहा।

पंजाब अलग खालिस्तान की मांग को लेकर जल रहा था। असम में स्थानीय लोगों ने बाहरी लोगों के खिलाफ मुहिम छेड़ रखी थी। नागालैंड, मणिपुर और मिजोरम में बड़ी संख्या में अलगाववादी घटनाओं की वजह से भारतीय सेना की बड़े पैमाने में तैनाती की गई थी। ऐसे में भारत पाकिस्तान के साथ एक और जंग बर्दाश्त करने की हालत में नहीं था।

ऐसे में जब श्रीमती गांधी को NJ 9842 से आगे को लेकर पाकिस्तान के इरादे की जानकारी दी गई तो उन्होंने सीधा निर्देश दिया कि सियाचिन को बचाना है लेकिन पाकिस्तान के साथ बड़े पैमाने पर नहीं उलझना है।

अब चूंकि निर्देश सीमित थे, लिहाजा नॉर्दन कमांड ने भी ऑपरेशन की प्लानिंग भी सीमित स्केल पर की। लेकिन एक बात जो एकदम साथ थी कि भारतीय सेना की सफलता की कुंजी सिया ला और बिलाफोंड ला पर पाकिस्तानी सैनिकों से पहले कब्जे में लेने पर टिकी थी। प्लान बनाने वाले इस बात पर पूरी तरह सहमत थे कि शुरुआती तैनाती के लिए इन जगहों पर सैनिकों को हेलीकॉप्टर से पहुंचाया जाएगा और उन्हें हवाई सुरक्षा दी जाएगी। नॉर्दन कमांड ने शुरुआत में सैनिकों को वहां से निकालने का वक्त 31 अगस्त 1984 के आस–पास तय किया था 'अगर कोई खास जरूरत नहीं होती है।

अब जैसा की हम जानते हैं कि सैनिकों को वहां रुकने की जरूरत न कि सिर्फ उस साल सर्दियों में पड़ी बल्कि बीते तीन दशक से सालोंभर बनी रही।

पाकिस्तान के साथ जंग को बढ़ाने के बजाय सिर्फ सालतोरो रिज के तीन अहम दर्रों पर कब्जा के पीछे होने वाले फायदे की विचारधारा से विपरीत पाकिस्तान ने आक्रामक नीति अपनाई।

अप्रैल से जून 1984 के बीच, सिया ला और बिलाफोंड ला पर कब्जा जमाने के लिए ऑपरेशन अबाबील और दो बड़े हमले कर भारत को मजबूर किया। नॉर्दन कमांड के पास इन बातों के रिकार्ड हैं कि कैसे पाकिस्तान ने इसे इज्जत की लड़ाई मानते हुए सालतोरो को दोबारा हासिल करने के लिए जी–जान लगा दी।

जब नॉर्दन कमांड और 3 इंफैंट्री डिविजन में ऑपरेशन लॉन्च होने की तारीख पर तुक्के लग रहे थे, टास्क फोर्स लेफ्टिनेंट कर्नल पुष्कर चांद के साथ खुद को बर्फीली पहाड़ियों के लिए तैयार करने की ट्रेनिंग पर जुटी हुई थी।

ये सासोमा के लिए 28 मार्च 1984 को मार्च कर गई। टास्क फोर्स ने खुद को 3 अप्रैल तक बेसकैंप और बर्फीले जंग की ट्रेनिंग पर फोकस कर रखा था। इस दौरान ऑपरेशन लान्च करने के लिए जरूरी बुनियादी साजोसामान लगातार तैयार हो रहा था। ऊंचाई के लिए हट्स और बेसकैंप के दूसरे जरूरी सामान भी तकरीबन तैयार थे। MI–8 के लिए हेलीपैड भी बन रहा था। एविएशन पेट्रोल का भंडार सबसे अहम था क्योंकि पूरी लड़ाई हेलीकॉप्टरों के भरोसे लड़ी जानी थी, उन्हें ही ग्लेशियर पर जवानों को तैनात करना था।

इस बीच भारतीय वायुसेना बिलकुल समय के साथ रशद और सामानों की सप्लाई में जुटी रही। इस दौरान 461 टन सामान हवाई जहाजों से ढोया जाना था, इसमें तीन हफ्तों में श्रीनगर से थोइस के लिए 73 टन पहुंचाए गए और बाकी के 389 टन श्रीनगर से ड्रोपिंग जोन में अप्रैल से अगस्त के बीच गिराए जाने थे।

ऑपरेशन मेघदूत के शुरुआती दिनों में, बेस कैम्प में Mi–8 हेलीकॉप्टर

Mi–8 हेलीकॉप्टर ग्लेशियर पर

Mi–8 हेलीकॉप्टर्स अप्रैल से अगस्त के बीच 74 टन सामान उठाकर बेसकैंप तक पहुचाते रहे, इससे हल्के चीता की जिम्मेदारी सासोमा से एफएलबी और 79 टन बेसकैंप से असाल्ट कैंप पहुंचाने की थी।

तमाम साजोसामान बेहद करीने से तैयार हो चुके थे, एक ऐसे ऑपरेशन के लिए जो पूरी दुनिया में इकलौता है, हर छोटे फैसले को भी लागू करने से पहले गौर से जांचा परखा गया। सप्लाई समेत हर चीज पूरी तरह *ऑपरेशन मेघदूत* के लिए तैयार हो गई, सिवाय सबसे पहले जाने वाली टीम के उन खास बर्फीली पोशाकों के जिन्हें बिलाफोंड ला और सिया ला पर एयरड्रॉप किया जाना था।

लद्दाख स्काउट्स

कि कि सो सो लहरग्यालो (जीत के देवता)

गोरखा स्काउट्स भारतीय सेना की सबसे नई रेजीमेंट लेकिन सबसे पुराने साथियों में से एक है।

इस गठन चीन से हुई जंग के फौरन बाद 1963 में हुआ, जिस दौरान लद्दाख कुछ जगहों पर आमने–सामने की लड़ाई का गवाह रहा है।

लद्दाख स्काउट्स पहले अर्द्धसैनिक बल थे जो सीधे भारतीय सेना के साथ ऊंचे हिमालयों में जुड़कर काम करते थे। बेहद खराब बर्फीले धरातल पर उनकी फुर्ती और बहादुरी के लिए उन्हें स्नो टाइगर्स का नाम दिया गया था।

लद्दाख स्काउट्स भारतीय सेना के सबसे सम्मानित में से एक रेजिमेंट है जिसकी सजावट में 300 गैलेंटरी अवार्ड्स लगे हैं–जिसमें एक अशोक चक्र और दस महावीर चक्र और दो कीर्ति चक्र शामिल हैं।

1999 में कारगिल जंग के दौरान मैं इन सौम्य लेकिन मजबूत लद्दाख स्काउट्स के साथ पहली बार बटालिक सेक्टर में मिला। मुझे याद है दरअसल ये वो पहली यूनिट थी जिसने कारगिल में पाकिस्तान की घुसपैठ का कामयाब जवाब दिया। मेजर सोनम वांगचुक 1999 में चोरबाटला की जंग का मृदुभाषी हीरो अपनी वीरता के दम पर घर–घर की जुबान पर आ गए। उन्हें देश का दूसरा सर्वोच्च वीरता सम्मान महावीर चक्र से नवाजा गया। अभी कर्नल सोनम वांग्चुक जो लद्दाख के बौद्द है, अपनी शुरुआत शॉर्ट सर्विस कमीशन से और ऑफिसर्स ट्रेनिंग एकाडमी से एक साल की ट्रेनिंग के बाद असम रेजिमेंट के लिए चुने गए। लेकिन बाद में वो लद्दाख स्काउट्स में चले आए, उन्हें मिले महावीर चक्र में दर्ज है कि:

30 मई, 1999 को मेजर सोनम वांग्चुक इंडस विंग के एक कॉलम की अगुवाई कर रहे थे, लद्दाख स्काउट्स बटालिक सेक्टर में चल रहे ऑपरेशन विजय क़ा हिस्सा थे। इसे करीब 5500 मीटर की ऊंचाई पर ग्लेशियर वाले एक इलाके की रिज लाइन पर कब्जा करने को कहा गया जो लाइन ऑफ कंट्रोल का हिस्सा थी। इसे दुश्मन के कब्जे से मुक्त कराना इसलिए जरूरी था ताकि अब कोई घुसपैठ नहीं हो सके।

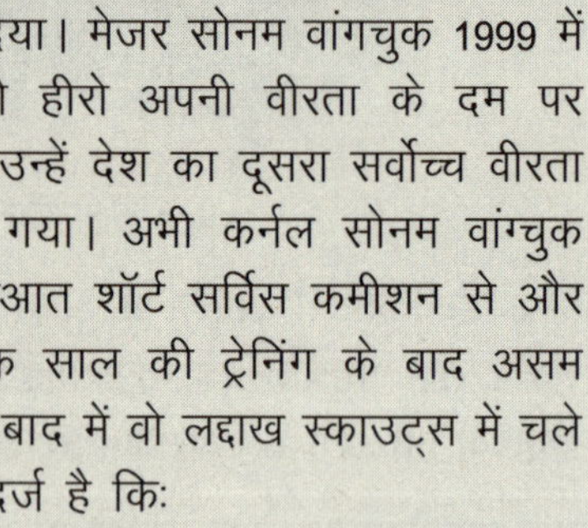
कर्नल सोनम बांग्चुक

लाइन ऑफ कंट्रोल की तरह बढ़ते इस कॉलम पर दुश्मन ने

सुरक्षित ठिकानों से घात लगाकर हमले किए। इस दौरान लद्दाख स्काउट्स का एक एनसीओ शहीद हुआ, मेजर सोनम वांग्चुक ने कॉलम को साथ लेकर बगल से जाकर जवाबी हमला किया और दुश्मन के दो जवान मार गिराए। इन्होंने वहां एक हेवी मशीनगन, एक यूनिवर्सल मशीनगन, गोला–बारूद, स्टोर और दुश्मनों के तीन शव बरामद किए।

इसके बाद ऑफिसर ने अपनी जान जोखिम में डालते हुए पूरी ताकत को साथ लेकर बटालिक सेक्टर में चोरबाटला एक्सिस में लाइन ऑफ कंट्रोल से दुश्मनों का सफाया कर दिया।

मेजर सोनम वांग्चुक ने अदम्य वीरता और साहस का परिचय दिया और ग्लेशियरों वाले उस इलाके में दुश्मन के हमलों के बीच मौजूद रहे।

लेकिन सोनम वांग्चुक लद्दाख से पहले हीरो नहीं हैं। ये सम्मान मशहूर कर्नल शिवांग रिशेन को जाता है जो दो बार महावीर चक्र के अलावा वीरता के लिए सेना मेडल ले चुके हैं।

मुझे नहीं लगता कि मुश्किल हालातों में जंग के मैदान में दुश्मनों से लोहा लेने को लेकर कोई रिशेन के करीब आ सकता है। उनकी वीरता की शुरुआत 1947–48 में ही हो गई थी जब वो 17 साल के थे। भारत और पाकिस्तान के बीच हुई पहली जंग के दौरान पाकिस्तान लद्दाख पर कब्जा की जी जान कोशिश में जुटा था एक हमला पश्चिम से हुआ, हथियारों से लैस कबिलाई जिन्हें पाकिस्तान ने भेजा था, उन्होंने कारगिल को कश्मीर घाटी और लद्दाख से काटने के लिए सामरिक रुप से अहम जोजी ला पर कब्जा जमा लिया। उनका दूसरा जोर श्योक नदी से नुब्रा की तरफ था। कबिलाई लद्दाख रेंज को पार कर गए और श्योक और सिंधु नदियों के बीच धंसते हुए कारगिल लेह रोड तक आ गए। वो नुब्रा घाटी पर भी दबाव डाल रहे थे।

यही वो वक्त था जब 17 साल के शिवांग रिशेन ने बतौर पहले वोलिंटियर स्थाई मिलिशिया सदस्य बने और उन्हें नुब्रा गार्ड्स का नाम दिया। शिवांग रिशेन ने 28 वोलिंटियर के साथ एक पाकिस्तानी पोस्ट चुमिक ला पर हमला कर उसे कब्जे में ले लिया ये इलाका बाद में सेंट्रल ग्लेशियर के नाम से जाना गया।

1947–48 में रिशेन और उनके साथियों ने करीब एक साल तक पाकिस्तानी हमले को रोके रखा और लामा हाउस, टक्कर हिल, टेबेडो हिल पर कब्जा जमाने में शामिल रहे। उन्होंने थोइस से सिर्फ पांच किमी दूर ट्रेचे में घुसपैठियों का मुकाबला किया। भारत पाक जंग में श्योक घाटी की सुरक्षा में उनके योगदान को देखते हुए उन्हें महावीर चक्र दिया गया साथ ही उन्हें 7 जे एंड के मिलिशिया में जमादार के पद पर रखा गया।

जब 1971 की जंग शुरू हुई तब रिशेन 14 जे एंड के मिलिशिया में पंजाब के फिरोजपुर में थे। उन्होंने स्वेच्छा से लद्दाख स्काउट को चुना और लद्दाख के परतापुर सेक्टर में कर्नल उदय सिंह के साथ बतौर डिप्टी कमांडर तैनात हुए। परतापुर पहुंचते ही उन्होंने हाल में गठित हुई नुब्रा गार्डस के 550 वोलिंटयर्स की चार कंपनियां बनाई जिन्हें ढाल फोर्स कहा जाता था। 15 दिनों की शार्ट ट्रेनिंग के बाद ढाल फोर्स ने सिर्फ मेजर रिशेन की अगुवाई में पाकिस्तानियों की घुसपैठ रोकी बल्कि चालुंका कॉम्पलेक्स, तुर्तुक, त्याक्षी और पचथांग को दोबारा जीत लिया।

कर्नल रिहोन (बायें) और उनके युवा दिन

15 दिसंबर 1971 तक नुब्रा गार्ड्स ने पाकिस्तान के कब्जे से 800 वर्ग किमी का इलाका खाली करवा लिया था जो उस जंग में वेस्टर्न/नार्दर्न फ्रंट पर किसी भी यूनिट द्वारा कब्जा किया गया सबसे बड़ा इलाका था। ये पूरा ऑपरेशन बिना किसी तोपखाने या हवाई मदद के की गई। तुर्तुक–त्याक्षी इलाके को दोबारा जीतने में उनकी बहादुरी

को देखते हुए मेजर रिशेन को दूसरी बार महावीर चक्र से सम्मानित किया गया।

तुर्तुक को वापस लेने के 13 साल बाद इसकी अहमियत का अंदाजा लगा जब भारतीय सेना सियाचिन की ओर बढ़ते पाकिस्तानियों को रोकने के लिए सालतोरो पर जवानों की तैनाती की तैयारी कर रही थी। सालतोरो रिज के दक्षिणी छोर पर दक्षिण पश्चिम में बसा तुर्तुक बगल से होने वाले पाकिस्तान के किसी भी हमले को रोकने में मददगार रहा। आज 102 इंफैंट्री ब्रिगेड के तहत एक पूरी बटालियन तुर्तुक के आगे एलओसी पर तैनात है। मेजर रिशेन प्रोमोशन पाकर लेफ्टिनेंट कर्नल बने और सितंबर 1986 में रिटायर हुए। 26 जनवरी 1990 को लेफ्टिनेंट कर्नल रिशेन को नुब्रा गार्ड्स के ऑनरेरी कर्नल से सम्मानित किया गया।

1983 में हुए ऑपरेशन मेघदूत से ठीक सालभर पहले लद्दाख स्काउट्स को एक हेडक्वार्टर और दो विंग्स के साथ अहम पहचान मिली, काराकोरम विंग और इंडस विंग। काराकोरम विंग में शामिल सैनिक सियाचिन ग्लेशियर के लिए गए 1982, 83 और 84 के अभियानों में सबसे आगे थे।

स्वयंसेवकों के लिए हथियार प्रशिक्षण

करगिल जंग में अपनी बहादुरी के बाद लद्दाख स्काउट्स को जून 2000 में पुनर्गठित कर चार इंफैंट्री बटालियन वाले पूर्ण रेजिमेंट का दर्जा दिया गया। सितंबर 2000 में भारत सरकार ने एक प्रस्ताव मंजूर कर लद्दाख स्काउट का इंफैंट्री रेजिमेंटल सेंटर की तर्ज पर पुनर्गठन की मंजूरी दी थी। इससे नई बटालियन के गठन का रास्ता खुला और 31 अगस्त, 2002 को पांचवीं बटालियन बनाई गई। अब लद्दाख स्काउट भारतीय सेना की एक पूर्ण रेजिमेंट है।

वर्ष 2013 में, लेफ्टि जनरल एम एल छिब्बर

जांबाज कमांडर 30 साल बाद, लेफ्टि जनरल छिब्बर (बायें)
और ब्रिगेडियर चन्ना

नुब्रा नदी (1983)

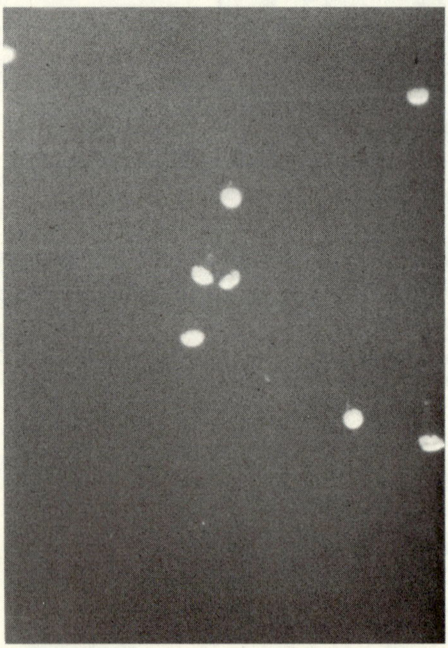

1981 में, कर्नन कुमार के अभियान के लिए एयर–ड्राप

IV

बिलाफोंड ला की रेस

"पेट में रोटी, हाथ में सोटी, चाल छोटी–छोटी।"

ऊंचे पहाड़ों और खासकर सियाचिन में तैनात जवानों की जिंदगी इसी दर्शन पर चलती है। अक्टूबर 2013 में रविवार की एक आलस भरी दोपहर में जब मैं लेह में मेजर जनरल संजय कुलकर्णी के आरामदायक घर में बैठा था, तो उन्होंने ये बात मुझे बतायी। मतलब बड़ा साफ है – अगर आपका पेट पूरी तरह भरा हुआ हो, सहारे के लिए हाथ में एक स्टिक हो और अगर आप चढ़ाई चढ़ने की बुनियादी सीख पर अमल करते हुए दौड़ने की बजाय छोटे–छोटे कदम बढ़ाते हैं, तो पहाड़ों में खुद को ज़िंदा रख सकते हैं। उन्होंने पहाड़ों पर तैनाती के वक्त अपनी और अपने साथियों की दिनचर्या का सार ऐसे ही समझाया।

वर्ष 1984 में, कैप्टन (अब लेफ्टि जनरल) संजय कुलकर्णी)

मैं खासतौर से सियाचिन जाने के लिए राजधानी नई दिल्ली से उड़कर लद्दाख पहुंचा था। ताकि वहां संजय से मुलाकात कर सकूं, जो तब 14 कार्प्स के चीफ ऑफ स्टॉफ या नंबर दो की पोजीशन पर थे। ये पोस्ट

लेफ्टि जनरल संजय कुलकर्णी, जिन्होंने ऑपरेशन मेघदूत लॉन्च किया

भारतीय सेना में 1999 में हुई कारगिल जंग के बाद बनाया गया था, जिसके जिम्मे पाकिस्तान और चीन के साथ लगी विवादित सीमा की सुरक्षा थी।

हमेशा मुस्कुराते रहने वाले संजय ने अपने 35 साल के सेना के करिअर का ज्यादा वक्त चीन और पाकिस्तान के साथ लगने वाली पहाड़ी सरहदों की सुरक्षा में बिताया। नाथू ला, तवांग, जाखमा, लेखापानी, लेह, सिक्किम, अरुणाचल प्रदेश, नागालैंड, असम और लद्दाख, इन जगहों पर बतौर एक सैनिक उन्होंने अपनी जिम्मेदारियों को बखूबी अंजाम दिया। उनके लिए पहाड़ किसी बसेरे सरीखे ही रहे, अपने कई सारे दोस्तों और जूनियर्स की तरह वो भी 1971 जंग के बाद कमीशंड हुए। हालांकि बीच–बीच में क्रम को तोड़ने के लिए दिल्ली और उधमपुर भी पोस्टिंग हुई लेकिन ज्यादातर वक्त दूरदराज की जगहों पर ही बीता।

संजय कुलकर्णी को लगता है कि सेना की कमीशन मिलने का उन्हें सिर्फ एक फायदा हुआ, भारतीय सेना की सबसे पुरानी और बहादुर कुमाऊँ रेजिमेंट का हिस्सा बनने का। कुमाऊँ के जवान आज के उत्तराखंड के हैं

जो निचले हिमालय का पहाड़ी इलाका है। लेकिन देश के दूसरे हिस्सों से आए ऑफिसर जिन्हें कुमाऊँ रेजिमेंट में कमीशन मिलता है वो खुद को फौरन ही पहाड़ों के मुताबिक ढाल लेते हैं।

तो 1977 में जब संजय कुलकर्णी इंडियन मिलेट्री अकादमी से ट्रेनिंग पूरी कर निकले तो उन्हें 4 कुमाऊँ बटालियन भेजा गया, एक ऐसी यूनिट जो भारतीय सेना को दो प्रमुख दे चुकी थी, जनरल के एम श्रीगणेश (1955–57) और जनरल के एस थिमैय्या (1959–1962) सबसे पहला परमवीर चक्र भी इसी यूनिट को मिला है, जो देश का वीरता का सर्वोच्च पदक है। मेजर सोमनाथ शर्मा को ये सम्मान 1948 में कश्मीर में वीरता के लिए मिला था।

लेकिन अभी मैं कुमाऊँ रेजिमेंट के इतिहास से काफी दूर था।

मैं लेह में अप्रैल 1984 में हुई घटनाओं को समझने के लिए था, संजय कुलकर्णी एक नौजवान कैप्टन थे जिनकी प्लाटून के जवानों को *ऑपरेशन मेघदूत* का बिगुल बजते ही बिलाफोंड ला पर एयरड्रॉप किया गया था, वो जंग आज तीन दशक बाद भी जारी है और ये भारतीय सेना की अभी तक की सबसे लंबी तैनाती है।

1982 में जब 4 कुमाऊँ रेजिमेंट लेह गई, संजय उससे पहले ही हाई अल्टिट्यूड वारफेयर स्कूल (HAWS) से एडवांस माउंटेनियरिंग का कोर्स कर चुके थे। 1981 में वो लेह की स्टोक कांगरी पर फतह भी हासिल कर चुके थे, जब कर्नल कुमार और उनकी टीम उन गर्मियों में सिचायिन के सफर पर थी।

1982–83 में 4 कुमाऊँ रेजिमेंट मई–अगस्त के बीच ग्लेशियर के लिए लांग रेंज पेट्रोल का भी हिस्सा रह चुकी थी। इस यूनिट को परतापुर के 26 सेक्टर हेडक्वार्टर से आगे तुर्तुक में तैनात किया गया था जिसकी कमान तब ब्रिगेडियर विजय चन्ना के हाथों में थी। उनकी पहचान एक साहसी और गैरपारंपरिक तरीके से रणनीति बनाने वाले ऑफिसर की थी।

1984 में 26 सेक्टर जिसके तहत आमतौर पर तीन बटालियन होती थी, उसकी जिम्मेदारी चोरबटला, तुर्तुक, त्यागशी और NJ 9842 का एलओसी का इलाका था लेकिन उसके पास एक बटालियन कम पड़ रही थी। 26 सेक्टर के पास मौजूद दो बटालियन का जोर तुर्तुक–त्यागशी

26 सेक्टर का वह स्थान जो अब परतापुर में 102 इंफेन्ट्री ब्रिगेड है

इलाके पर था। गर्मियों के महीने में एक दस्ता एलआरपी के लिए निकला लेकिन अगस्त के आखिर में ये वापस आ गया क्योंकि भीषण बर्फबारी और गिरते तापमान की वजह से ग्लेशियर पर सैनिकों का रहना नामुमकिन हो गया था। साथ ही तब तक उन ऊंचाइयों पर सैनिकों की स्थायी तैनाती पर भी कोई फैसला नहीं हुआ था।

लद्दाख स्काउट जैसा कि उनके बारे में पहले चर्चा हो चुकी है, वो इस तरह के हर लांग रेंज पेट्रोल का हिस्सा होते थे, जो ग्लेशियर की चढ़ाई करते थे। आज के उलट तब लद्दाख स्काउट्स का एक हेडक्वार्टर था और काराकोरम और इंडस के नाम से दो विंग थे। लद्दाख के स्थानीय निवासी होने की वजह से लद्दाख स्काउट के सैनिकों को कुछ अनुवांशिक फायदे थे, जैसे उन्हें खुद को पहाड़ों के मुताबिक ढालने की जरुरत नहीं थी। न ही उन्हें खड़े पहाड़ों पर चढ़ने में ही कोई दिक्कत होती, लिहाजा इस बात से कोई फर्क नहीं पड़ता कि खारदूंग ला से आगे कौन सी यूनिट तैनात है। लद्दाख स्काउट के जवान हमेशा से लांग रेंज पेट्रोल का हिस्सा रहे हैं।

सेना जैसे ही ग्लेशियर को लेकर सतर्क हुई, यहां आने वाली हर यूनिट को पर्वतारोहण में ट्रेनिंग दी जाने लगी, हम सभी को लांग रेंज पेट्रोल पर जाने से पहले आईस क्राफ्ट, खड़ी चट्टानों से उतरना, पर्वतारोहण सिखाया गया। कुछ ने स्कीइंग भी सीखी। बिलाफोंड ला और सिया ला पर अपनी तैनाती के दिनों को याद करते हुए संजय बताते हैं कि वायुसेना के हेलीकॉप्टर से हमें हवाई मदद दी गई। वायुसेना के हेलीकॉप्टर सैनिकों को उस जगह पर एयरड्रॉप करते जो अब बेसकैंप के तौर पर जानी जाती है। वहां से जवानों को कैंप 1, कैंप 2 और कैंप 3 तक की चढ़ाई करनी पड़ती थी। फिर वे कर्नल कुमार के नाम पर बने कुमार बेस तक जाते थे। कुमार बेस से गश्ती दल बिलाफोंड ला और सिया ला जाता लेकिन अगस्त या सितंबर तक पेट्रोल को बेस पर लौट आना होता था।

जैसे ही 1984 की शुरुआत आई ट्रेनिंग पूरी जोर पकड़ती गई पर सिवाय बेहद सीनियर अफसरों के किसी को भी इसकी भनक नहीं थी कि इसका रिश्ता बिलाफोंड ला और सिया ला जाकर उस पर कब्जा जमाने से है। और मार्च में अचानक 26 सेक्टर में जोश भर आया।

ऑपरेशन मेघदूत लॉन्च

जब ब्रिगेडियर चन्ना श्रीनगर से मीटिंग कर लौटे तो उन्हें इस बात के निर्देश दिए गए थे कि वे ऑपरेशन तभी जारी करें जब पूरी तैयारी हो गई हो। तीन दशक बाद भी उन्हें तैयारी के वे महीने याद हैं। एक लंबे गिलास में अपनी पसंदीदा चाय की चुस्कियां लेते ब्रिगेडियर चन्ना अब दिल्ली के ग्रेटर कैलाश 1 इलाके में एक सक्रिय सीनियर सिटीजन की भूमिका निभा रहे हैं। उन्होंने मुझे यह समझाया कि कैसे जंग की सफलता की कुंजी योजना बनाने और उसकी तैयारी है।

"मैं कहूंगा कि जंग की 90 फीसदी जीत पक्की है अगर आप टास्क के लिए पूरी तरह तैयार हैं। मैं मानता हूं कि अगर आप प्रशासनिक तौर पर तैयार हैं तो यह एक बड़ी शुरुआत है। बेशक इसका बेहतर तरीका यही है कि आप जागते, खाते–सोते दिनभर अपने अगले ऑपरेशन के बारे में सोचें। खासकर ऐसे ऑपरेशन के बारे में जो इतनी ऊंचाई पर किया जाना है जैसा पहले कभी नहीं हुआ। किसी ने आजतक 18000 फीट से ऊंचे ग्लेशियर पर जंग नहीं लड़ी थी, किसी के पास इसके सुराग नहीं थे कि

ग्लेशियर पर जंग कैसे लड़ी जाती है, इसलिए हमने जो कुछ भी किया वह नया था। हमें सब कुछ पहली बार कर दिखाना था।''

"मुझे इस बात का आभास हो रहा था कि ऊपर कुछ होने जा रहा था, आप इसे सैनिक का पूर्वाभास कह सकते हैं। पर बतौर सेक्टर कमांडर 1983 के आखिर से ही मेरे भीतर यह अहसास होने लगा था। उसके बाद से ही हम जो कुछ भी करते संभावित ऑपरेशन को सोच कर ही करते। मेरे पास अभी तक कोई आर्डर नहीं आया था लेकिन हम तैयार थे।" मैं अपने दिमाग में इस बात को बिठा चुका था, जो मुझे बताता और समझाता कि ऑपरेशन मेघदूत क्यों जरूरी था।

मेरे हिसाब से सालतोरो रिज पर कब्जा बेहद जरूरी था। अगर पाकिस्तानी सेना की एक कंपनी भी आकर हमारे परतापुर हेडक्वार्टर पर गोलीबारी करती तो आप उस प्रतिक्रिया की कल्पना कर सकते हैं? ये पूरे बदन में सिहरन पैदा करने वाला है जब एक छोटी सुई आपकी उंगली को जख्मी कर सकती है, ये बिलकुल ऐसा ही होता। यही वजह है कि मेरे दिमाग में ये चीज बैठ चुकी थी कि नुब्रा वैली को पाकिस्तान के खतरे से बचाने के लिए सालतोरो पर कब्जा जरूरी था।

ये कोई हड़बड़ी में लिया गया फैसला नहीं था, बल्कि शीर्ष स्तर पर बहुत सोच समझ कर लिया गया था। इसमें प्रधानमंत्री तक शामिल थी। मेरे मन में सिर्फ इसी बात का मलाल है कि हमें चोटियों की लाइन से आगे बढ़ने को नहीं कहा गया, उन्होंने मुझे चोटियों से नीचे उतरने की इजाजत नहीं दी। ऐसा होता तो बात एक ही बार में खत्म हो जाती। अगर हम नीचे ग्यारी तक जाते और उस पर कब्जा कर लेते तो आपको ग्लेशियर पर कब्जे की जरूरत ही नहीं थी। क्योंकि आप सारे रास्ते बंद कर सकते हैं। लेकिन वो सब बड़े राजनीतिक फैसले हैं। मैं इस पूरे खेल में एक मामूली आदमी था। मुझे याद है मैं दबाव डालता रहा। अगर हमने वैसा किया होता तो आज ऐसी हालत ही नहीं आती। सियाचिन हमें ये गारंटी देता है कि पाकिस्तान और चीन हमारे ठीक सर पर एक–दूसरे से नहीं मिल रहे साथ ही ये भरोसा देता है कि पाकिस्तान सिर्फ अपने दम पर नुब्रा घाटी में मुश्किल नहीं पैदा कर सकता। आप उन्हें पहले ही रोक देते हैं। आप सियाचिन देखिए, कराकोरम दर्रा देखिए और दौलत बेग ओल्डी

(DBO) देखिए। वे नक्शे पर इन्हें दिखाते हुए बताते हैं। चूंकि पाकिस्तान ने सांग्क्षम घाटी चीन को दे दी है आप अपने दो विरोधियों को खुद को घेरने कैसे दे सकते हैं।

श्रीनगर से परतापुर हेडक्वार्टर पहुंचते ही ब्रिगेडियर चन्ना ऑपरेशन के लिए अपने अफसरों और लोगों का चुनाव करने लगे। संजय कुलकर्णी को बिलाफोंड ला के लिए 4 कुमाऊँ की अगुवाई के लिए चुना गया। मेजर एएन बहुगुणा (ब्रिगेडियर से रिटायर होकर अभी देहरादून में हैं) तब लद्दाख स्काउट्स के साथ थे, उन्हें सिया ला जाकर उसे कब्जे में करना था। इन सभी टुकडियों को पहले सासोमा पर फोकस करना था उसके बाद टास्क फोर्स के कमांडर लेफ्टिनेंट कर्नल पुष्कर चांद के आदेश पर बेसकैंप पहुंचना था।

इस बीच ब्रिगेडियर चन्ना के लिए आगे बड़ा काम था–अपने ऑफिसरों और जवानों को ब्रीफ करना, एक बेहद मुश्किल मिशन जो साफ तौर पर भले खुदकुशी न कहलाए पर उतनी जोखिम से इंकार नहीं कर सकते। उन्हें जवानों को प्रेरित करना था, सिर्फ बोलकर नहीं उन्हें कर के दिखाकर। मुझे हमेशा एक मिसाल याद आती है... प्रेरणा क्या है... ये सिर्फ एक ब्रीफिंग नहीं होती, प्रेरणा का मतलब सैनिकों से भरोसा बनाना है और उनका विश्वास हासिल करना है। यह अहसास दिलाना है कि आप उन्हें अपनी अगुवाई में जीत तक ले जाएंगे। मैं आपको एक मिसाल दूंगा, ऑपरेशन मेघदूत जारी होने के ठीक पहले, मैं 4 कुमाऊँ बटालियन के साथ था, एक सुबह मेरी झोपड़ी के बाहर मौजूद संतरी ने बेहद शानदार सैल्यूट दिया, मैंने उसका जवाब दिया और दिमाग में रख लिया। एक दिन बाद *दरबार* था, उसकी स्मार्टनेस को यादकर उन्हें एक क्रेट रम का तोहफा तारीफ में दिया। जवान आपके जज्बे को पढ़ना जानते हैं।

एक और ऐसी ही घटना हुई थी –

उसी *दरबार* में सुबेदार मेजर ने मुझसे आकर बताया कि यूनिट में केरोसिन तेल की कमी थी। उन दिनों सैनिकों के कैंप को रहने लायक बनाने के लिए केरोसिन का इस्तेमाल लाचारी थी। उसने अतिरिक्त 5000 लीटर केरोसिन की जरूरत बताई। मैं ब्रिगेड कमांडर के तौर पर हेडक्वार्टर में हमेशा अतिरिक्त स्टॉक रखता था, मैंने फौरन परतापुर के

अपने स्टॉफ को फोन कर 10000 लीटर केरोसिन भिजवाने को कहा, वह भी इस शर्त के साथ कि 7 दिनों में बटालियन को मिल जाना चाहिए। मैं जब यह निर्देश दे रहा था, पूरी बटालियन देख रही थी। भरोसा दिलाया गया कि चार दिनों में बटालियन को मिल जाएंगे। इस तरह आप अपने जवानों का भरोसा हासिल करते हैं।" ब्रिगेडियर चन्ना मुझसे अपने नेतृत्व के तरीके का विश्लेषण करते हैं, यह थोडा–सा गैरपारंपरिक है।

इतना ही नहीं, *ऑपरेशन मेघदूत* के जारी होने के पहले वाली ब्रीफिंग में भी ब्रिगेडियर चन्ना रूलबुक भूल ही गए थे।

"मैंने खुद वह ब्रीफिंग की, ... तीन हिस्सों में बंटी हुई ऑफिसर्स के लिए, सिग्नलर्स और आखिर में अपने जवानों के लिए। ऑफिसर्स बताते हैं, कि वो कितनी अलग थी। मैंने वहां कह दिया था कि कोई समय सीमा नहीं है। मैं चाहता था कि वो मेरे ऑपरेशन के प्लान की पूरी योजना को बारीकी से समझ लें। वो पूरी तरह अनौपचारिक मीटिंग थी। अफसरों को सिगरेट पीने, चाय पीने, अपनी टोपियां उतारने और यहां तक कि बेल्ट उतारने की भी छूट थी, मैं चाहता था कि वो पूरे रिलैक्स हो जाएं। क्योंकि जब आप रिलैक्स्ड होते हैं जो ज्यादा बातें जेहन में उतारते हैं। वो एकतरफा बातचीत नहीं थी उन्हें कोई भी सवाल पूछने की छूट थी और उन्होंने पूछा भी। ये आपसी बातचीत करीब तीन घंटे तक चली। लेकिन एक बात का दावा जरूर कर सकता हूं कि मेरे अफसरों ने मेरा आदेश समझ लिया था। ऐसा करना इसलिए जरूरी था कि मैं उनके साथ मौके पर मौजूद नहीं रह सकता था और इसमें रेडियो का इस्तेमाल नहीं होना था। सिग्नलर्स के साथ करीब एक घंटे बैठक चली, हमने प्रेशर स्विच इस्तेमाल करने का फैसला किया, वो भी ऑल इज वेल का मैसेज भेजने के लिए, बातचीत नहीं करनी थी। सैनिकों के लिए संदेश साफ था कि "देखो ये तुम्हारे पलटन की और देश की इज्जत का सवाल है, जीतना जरूरी है,"

ये कहते हुए ब्रिगेडियर ने जवानों को ऑर्डर किया।

11 अप्रैल, 1984 तक 19 कुमाऊँ ऑपरेशन के बैकअप के लिए लेह में जुटने लगी। स्की ट्रूपर्स जिसमें 5 ऑफिसर, 6 जेसीओ और 43 HAWS से दूसरे लोगों ने बेसकैंप आकर टास्क फोर्स को ज्वायन

किया। दो Zu–23–2 गन, चार ग्रेड पी (मल्टी बैरल रॉकेट लांचर) और SAM मिसाइल के तीन डिटैचमेंट भी तब बेसकैंप में मौजूद थे। वायुसेना ने ऑपरेशन के लिए विंग कमांडर जीएस संधु की निगरानी में 6 चीता हेलीकॉप्टर और विंग कमांडर केके सेंगर के साथ दो Mi–8 को थोइस में तैनात कर रखा था।

मेजर जनरल शिव शर्मा, जीओसी 3 इंफैंट्री डिविजन और ब्रिगेडियर चन्ना के ठीक ऊपर वाले अफसर ने तब परतापुर में अपना सामरिक हेडक्वार्टर बना रखा था।

उन दिनों को याद करते हुए, लेफ्टि जनरल छिब्बर और ब्रेगेडियर चन्ना

ऑपरेशन लॉन्च के दिन और वक्त को लेकर कई सारे सुझाव आ रहे थे, माथापच्ची जारी थी, लेकिन नार्दन कमांड ने ये तय कर दिया था कि इसे 10–30 अप्रैल के बीच कभी होना था। लेकिन आखिरी फैसला सेक्टर कमांडर ब्रिगेडियर चन्ना को करना था, उन्होंने 13 अप्रैल चुना, लेकिन क्यों. ये सवाल उनसे कई लोगों ने पूछा कि 13 तारीख क्यों चुनी गई। इसपर उन्होंने हमेशा चुप्पी रखी लेकिन 2013 की सर्दियों में आखिरकार उन्होंने उसकी वजह बताई कि उन्होंने ऑपरेशन मेघदूत लॉन्च करने की तारीख 13 अप्रैल 1984 ही क्यों चुना जबकि कई लोगों के मुताबिक 13 तारीख अशुभ हो सकता था।

13 अप्रैल, क्यों?

ब्रिगेडियर चन्ना कहते हैं, मैंने जो कहा वो विवादित लगता था लेकिन ये सच है कि हम और पाकिस्तानी दोनों ही अंग्रेजों की छोड़ी परंपरा पर चलते हैं। जब अंग्रेज प्लान करते थे तो काफी सतर्क रहते थे, वो जोखिम लेने के आदी नहीं थे, लेकिन इस तरह के ऑपरेशन में मुझे जोखिम उठाना था और ऐसा तब करना था जब पाकिस्तानी इसकी उम्मीद ना करें और ये बात सही साबित हुई।

सालतोरो और चीता हेलीकॉप्टर

जब आप परवेज मुशर्रफ की किताब पढ़ेंगे तो उसमें लिखा है कि भारत ने हमसे पहले कब्जा कर लिया, इसका क्या मतलब है? कि पाकिस्तानी भी दर्रों पर कब्जा करने की योजना बना रहे थे। मुझे ये भी पता था कि उनकी टीम गर्म कपड़ों की खरीदारी के लिए विदेश गई हुई है, वो इस काम में जुटे हुए थे, जब हम कोटेशन्स मंगवा रहे थे, तब तक वो खरीददारी कर चुके थे।

तो एक तरह से ये मौके और वक्त की जंग थी, आपको पता होगा कि ग्लेशियर के लिए ऑपरेटिंग मौसम आमतौर पर मई के आखिर या जून के शुरू में होता है, जब इसे सुरक्षित माना जाता है। कोई भी इसी वक्त का चुनाव करेगा लेकिन पाकिस्तान को कम दूरी तय करनी थी, साजो सामान पहुंचाने को लेकर उनकी समस्या हमारे मुकाबले कम थी। मै इससे ज्यादा नहीं कहना चाहता कि मैं उन लोगों में से हूं जिसे लगा कि काम जितना पहले हो, कर लेना चाहिए। मुझसे इसके बारे में पूछा गया कि मैं कब लॉन्च करना चाहता हूं, मैं चुप रहा और बैशाखी के बारे में सोचने लगा। जो सीमा के दोनों ओर मनाई जाती है लोग जश्न के मूड में रहते हैं और सुरक्षा बंदोस्त थोड़े ढीले पड़ जाते हैं, ऐसे में कोई भी सैन्य कार्रवाई की उम्मीद कम करता है और यही वो वजह थी कि मैंने 13 अप्रैल चुना। मुझे लगा कि इसमें जोखिम है कुछ लोगों ने इसे खुदकुशी बताया, लेकिन जो हुआ वो इतिहास है।

जैसे ही तारीख तय हुई, नॉर्दन कमांड को बता दिया गया।

माना गया कि जमीन पर ऑपरेशन लॉन्च करने से पहले ये जरूरी है कि सेना के बड़े ऑफिसर इलाके का जायजा लें, लिहाजा 12 अप्रैल को लेफ्ट जनरल हूण, एयरमार्शल एमएसओ वोलेन, कमांडर इन चीफ, वेस्टर्न एयरकमांड, एवीएम ए दयाल, एवीएसएम, वीएम, जम्मू कश्मीर के एयर ऑफिसर कमांडिंग और मेजर जनरल शिव शर्मा ने बेसकैंप का दौरा किया और सिया ला और बिलाफोंड ला का हवाई सर्वे किया।

इस बीच एक बर्फीला तूफान उठने लगा था और ऊंचाइयों पर ताजी बर्फ गिरने लगी थी।

5.30 बजे सुबह, 13 अप्रैल 1984 : कैप्टन संजय कुलकर्णी और एक जवान को लेकर पहला चीता हेलीकॉप्टर बेसकैंप से रवाना हुआ। इसके बाद

दूसरा फिर तीसरा। दोपहर तक ऐसे 17 फेरे लगाकर स्क्वार्डन लीडर सुरिंदर एस बैंस और रोहित राज ने संजय कुलकर्णी, एक जेसीओ और 27 जवानों को बिलाफोंड ला पर हेलीकॉप्टर से ड्रॉप कर दिया और इसके साथ ही *ऑपरेशन मेघदूत* की औपचारिक शुरुआत हो गई।

बिलाफोंड ला पर चीता हेलीकॉप्टर से छलांग लगाकर *ऑपरेशन मेघदूत* के श्रीगणेश का सिग्नल देने वाले जनरल कुलकर्णी को तीन दशक बाद भी एक–एक चीज याद है। ... एक–एक कर हम चार लोगों ने छलांग लगाई, क्योंकि पहले दोनों हेलीकॉप्टर सुबह 6 बजे के करीब बिलाफोंड ला पहुंच गए थे। मुझे याद है, सबसे पहले बर्फ की सख्ती और गहराई का अंदाजा लगाने लिए हमने 25 किलो की एक आटे की बोरी गिराई थी, वह बहुत सख्त थी। फिर हमने छलांग लगाई और सबसे पहले एक हेलीपैड तैयार किया जिससे अगले फेरे में आने वाले हेलीकॉप्टर आधे मिनट के लिए भी रुक कर अगली खेप के लिए वापस लौट सकें। यह याद कर वे हंसने लगते हैं।

लेकिन उस दिन की सबसे यादगार बात वो जानलेवा सर्दी थी जो पक्का – 30 डिग्री सेल्सियस रही होगी। हम आसमान के रास्ते बिलाफोंड ला पर लाए गए थे और दूसरी प्लाटून को मेजर बहुगुणा की अगुवाई में सिया ला पर ड्रॉप किया जाना था, लेकिन बेहद खराब मौसम की वजह से यह काम 17–18 अप्रैल तक मुमकिन नहीं हो सका। लैंड करने के तीन घंटे के भीतर हमें अपने रेडियो ऑपरेटर को वापस भेजना पड़ा।

सिपाही मंडल स्नो बाइट के शिकार हो गए हालांकि वो फिट थे और बर्फ के लिए जरूरी ट्रेनिंग भी ले चुके थे। तो अब हमारे पास रेडियो तो था लेकिन रेडियो ऑपरेटर नहीं, बेशक इससे हमें कोई खास दिक्कत नहीं हुई क्योंकि हमें ऑपरेशन के दौरान रेडियो साइलेंस बनाए रखना था। बिलाफोंड ला पर अब हम 29 लोग थे जो अगले 48 घंटे में 28 हो गए क्योंकि एक जवान की अगले दो दिनों बाद मौत हो गई, आखिर वो सियाचिन की सर्दी थी, मुझे याद है हमलोगों में से 21 गंभीर तौर पर बर्फ के शिकार हुए थे।

ऐसा तब हुआ जबकि बीते साल यानी 1983 में ये सारे लड़के मेरे साथ ग्लेशियर आ चुके थे और यहां के माहौल से न सिर्फ परिचित थे बल्कि

बिलाफोंड ला पर सिपाही

तमाम जरूरी सावधानियां भी बरती गई थीं। यहां ये भी कहना चाहूंगा कि ये सब कुछ जनरल हूण की कोशिशों से मुमकिन हुआ जो हमारे लिए विदेश से सारे कपड़े और उपकरण आखिरी वक्त पर मंगवाने में कामयाब रहे। मुझे याद है ये सारे सामान 12 अप्रैल की शाम तक पहुंचे जब कुछ ही घंटों बाद ऑपरेशन मेघदूत लॉन्च होना था, थरमल कोट, थर्मल पैंट, हेलमेट, शानदार टेंट, बर्फ काटने की कुल्हाड़ी, चश्मे, ये सारे सामान यूरोप से खरीदे गए थे। हालांकि हथियार भारतीय सेना की 7.62 mm SLR ही थी, बेशक इसके अलावा मोर्टार, एमएमजी, मिसाइल, ग्रेड पी रॉकेट भी थे। कुछ हथियार एयर सप्लाई से आए और कुछ कुलियों ने पहुंचाया। मुझे याद है उन दिनों हम कुलियों को मोटा पैसा देते थे, एक शख्स को एक दिन के लिए 50 रुपए मिलते थे जो तकरीबन माउंट एवरेस्ट मुहिम के लिए दिए जाने वाले मेहनताने के बराबर था, लेकिन हमें ये बात इसलिए नहीं अखरती क्योंकि वो सब स्थानीय लद्दाखी थे।

लेकिन आसान सिर्फ बिलाफोंड ला तक पहुंचना ही भर रहा, जैसे–जैसे दिन बीतते गए दुश्वारियां बढ़ती गई। मौसम दगाबाज हो चला, विजिबलिटी जीरो हो गई, जबरदस्त बर्फबारी की वजह से हेलीकॉप्टर के फेरे नामुमकिन हो गए।

जब हम टू–मेन टेंट लगाने जा रहे थे तभी बर्फीला तूफान आ गया, वो वाकई बहुत मुश्किल काम था, हमारे सीनियर्स को जरूर लगा होगा कि कोई बड़ी गलती हुई है, हम पूरे तीन दिन तक उनके संपर्क से कटे रहे। जनरल कुलकर्णी याद करते हुए कहते हैं।

लेकिन उस बर्फीले तूफान में भी कैप्टन संजय कुलकर्णी की प्लाटून ने बिलाफोंड ला पर 13 अप्रैल 1984 को तिरंगा लहरा दिया।

अब *ऑपरेशन मेघदूत* एक हकीकत बन चुका था।

लेकिन अभी बहुत सारे काम किए जाने बाकी थे, इससे पहले कि पाकिस्तानी कुछ करते, दूसरे दर्रों पर भी कब्जा किया जाना था।

इधर नीचे बेसकैंप में इस बात को लेकर सवाल उठने लगे थे कि सर्दियों में सैनिकों को ग्लेशियर पर भेजना एक तरह से खुदकुशी के लिए मजबूर करने सरीखा था, नॉर्दन कमांड और मिलिट्री ऑपरेशन डायरेक्टरेट के स्टाफ को पसीने आ रहे थे।

संजय कुलकर्णी और उनकी प्लाटून को भेजने वाले ब्रिगेडियर चन्ना याद करते हैं कि कई लोगों ने मुझ पर ये कहकर उंगली उठाना शुरू कर दिया कि मैंने तुम्हें पहले ही कहा था। लेकिन मैं अभी भी कहता हूं कि मुझे पूरा भरोसा था तूफान पार कर जाएगा और तीन दिनों बाद ऐसा ही हुआ। रेडियो साइलेंस ने शानदार काम किया, पाकिस्तानियों को इस बात की खबर तब लगी जब हम बिलाफोंड ला पर कब्जा कर वहां जम चुके थे, वह भी इस वजह से क्योंकि संजय ने रेडियो का इस्तेमाल ये बताने के लिए किया कि एक जवान की बर्फ की वजह से मौत हो गई है।

हालांकि संजय कुलकर्णी और उनके प्लाटून से संबंध टूट गए थे लेकिन जमीनी सेना अपनी मुहिम पर जुटी रही और 13 अप्रैल को ही बेस कैंप से चलकर कैंप 1 को तैयार कर लिया गया। इतना ही नहीं 15 अप्रैल तक बिलाफोंड ला के रास्ते में कैंप 2 और कैंप 3 भी तैयार कर लिए गए। टास्क फोर्स कमांडर लेफ्टिनेंट कर्नल पुष्कर चांद ने 19 कुमाऊँ और लद्दाखियों को पहले कैंप 1 और फिर कैंप 2 तक छोड़ा। लेफ्ट कर्नल चांद जो बाद में ब्रिगेडियर हुए, एक पारा कमांडो और मशहूर पर्वतारोही थे। उत्तराखंड के एक गांव में अब वे रहते हैं। बातचीत के दौरान बताया

प्रारंभिक दिनों में चीता हेलीकॉप्टर

बिलाफोंड ला पर जरूरी सामान ले जाते हुए

कि *ऑपरेशन मेघदूत* के शुरुआती दिनों में कमांडर रहते हुए टास्क फोर्स की तैनाती के दौरान वे कैसे हर छह महीने में एक–एक पोस्ट का दौरा करते रहे।

कियारी में मौजूद 1 विकास रेजिमेंट का कमांडिंग ऑफिसर रहते हुए मैं इस एक्शन से काफी दूर था, लेकिन कॉर्प्स कमांडर लेफ्ट जनरल हूण ने मुझे खुद से फोन कर आदेश दिया कि मैं टास्क फोर्स कमांडर की कमान संभालूं, शायद इसलिए कि मैं उस वक्त इलाके में सबसे फिट सीओ था। उनके साथ ग्लेशियर पर काम करने वाले कई सारे नौजवान अफसर और जवान उनके प्रशंसक है, उस वक्त उनके साथ रहे एक अफसर के मुताबिक वो बेहद मुश्किल वक्त में भी जवानों के जोश में कमी नहीं आने देते थे।

चार दिनों बाद 17 अप्रैल को जब मौसम साफ हुआ तो वायुसेना ने अपने 5 चीता और 2 Mi–8 हेलीकॉप्टर की मदद से 32 फेरे लगाकर एक रिकार्ड बनाया। उस दिन मेजर अजय बहुगुणा की अगुवाई में लद्दाख स्काउट्स ने सिया ला को अपने कब्जे में ले लिया। जवानों को सिया ला से करीब 5 किमी पूरब ड्रॉप किया जाना था, जहां से खाई भरी ढलानों का मुश्किल सफर तय करते हुए वहां तक पहुंचना था, हाल ही में हुई बर्फबारी से मुश्किल और बढ़ गईं थी।

जैसे ही संजय कुलकर्णी ने अपने एक जवान की मौत की खबर देने के लिए रडियो सेट ऑन किया, हेलीकॉप्टर एक बार फिर से मंडराने लगे, लेकिन बिलाफोंड ला प्लाटून को उस विजिटर की उम्मीद नहीं थी, ऊपर आसमान पर वो एक पाकिस्तानी हेलीकॉप्टर था।

जब पाकिस्तानियों ने हमें देखा तो वे पलट गए, अगर उन्होंने हमें नहीं देखा होता तो पक्के तौर पर वो भी बिलाफोंड पर यही काम करते। लेकिन अब उनके लिए कोई मौका नहीं था, वो समझ गए कि हम बिलाफोंड पर मौजूद हैं। मौसम सुधरने का एक ही मतलब था कि सोलतारो रिज पर अपनी तैनाती को पूरी तरह से मजबूत बना लेना।

नॉर्दन कमांड ने 18 अप्रैल तक लोलोफोंड, सियाचिन ग्लेशियर और 22 अप्रैल तक कैंप 4 और बिलाफोंड ला को 24 अप्रैल तक, सारे एफएलबी (फॉर्वर्ड लॉजिसस्टिक बेस) से सबकुछ जोड़कर रिकार्ड प्रदर्शन किया।

उसी दिन कैंप 5 भी तैयार हो गया और 26 अप्रैल को कैंप 5 बनाने के बाद बची हुई टुकड़ी को दो हिस्सों में बांटा गया। 29 अप्रैल को एक टुकड़ी को इंदिरा कोल और तुर्किस्तान पर और दूसरी को मेजर एनएस सलाहिया की अगुवाई में लद्दाख स्काउट्स को सिया ला पोस्ट के साथ जोड़ दिया गया।

उसके बाद नॉर्दन कमांड के आला अफसरों ने हालात का जायजा लिया।

अब तक पाकिस्तानी हेलीकॉप्टर और कई बार लड़ाकू जहाज भी सालतोरो रिज के ऊपर जायजा लेने के लिए चक्कर मारते, उन्हें पक्के तौर पर सारे अहम मोर्चों पर भारतीय सैनिक दिख रहे होंगे, रावलपिंडी में GHQ की प्रतिक्रिया का सिर्फ अंदाजा ही लगाया जा सकता है, भारत ने उन्हें चोटियों पर धूल चटा दी थी।

जवाबी कार्रवाई एकदम होनी ही थी।

पाकिस्तान की ओर संभावित हवाई खतरे से सुरक्षा के पहले कदम के तौर पर सिया ला और बिलाफोंड ला पर 22 और 24 अप्रैल को SAM–7 (Strella) मिसाइल के दो डिटैचमेंट तैनात किए गए। इसके साथ ही 2/लेफ्टिनेंट मनोज मिश्रा की अगुवाई में दो Zu–2–3 गन को एयरलिफ्ट कर FLB तक पहुंचाया गया। 23 अप्रैल को जब इन गनों की तैनाती हो रही थी पाकिस्तानी जेट विमानों ने सिया ला, इंदिरा कोल और फिर ग्लेशियर होते हुए बेसकैंप तक उड़ान भरी, वे पक्के तौर पर इलाके की तस्वीरें लेने आए थे।

इस बीच जनरल छिब्बर और मेजर जनरल शर्मा, मेजर जनरल अमरजीत सिंह सिया ला और बिलाफोंड ला के लिए उड़ चले। उन्होंने फौरन वहां चार Zu–23 गन लगाने को कहा, दो गन लेह एयरफील्ड की सुरक्षा के लिए और दो थोइस एयरफील्ड के लिए। Grad Peach की एक FMVSpesaV भी हवाई रास्ते से बिलाफोंड ला तक पहुंचाई गई, जमीनी सैनिकों से संपर्क और एयर डिफेंस गन की तैनाती के साथ ही पूरा सियाचिन ग्लेशियर अब सुरक्षित हो चुका था।

जैसे ही *ऑपरेशन मेघदूत* लॉन्च हुआ जनरल छिब्बर ने एक ऑफिसियल नोट लिखा... दो अहम दर्रों को पूरी तरह से सील कर दिया है और दुश्मन

अग्रणी गनर्स

इस बात से हैरान है कि करीब 3300 वर्ग किमी का दायरा जिसे अवैध तरीके से पाकिस्तान और अमेरिका में छपे नक्शे में पाक अधिकृत कश्मीर का हिस्सा दिखाया जा रहा था, अब वो पूरी तरफ हमारे कब्जे में है, दुश्मन के उस इलाके में पहुंचने के पहले ही हमारा कब्जा हो चुका है।

लेकिन किसी ने भी तब नहीं सोचा था कि वो ऑपरेशन भारत के इतिहास में सबसे लंबे वक्त तक चलने वाली मोर्चाबंदी साबित होगी।

ऑपरेशन में मेघदूत के शुरुआती दिनों की पोशाक (ऊपर और नीचे)

बिलाफोंड ला से उड़ान भरते कैप्टन संजय कुलकर्णी

शुरुआती दिनों में बिलाफोंड ला पर लैंडिंग

V

बने रहना

"उस अफसर को दो हफ्ते के लिए यूरोप दौरे पर भेज दो"

पाकिस्तान ने, जो भारत की पहले हुई कार्रवाई से दंग और हतप्रभ था, *ऑपरेशन मेघदूत* के जवाब में *ऑपरेशन अबाबील* लॉन्च किया। जिसका मकसद था सिया ला और बिलाफोंड ला से भारतीय सैनिकों को हटाने की कोशिश करना।

ऑपरेशन अबाबील की शुरुआती योजना जैसी कि जनवरी 1984 में बनाई गई थी, उसके मुताबिक पाकिस्तानी सैनिकों को बिलाफोंड ला और सिया ला के जरिए सियाचिन ग्लेशियर तक पहुंचना था।

लेकिन जब भारतीय सैनिक वहां पहले जा पहुंचे तो अब पाकिस्तान सालतोरो रिज पार करने के लिए दूसरे रास्ते की तलाश में हाथ पांव मारने लगा।

भारतीय खुफिया एजेंसियों के मुताबिक 80 इंफैंट्री ब्रिगेड सेक्टर में बुर्जील फोर्स के बनने की खबर थी, हालांकि पहले माना जा रहा था कि 62 इंफैंट्री ब्रिगेड को ऑपरेशन शुरू करने का जिम्मा दिया गया है, क्योंकि सियाचिन ग्लेशियर उनके ऑपरेशनल एरिया के दायरे में आता था। *ऑपरेशन अबाबील* को अंजाम देने के लिए खापलू में हेडक्वार्टर बनाया गया।

15 मई तक, भारतीय वायुसेना की खींची तस्वीरें और खुफिया सूचनाओं से नार्दन कमांड को इस बारे में काफी जानकारी मिल चुकी थी कि पाकिस्तान सालतोरो रिज पर कब्जे के लिए पूरी तरह से तैयार है। उस समय के नॉर्दन कमांड के एक नोट के मुताबिक –

"हमारी बढ़त को देखते हुए पाक ने सालतोरो रिज पर भारत से कब्जा वापस लेने के लिए कई टास्क फोर्स तैयार किया है, ये थे :

- *हैदर फोर्स* : एसएसजी में करीब एक कंपनी कम और नॉर्दन लाइट इंफैंट्री, जो सिया ला से करीब 10 किमी दक्षिण पश्चिम में NJ 6299 पर थी।
- *बाबर फोर्स* : एसएसजी की एक कंपनी और एनएलआई की एक प्लाटून अली ब्रांगसा में थी।
- *असगर फोर्स* : एसएसजी की एक कंपनी और एनएलआई की एक प्लाटून चूमिक ग्लेशियर पर ऑपरेट कर रही थी साथ ही गयोंग्ला ग्लेशियर की तरफ गश्त पर थी।
- *हफीज फोर्स* : ये फोर्स करीब एक कंपनी की थी, जो हैदर और बाबर फोर्स के बीच ऑपरेट कर रही थी और कब्जे वाले इलाके के बीच किसी रास्ते की तलाश में जुटी थी।
- *कलंदर फोर्स* : इसे घुसपैठ के लिए प्रशिक्षित किया गया था, जिसे मई 1984 के पहले हफ्ते में लगाया गया। शायद इसलिए कि वो भारतीय संचार लाइनों को काट सकें, इसके बारे में पूरी जानकारी नहीं मिल सकी।
- हमारे विश्लेषण से पता चला कि जहां एसएसजी के सैनिकों का इस्तेमाल सुरक्षा के लिए हो रहा था, वहीं एनएलआई प्रशासनिक कामों में लगे थे, बेस कैंप जमाना या फिर तैनाती के लिए बैकअप में मौजूद रहना।
- मई के पहले हफ्ते तक पाकिस्तान ने हमारे खिलाफ ग्योंग ला के इलाके में अपना ग्लेशियल पोस्ट बना लिया, इस बात की भी खुफिया सूचना थी कि पाकिस्तान, कारगिल और गलिज सेक्टर के बीच घुसपैठ कर सकता है। हमारी अगले मोर्चे के सैनिकों ने इस बात की खबर दी है कि कारगिल सेक्टर के सामने पाकिस्तानी अपने मोर्चे को और मजबूत बनाने में लगे हैं।"

भारतीय तैयारी

नॉर्दन कमांड और 15 कॉर्प्स इस बात को लेकर पूरी तरह सतर्क थे कि सियाचिन ग्लेशियर के लिए सालतोरो रिज की ओर पाकिस्तान की किसी भी कोशिश को पहले ही नाकाम करना होगा। बिलाफोंड ला और सिया ला के भारतीय कब्जे में होने के बाद पाकिस्तान अब ग्योंग ला के इलाके से आगे बढ़ने की कोशिश कर रहा था।

जनरल छिब्बर ने 22 अप्रैल, 1984 को ऑपरेशन वाले इलाके का दौरा किया और पूरे हवाई सर्वेक्षण के बाद कई निर्देश दिए –

- सभी दक्षिणी ग्लेशियर यानी ग्योंग ला, लोगोंगगा, ल्योगमा, उर्दोलेप और कोरिशा की गश्त पूरी मुस्तैदी से हो ताकि घुसपैठ की हर कोशिश नाकाम की जा सके।
- दुश्मन को सालतोरो रिज या इसके पूरब के इलाके में कहीं भी पांव जमाने से रोकना।
- तेराम सहर ग्लेशियर की गश्त के लिए फौरन तैयारी।

ग्लेशियर के विशाल इलाके में सेना की चौकी

इन निर्देशों पर अमल करते हुए लेफ्टिनेंट जनरल हूण ने एक आदेश जारी करते हुए सालतोरो की चोटियों से होते हुए सैनिकों को गश्ती मुहिम के लिए कहा खासकर ग्योंग ला। उन्होंने बिलाफोंड और सिया ला पर मौजूद सैनिकों के बैकअप के लिए प्लाटून को आगे बढ़ने के भी आदेश दिए ताकि चोटियों पर कब्जा रखते हुए पूरे इलाके पर नजर रखी जा सके। लेफ्टिनेंट कर्नल पुष्कर चांद फॉर्वर्ड लॉजिस्टिक बेस के लिए आगे बढ़े जिन्हें पीछे से लद्दाख स्काउट और 19 कुमाऊँ की प्लाटून से मजबूती दी गई। लद्दाख स्काउट्स के ऑफिसर इन चार्ज मेजर सुजान सिंह को 19 कुमाऊँ की दो कंपनियों और लद्दाख स्काउट्स की एक प्लाटून की मदद से बेस कैंप तैयार करने की जिम्मेदारी दी गई, साथ ही उन्हें बेसकैंप से कैंप 1, कैप 2 और 3 के फेरे लगाने की भी ड्यूटी सौंपी गई। 19 कुमाऊँ की एक कंपनी को ग्योंग ला की चोटियों पर आगे बढ़ने के आदेश दिए गए।

गनों का पहुंचना

108 मीडियम रेजिमेंट से एक 165 mm IFG Mk I गन को बाकायदा जांचने परखने के बाद 10 मई, 1984 को बेसकैंप पर लगा दिया गया। एक 75è74 होवित्जर को डिस्मेंटल कर जवान अपने साथ ले चले, बर्फीले और चट्टानी जमीन पर मीलों ढोकर 16000 फुट की ऊंचाई पर एक माउंटेन गन भी तैनात कर दी गई। दो और IFG MK I गन बेसकैंप के लिए 26 मई को रवाना की गई और इस तरह गनें मोर्चे पर मुस्तैद हो गईं।

19 कुमाऊँ का ग्योंग ला पर कब्जा

जब गनें तैनात हो रही थीं, 19 कुमाऊँ की एक कंपनी लेफ्टिनेंट कर्नल डी के खन्ना की अगुवाई में ग्योंग ला की चोटियों को जोड़ने वाली लाइन पर आगे बढ़ रही थी, हालांकि उनकी रफ्तार बेहद धीमी थी और बेसकैंप से 14 दिन के सफर के बाद भी वो प्रशासनिक बेस के इलाके में ही थे। हवाई सर्वे के दौरान ब्रिगेडियर चन्ना ने सैडल 6646 के पास खाकी और गहरे रंग के कपड़ों में पाक सेना की छोटी टुकड़ियों को देखा हालांकि उन्हें कोई टेंट या दूसरे तरह की मोर्चाबंदी नहीं दिखी। सेक्टर कमांडर ने 19 कुमाऊँ के सीओ को चोटियों की तरफ जल्द से जल्द पहुंचने को

ग्लेशियर का विकराल रूप

कहा और ये भी कि अगर मुमकिन हो तो दुश्मन को उलझाए रखें ताकि हमारे जवान मजबूत मोर्चों पर अपनी पोजीशन ले लें, मार्च के 18 दिनों बाद ये कॉलम रिज लाइन पर पहुंच गया।

आखिरकार जून 1984 के पहले हफ्ते में 19 कुमाऊँ की एक कंपनी ने ग्योंग ला पर अपनी पोजीशन ले ली, प्वाइट 5705, ओपी हिल, रिंग कंटूर और प्वाइंट 5965 के पूर्वी ढलानों का मतलब हुआ कि चोटियों को जोड़ने वाली लाइन से पश्चिम के पूरे इलाके पर भारत का दबदबा कायम हो गया, ये आसान नहीं था।

नार्दन कमांड ने उस वक्त के नोट में लिखा, प्वाइंट 5705 के लिए हमारा रास्ता बेहद मुश्किल और गहरी बर्फीली खाइयों से पटा है, इससे निबटने के लिए 1 विकास को आदेश दिया गया है कि वो जिंग्रुलुमा ग्लेशियर से होकर एक रास्ता खोले, नामग्याल सांग्पो अपनी टुकड़ी को लेकर एक बेहद खतरनाक रास्ते से होते हुए, बर्फीली खाइयों और खड़ी चट्टानी दीवारों को पार करते हुए वहां तक पहुंचे और इस पार्टी ने प्वाइंट 5615 NL 7145 पर एक हेलीपैड भी तैयार किया। इस हेलीपैड से हम एक 57 mm RCL को प्वाइंट 5705 तक ले जाने में कामयाब रहे।

इस दौरान दक्षिणी ग्लेशियरों लैंगोग्मा, ल्योग्मा, उर्दुलेप और कोरिसा की गश्त तेज कर दी गई और उसके आगे के इलाके में जाने की कोशिश हुई। चोटियों से नीचे के कई इलाकों में मुश्किल धरातल और खड़ी चट्टानों की वजह से सैनिक नहीं जा सकते थे, लेकिन वो इतने करीब तक जरूर पहुंच गए जहां से ग्लेशियर की निगरानी की जा सकती थी।

इंदिरा कोल से लेकर तुर्केस्तान ला तक HAWS के स्की ट्रपर्स पेट्रोल कर रहे थे ताकि उत्तर की तरफ से सियाचिन पर नजर रखी जा सके।

वो पहला हमला

संजय कुलकर्णी जिनकी प्लाटून 13 अप्रैल को बिलाफोंड ला पर पहुंच कर अब पूरी तरह जम चुकी थी, 30 साल बाद भी उनके दिमाग में उस पहले हमले की याद ताजी है।

हालांकि पाकिस्तानियों ने हमें पहली बार अप्रैल के मध्य में तैनाती के फौरन बाद ही देख लिया था उन्होंने 25 अप्रैल तक कोई फायर नहीं किया, फायरिंग का ऐसे भी कोई फायदा नहीं था क्योंकि वो हमसे कम ऊंचाई पर थे, लेकिन हमें सतर्क रहने की जरुरत थी, हमें उन्हें बिलाफोंड ला तक चढ़ने नहीं देना था, इसलिए गलती की कोई गुंजाइश नहीं थी। मैंने वहां लगे अपने टैंट से करीब 500 मीटर दूर, दर्रे के ठीक किनारे एक संतरी को तैनात किया था, वो ऐसी जगह थी जहां से पाकिस्तानी टुकड़ी को सबसे दूर से ही देखा जा सकता था। संतरी पाकिस्तान के इलाके में करीब एक किमी तक नजर रख सकता था, उस बर्फीले तुफानी मौसम में ऐसा करना बेहद मुश्किल काम था लेकिन ऐसा ही किया गया।

हमने एक ऐसा सिस्टम बनाया था जिसके तहत हर घंटे संतरी को आकर रिपोर्ट देनी थी और मुझे ओके, राम–राम या ऑल राइट कहकर जवाब देना था। मैं टैंट में हमेशा लालटेन रखता था ताकि अंधेरे में भी सैनिक ये जान सके कि वो प्लाटून कमांडर की पोस्ट है। अगर मैं जवाब नहीं देता तो उन्हें मेरे टैंट में झांककर देखना था कि मैं जिंदा हूं या नहीं। मेरी मौत भी हो सकती थी लेकिन उतनी ऊंचाई पर आप कम सोते हैं, ऐसे में ज्यादातर मैं जगा या अधजगा होता था जब वे हर घंटे आकर मुझे रिपोर्ट देते थे। इस सिस्टम से आगे चलकर हमें बहुत फायदा हुआ।

बिलाफोंड ला पर स्की–ट्रूपर्स, शौकीन चौहान (सबसे आगे)

बिलाफोंड ला : पहाड़ी के कगार की वो जगह जहां संतरी था (तीर के निशान), पहला पाकिस्तानी हमला यहीं से देखा गया

22 जून को हमारे एक पोस्ट पर पाकिस्तान की तरफ से गोलाबारी हुई, ज्यादातर 120 मिमी मोर्टार फायरिंग थी। उसदिन बर्फ भी काफी पड़ी थी, 23 जून की सुबह लांसनायक चंचल सिंह संतरी ड्यूटी पर थे, उस सुबह करीब 4.45 बजे उसने कोई एक किमी दूर हलचल नोट की, वो चिल्लाया दुश्मन दुश्मन, लेकिन इससे पहले कि पोस्ट की तरफ वापस आता, पाकिस्तानियों की गोली उसे आ लगी और मौके पर ही फौरन उसकी मौत हो गई। लेकिन वो हमें सचेत कर गया था। चंचल और गश्त लगा रहे दूसरे संतरी गोविंद सिंह की वजह से हम फौरन सतर्क हो गए, एक बार उनपर नजर पड़ी तो फिर अब हमारी बारी थी। जब हवलदार सुखबीर ने दौड़कर मुझे बताया कि साहब... दुश्मन, मैंने उससे पूछा... कहीं तुम्हें कोई भ्रम तो नहीं हुआ है। उसने कहा... नहीं सर, चंचल को गोली लगी है। मैं फौरन बाहर आया और उसके बाद तो हमारी ओर से गोलियों की बौछार शुरू हो गई। उनके पास अब बचने का कोई चारा नहीं था। जनरल कुलकर्णी याद करते हैं, "कई सारे पाकिस्तानी उस मुठभेड़ में गाजर–मूली की तरह कटे, हमने उन्हें लौटने पर मजबूर कर दिया और पूरे दिन उनकी लाशें ढलानों पर बिखरी पड़ी रही।"

सियाचिन पर हुई पहली मुठभेड़ को सरकारी रिपोर्ट में कुछ ऐसे दर्ज किया गया।

25 अप्रैल 1984, को हुई फायरिंग की पहली घटना के बाद पाकिस्तानियों ने हमें 23 जून को बिलाफोंड ला से हटाने की कोशिश की, करीब 0445 बजे हमारे अपने पोस्ट से आगे बने निगरानी पोस्ट से चेतावनी मिली और 30–40 दुश्मनों की एक टुकड़ी को बिलाफोंड ग्लेशियर की तरफ चोरी चुपके चढ़ते हुए देखा गया। अगुवाई कर रही टुकड़ी अगले मोर्चे पर जहां लांसनायक चंचल सिंह और गोविंद सिंह मौजूद थे, के करीब 300–400 मीटर आगे जाकर दुश्मन पर अपने एलएमजी से आक्रमण किया। पाकिस्तानियों ने भी अपने सभी हथियारों, HMGs, LMGs और मोर्टार से हमला किया जो काफी प्रभावी थे। इसकी वजह से अगली चौकी और मोर्चे के बीच मूवमेंट नामुमकिन थी, लांसनायक चंचल सिंह ने दुश्मन को उलझाए रखा और बगैर अपनी सुरक्षा की परवाह किए पोस्ट तक पहुंचकर कमांडर कैप्टन कुलकर्णी को इसकी जानकारी दी। दुश्मन हमारी पोस्ट से करीब 500 मीटर दूर थे, इसके बाद हमारी तरफ से भी

कैप्टन शौकीन चौहान (पीछे, दाहिने से तीसरा)
बिलाफोंड ला पर स्की–ट्रूपर्स में साथ)

ऑटोमैटिक और छोटे हथियारों से फायरिंग की गई, जिससे उन्हें नुकसान हुआ, पर इसके बावजूद पाक सैनिकों ने बिलाफोंड ला पर कब्जे की दो और कोशिशें की।

पाकिस्तान के 26 सैनिक मारे गए थे उसकी बिलाफोंड ला पर कब्जे की योजना पर संतरी की सतर्कता और पोस्ट के जवानों की बहादुरी ने पानी फेर दिया इस इलाके में मिली इस जबरदस्त चोट का असर भी दिखा, पाक सैनिक अली ब्रैंग्सा के अपने पोजीशन से बिलाफोंड ला से करीब 7 किमी दक्षिण–पश्चिम लौट गए, हमारे सैनिक पूरे घेरे में अपना दबदबा कायम कर सिचाचिन ग्लेशियर को अपने कब्जे में ले चुके थे।

उसी दिन पाकिस्तानी सैनिकों ने सिया ला के भी करीब पहुंचने की कोशिश की, लेकिन दुश्मन पर हुई सटीक फायरिंग ने उनकी कोशिशें नाकाम कर दी, कोंडुस ग्लेशियर में दुश्मन के कैंप पर मोर्टार से फायरिंग हुई, जिसके बाद दुश्मन के सैनिकों को उनके टेंट से भागते हुए देखा गया, उसके बाद कैंप को कोंडुस से दो किमी दक्षिण हटा लिया गया।

पाकिस्तान ने पहले हमले की सोची लेकिन बिलाफोंड ला पर सतर्क भारतीय जवानों के वजह से उन्हें मुंह की खानी पड़ी। दुनिया को इस पहली मुठभेड़ की जानकारी बीबीसी की रेडियो सर्विस से मिली। दरअसल जनरल कुलकर्णी अपने छोटे से ट्रांजिस्टर पर 24 जून की सुबह सुनी उस खबर को याद करते हैं... मुझे अभी भी बीबीसी रेडियो की वो हिंदी बुलेटिन याद है। जो सुबह 6 बजे आती थी, कहा गया कि भारत और पाकिस्तान के बीच हिमालय में सियाचिन नाम की एक जगह पर मुठभेड़ हुई है। तब पता चला कि इस जगह के बारे में पर्वतारोहियों की छोटी सी सर्किल के बाहर दुनिया इसे कैसे जानती है। पहली बार सियाचिन नाम की जगह को सुना।

वाकई नॉर्दन कमांड से बाहर और भारत सरकार के सर्वोच्च अधिकारियों के अलावा किसी को भी सियाचिन पर सैनिकों की तैनाती की जानकारी नहीं थी। यहा तक कि जनरल कुलकर्णी और उनकी टीम को मिले वीरता मेडल में भी भाषा को गोलमोल रखा गया। संजय कुलकर्णी और लांसनायक चंचल सिंह को शौर्य चक्र मिला। जो वीरता का दूसरा सबसे बड़ा सम्मान है। उन्हें याद है कि इसका एलान अगस्त की शुरुआत में कभी हुआ था।

अकेले गश्त पर जवान

लेकिन उस दिन को लेकर हैरान होने के लिए संजय कुलकर्णी के पास एक और वज़ह भी थी।

पहली मुठभेड़ के कुछ दिनों बाद लेफ्ट कर्नल पुष्कर चांद ने मुझे रेडियो सेट पर बुलाया और कहा... ऐसा कर तु नीचे उतर... एक काम है... पहले तो मैंने मना कर दिया, जिसकी बड़ी वजह ये थी कि नीचे जाने का मतलब दोबारा ऊपर चढ़ना था, लेकिन उन्होंने जोर दिया, मैं टास्क फोर्स हेडक्वार्टर पहुंचा, आखिर वो मेरे कमांडर थे, वो एवरेस्ट और कंजनजंगा पर चढ़ चुके एक मशहूर पर्वतारोही थे। पता चला कि 23 जून की मुठभेड़ की खबर के बाद श्रीमती गांधी एक बार खुद ग्लेशियर को देखना चाहती थी। उन्होंने उस इलाके का हवाई दौरा किया बेशक वो कहीं भी लैंड नहीं की, लेकिन उड़ान के दौरान उन्होंने ग्लेशियर पर लहराता तिरंगा देखा। बिलाफोंड ला पोस्ट पर हम तिरंगा फहराया करते थे। बेसकैंप पर उन्होंने इस पोस्ट के कमांडिंग ऑफिसर के बारे में पूछा तो मेरा नाम बताया गया। उन्होंने फौरन कहा 'उस ऑफिसर को दो हफ्ते के लिए यूरोप के दौरे पर भेज दो'। पुष्कर चांद ने मुझसे कहा कि अपना पासपोर्ट बनवाओ और ट्रिप पर चले जाओ बिना किसी खर्च के और इस तरह मैं एमओडी की टीम के साथ ऑस्ट्रिया, स्विट्जरलैंड, फ्रांस और जर्मनी के दौरे पर गया। मैं उस दल में एक यूजर मेंबर की हैसियत से जोड़ा गया था।

हम बर्फीले मौसम के लिए कपड़े और विशेष उपकरण खरीदने गए थे, एक कैप्टन की हैसियत से मैं कभी नहीं जा सकता, लेकिन वो सब श्रीमती गांधी की वजह से हुआ। फिर जनरल कुलकर्णी अपना पासपोर्ट बनवाने नीचे आए और यूरोप जाने की तैयारी में जुट गए। सैनिकों की तैनाती का काम शुरू हो चुका था।

इसके बाद 2013 तक वो फिर कभी ग्लेशियर पर तैनात नहीं हुए, जबतक उन्हें लेह में 14 कॉर्प्स का नंबर दो यानी चीफ ऑफ स्टाफ बनाकर नहीं भेजा गया।

संजय कुलकर्णी से इंटरव्यू खत्म करने के पहले मेरे पास एक सवाल बचा था कि क्या ऑपरेशन मेघदूत की योजना बनाने वाले या इसे अंजाम देने वाले लोगों में से किसी ने सोचा था कि ये इतना बड़ा हो जाएगा।

उनका जवाब था... ईमानदारी से कहें तो नहीं... हमें पता था कि हम अहम जगहों पर कब्जा कर रहे हैं लेकिन हमें लगा कि ये पोलर बीयर 1 या

पोलर बीयर 2 की तरह होगा लेकिन हमने ये कभी नहीं सोचा था कि हमें वहां हमेशा के लिए रहना होगा। हमें लगा हमने इस पर कब्जा कर लिया है। अब खत्म कहानी... लेकिन पाकिस्तान की उग्र प्रतिक्रिया की वजह से हमें वहां रहने के लिए मजबूर होना पड़ा।

लेकिन तीन दशक में काफी कुछ बदल गया, लेह अब एक अच्छा शहर बन चुका है, खारदूंग ला होकर बेसकैंप तक की सड़क सालोंभर चलती रहती है, ग्लेशियर और बेसकैंप पर सुविधाएं कल्पना से कहीं ज्यादा हो गई है साथ ही भारतीय सेना अब ग्लेशियर पर सेना की तैनाती को लेकर मास्टर हो चुकी है।

इस बीच *ऑपरेशन मेघदूत* लॉन्च होने के शुरुआती चार महीने में नॉर्दन कमांड समझ गया कि बेहद खराब मौसम की वजह से उन्हें सैनिकों को बारी बारी से भेजना होगा, क्योंकि इसका उनके दिलोदिमाग पर गहरा असर पड़ता है।

जनरल छिब्बर लिखते हैं कि मैंने निर्देश दिया है कि ग्लेशियल पोस्ट पर तैनात सैनिकों को 3–4 महीने में बारी–बारी से हटा लिया जाए। अगली बार 1 विकास और लद्दाख स्काउट्स की 2 कंपनियां वहां तैनात होगी। जुलाई के आखिर तक भारत की मोर्चाबंदी कुछ इस तरह थी।

सिया ला : लद्दाख स्काउट्स की एक कंपनी माइनस जिसे एक MMG की मदद थी, हेवी मशीनगन का एक सेक्शन, 81 मिमी मोर्टार, SAM–7 मिसाइल की एक डिटैचमेंट ग्रेट पी रॉकेट।

बिलाफोंड ला : 4 कुमाऊँ की एक कंपनी माइनस बाकी सारी सिया ला वाली मदद प्राप्त

ग्योंग ला : 19 कुमाऊँ की एक कंपनी प्लस साथ में 3 MMG, एक सेक्शन HMG, 81 उउ मोर्टार, SAM–7 डिटैचमेंट और ग्रेड पी।

बेसकैंप : 19 कुमाऊँ जिसकी दो कंपनियां ग्योंग ला और दूसरी जगहों पर तैनात थी साथ में 105 मिमी गन्स की एक बैटरी।

19 कुमाऊँ से जुलाई के आखिर में जिम्मेदारी लेने के बाद 1 विकास ने अपनी मौजूदगी दर्ज करा दी। उन्होंने फौरन प्वाइंट 5955 जिसे बाद में

शिव का नाम दिया गया, उसे बनाया, जिंग्रुल्मा से होकर रास्ता खुला और इस तरह ग्योंग ला पोस्ट तक की मुश्किल काफी हद तक आसान हो गई। शिव के बनने के साथ ही पूरा इलाका भारतीय निगाह की जद में आ गया। अपने बनाए मोर्चे पर रहते हुए 1 विकास ने दुश्मन को भी नुकसान पहुंचाते रहे, ग्योंग ला में पहली बार भारतीय सैनिकों ने शुरुआत की।

इस बीच सिया ला पर कोंडुस ग्लेशियर पर बने पाकिस्तान के कैंप 6001 पर कुछ असामान्य हरकत देखी गई, दुश्मन के किसी भी नापाक मंसूबे को नाकाम बनाने के लिए 81 मिमी और 120 मिमी मोर्टार और ग्रेड पी ने मोर्चा संभाला। 30 अगस्त को भारतीय सैनिकों ने पाकिस्तानी कैंपों पर 11:30 बजे से शाम 4 बजे तक रुक–रुक कर गोलीबारी की।

नॉर्दन कमांड के रिकार्ड दिखाते हैं कि जमीन से पाकिस्तानी कैंपों का सफाया हो गया था और उनका मोर्टार पोजीशन भी तबाह हो गया, दुश्मन को भारी नुकसान उठाना पड़ा और 20 से ज्यादा लोग मारे गए या जख्मी हुए। कोंडुस ग्लेशियर से लोगों का एक गुट भागते हुए देखा

ग्लेशियर पर शुरुआती बंदोबस्त

गया उनमें से कई पायजामें में थे। रिकार्ड में लिखा है कि 23 अगस्त को बिलाफोंड ला पर करीब 30–40 पाकिस्तानी सैनिकों को अली ब्रांग्सा से उत्तर पूर्व की तरफ हमारी पोस्ट की ओर बढ़ते देखा गया। दुश्मन पर मोर्टार और ग्रेड पी का इस्तेमाल किया गया जिसमें 8–10 दुश्मन मारे गए, इससे ज्यादा भी नुकसान हुआ जब दुश्मन शवों को ले जाने की कोशिश कर रहा था।

लगातार मिल रही नाकामियों के बावजूद पाकिस्तान की कोशिशें जारी रही, खासकर सिया ला और ग्योंग ला के सामने मोर्चाबंदी में वह जुटा रहा। अल्पाइन हट्स, रोड और ट्रैक के बाद उनके बुनियादी ढांचे में काफी हद तक सुधार आया।

अगस्त 1984 के आखिर तक पाकिस्तान के पास वहां तोपखाना या मोर्टार नहीं थे। 8 सितंबर को नॉर्दन कमांड को मिली खुफिया रिपोर्ट के मुताबिक ऑपरेशन अबाबील की मदद के लिए 105 मिमी के होवित्जर को हेलीलिफ्ट करने का आदेश जारी किया गया इसके बाद अक्टूबर के मध्य तक दो और गन भेजी गईं। इसकी पुष्टि पाकिस्तान की तरफ से बिलाफोंड ला और ग्योंग ला पर हुई जमीनी फायरिंग से भी हुई।

सिया ला पर एम पब टेंट

खुफिया रिपोर्ट ये भी मिली कि HQ 80 इंफैंट्री ब्रिगेड के तहत एक अस्थायी कमांडो कंपनी तैयार कर उन्हें एनएलआई बटालियन के साथ रखा गया है। इस यूनिट को भी ऑपरेशन अबाबील में लगाया जाना था। इस बीच पाकिस्तान ने सियाचिन में इस्तेमाल के लिए अल्पाइन हट्स का भी जुगाड़ कर लिया। सितंबर 1984 में ऐसे तीन ह्ट्स स्कार्दू लाए गए।

प्रशासनिक ढांचे का विकास

ऑपरेशन मेघदूत जारी होने के चार महीने बाद तक हालात स्थिर हो चुके थे और भारत सालतोरो पर अपनी पोजीशन मजबूत बनाए हुआ था। लेकिन इतना भी तय हो गया कि इन जगहों पर लगातार अपनी पकड़ बनाए रखनी होगी। जिसका मतलब ये था कि ऑपरेशन जारी रखने के लिए काफी बड़ा बैकअप प्लान और साजोसामान की पूरी सप्लाई बनाए रखना।

उस वक्त के रिकार्ड्स बताते हैं कि नॉर्दन कमांड ने अपना ध्यान प्रशासनिक ढांचे के विकास में लगाया। सासोमा से लेकर बेसकैंप तक के ऑपरेशन ट्रैक को सुधारा गया ताकि 3 टन के ट्रक उसपर जा सकें। फिलहाल अब ये सालोंभर चालू रहने वाली सड़क बन चुकी है।

लॉजिस्टिक को बेहतर बनाने के लिए एक An–32 एयरक्राफ्ट को लगाया गया ताकि सप्लाई बढ़ाई जा सके। वहां मौजूद सैनिकों की सुख–सुविधाओं पर भी ध्यान दिया गया। उनके लिए फाइबर ग्लास के सेल्टर खरीदे गए, ग्लेशियर पोस्ट के लिए सेना के इंजीनियरों ने और भी कई काम किए। इसके अलावा जवानों के मनोरंजन के लिए वीसीआर और टीवी लगाए गए ताकि उनका जोश बरकरार रहे। उस इलाके में रिसर्च और डेवलपमेंट के लिए स्नो एंड एवलांस स्टडी एस्टैबलिस्मेंट स्थापित किया गया जो आंकड़ों को जमा कर वहां के माहौल के बारे में ज्यादा से ज्यादा जानकारी जुटाने में मददगार रहे।

ऑपरेशन मेघदूत शुरू होने के करीब 3 महीने बाद सेना प्रमुख जनरल ए एस वैद्य ने पूरे इलाके और HQ 3 इंफैंट्री ब्रिगेड का दौरा किया, इसके पहले तक वो ऑपरेशन ब्लू स्टार के बाद हुए कुछ यूनिटों में सैनिक विद्रोह से निबटने में व्यस्त थे। जिसकी वजह ये थी कि सिखों के सबसे पवित्र स्थल अमृतसर के स्वर्ण मंदिर में कब्जा जमाए खालिस्तानी

बेस कैंप के लिए मौजूदा सड़क

आतंकियों से मुक्त कराने के लिए प्रधानमंत्री इंदिरा गांधी ने सैन्य कार्रवाई के आदेश दिए थे। अगस्त 1986, में सिख आतंकियों ने पुणे में जनरल वैद्य की हत्या कर दी जहां उन्होंने अपनी रिटायरमेंट के बाद रहने का फैसला किया था।

जनरल छिब्बर बताते हैं कि... 18–20 अगस्त, 1984 के बीच मैं चीफ ऑफ आर्मी स्टॉफ जनरल वैद्य के साथ था और उन्हें ऑपरेशन के बारे में हो रही प्रगति की जानकारी दी। उनका दौरा काफी उपयोगी रहा क्योंकि हमें उन्हें कई तरह की परेशानियां और पहलुओं को बताने का मौका मिला जिस पर रक्षा मंत्रालय को ध्यान देने की जरूरत थी। एक महीने बाद एयरचीफ मार्शल एलएम काटरे, चीफ ऑफ एयर स्टाफ ने इलाके का दौरा किया।

इस तरह भारत का सबसे लंबा अभियान सियाचिन अब पूरी तरह से अपने रास्ते पर था।

तीन तिलंगे

ग्लेशियर पर सबसे पहले भेजे गए स्की ट्रूपर्स में एक शौकीन चौहान भी थे जो तब एक नौजवान कैप्टन थे और सेना में आए मुश्किल से पांच साल हुए होंगे। उनकी यूनिट 6/11 गोरखा यूनिट तब उड़ी में तैनात थी, जब उन्हें अप्रैल 1984 में श्रीनगर जाकर 15 कॉर्प्स हेडक्वार्टर जाकर रिपोर्ट करने को कहा गया जबकि उन्हें राष्ट्रपति के ADC के लिए एक कोर्स करने जाना था। वे और उसी यूनिट से उनके दोस्त कैप्टन ए एल चावण को नॉर्दन कमांड के हेडक्वार्टर उधमपुर जाने को कहा गया।

उन्हें कहा गया कि आर्मी कमांडर उन दोनों और 21 दूसरे नौजवान ऑफिसर से मिलेंगे। हमलोग हैरान थे कि ये क्या चक्कर है खासकर एक आर्मी कमांडर से मुलाकात थी। हमें किसी ने कुछ नहीं बताया यहां तक कि मेरे सीओ को भी कोई जानकारी नहीं थी। जब हम सारे सावधान होकर खड़े थे आर्मी कमांडर ने पहला सवाल पूछा, तुम में से कितने लोग शादीशुदा हो... चार लोग शादीशुदा निकले उन्हें एक तरफ किनारे कर दिया गया। बाकी के 19 लोगों को कहा गया कि उन्हें लेह और उससे आगे जाना है। मैं सबसे जूनियर था लिहाजा दूसरे जवानों के साथ जोड़ दिया गया और सेना के काफिले से रोड के जरिए लेह पहुंचने को कहा गया। जोजीला दर्रा हाल ही में खुला था सो किसी तरह उसे पार हुए, कैप्टन चावण और दूसरे हवाई रास्तो से लेह पहुंचे। मेरे साथ खासतौर पर प्रशिक्षित स्की ट्रूपर्स थे। यहां तक कि मैंने भी उसी साल मार्च में 15 दिनों की स्की ट्रेनिंग लिया था। जैसे ही हम लेह पहुंचे और वहां माहौल के मुताबिक ढलने का काम शुरू हो गया तब भी हमें नहीं पता था कि जाना कहां है। सियाचिन अभी तक गुमनाम था, फरवरी 2014 में सीनियर मेजर जनरल शौकीन चौहान ने ये बात मुझे बताई।

शौकीन चौहान और उनके स्की ट्रूपर्स ग्लेशियर पर चढ़ते गए, पहले कैंप 1 से 2 फिर कैंप 3 होते हुए वो आखिरकार बिलाफोंड ला तक पहुंचे जहां उन्हें चोटियों पर गश्त लगाने के लिए कैप्टन संजय कुलकर्णी की टुकड़ी के साथ तैनात किया गया, स्की ट्रूपर्स की एक

जुगाड़ का डायनिंग टेबल

और पार्टी कैप्टन अमित सरीन के साथ सिया ला पर इंदिरा कोल तक की गश्त के लिए तैनात की गई। जैसे ही वो ऊंचाई के लिए बने पोशाकों में बिलाफोंड ला पहुंचे वहां तैनात कुमाऊँ के पहले बैच की जगह ले ली। जाने वाले जवानों ने स्की ट्रूपर्स को इंपोर्ट किए गए खास गर्म कपड़े दिए। उन शुरुआती दिनों में विदेशी गर्म कपड़ों की खासी किल्लत थी।

शौकीन चौहान याद करते है... हमारे पास किरोसिन भी नहीं था लिहाजा गर्म करने का इंतजाम नहीं था। बर्फीली हवा और बर्फबारी से बचने का एक इंतजाम था पैराशूट के नीचे हमारा टेंट। हम हफ्तों तक बाहर खुले में बने कामचलाऊ डायनिंग टेबल पर सिर्फ टिनबंद खाना खाते रहे, चूंकि गर्म करने का कोई साधन नहीं था लिहाजा कपड़े बदलने का तो सवाल ही नहीं उठता, पूरे तीन महीने तक जब मैं वहां था, अपना अंडरवियर तक नहीं बदल सका और न ही दूसरों ने ही ऐसा किया। हम में से ज्यादातर लोगों के पांव बर्फीले पानी के शिकार हो गए, क्योंकि मोजे गीले हो जाते थे। कई दशक बाद भी चौहान को सारी बातें एकदम याद हैं।

शुरुआती दिनों में बुनियादी सुविधाओं के अलग पाकिस्तान की तरफ से लगातार फायरिंग होती रही, कई जवान जख्मी हुए, कुछ शहीद भी हुए लेकिन हम जवान थे और सुरक्षित निकल आए। हम इसलिए भी खुशकिस्मत थे क्योंकि संजय कुलकर्णी एक कुदरती लीडर थे, उन्होंने सारी मुश्किलों को मुस्कुराते हुए निबटा। लेफ्टिनेंट कर्नल पुष्कर चांद पर भी उनके नीचे का हर शख्स पूरा यकीन करता था।

वो निजी तौर पर खुद को मिली मदद को भी याद करते हैं... आईएमए में मेरे इंस्ट्रक्टर को, जो एक एजुकेशन ऑफिसर थे, को लगा कि मेरे पास पैसे नहीं हैं तो उन्होंने मुझे 1 हजार रुपए देते हुए कहा कि बेटा इसे रख लो तुम्हारे काम आएंगे। उस वक्त एक हेलीकॉप्टर पायलट था जिसका नाम अंशुमान कुमार माता था गजब का दुस्साहसी। मौसम चाहे लाख बुरा हो लेकिन जब भी जरूरत होती वो पहुंच जाता।

नवंबर 1984 में, बिलाफोंड पर तैनाती के दौरान जब पाकिस्तान के पहले हमले के 4 महीने बीत चुके थे, शौकीन चौहान, ए एल चावण और उनके दूसरे स्की–ट्रूपर्स अपने अपने यूनिट में लौट गए। संजय कुलकर्णी अगस्त में यूरोप चले गए। जब शौकीन अपनी यूनिट वापस

विंग कमांडर यूनुस, शायद अपनी अंतिम उड़ान से ठीक पहले

पहुंचे तो दोस्तों ने पूछा... कहां गया था... ये नामुराद सियाचिन क्या है, तुम्हें एक गेंद लेकर जानी चाहिए थी, उन्हें बहुत बुरा लगा कि वो आंख बंद कर एक इतने खतरनाक मिशन पर गए थे और यहां उनका मजाक उड़ाया जा रहा था। उन्होंने मुझे ऊंचाई पर मिलने वाला एलाउंस और एडवांस एलाउंस तक नहीं दिया जबकि मैं इन दोनों का हकदार था।

शौकीन चौहान के दिमाग में एक दूसरी बात की भी टीस आज तक बरकरार है, ग्लेशियर पर तैनाती के दौरान हेलीकॉप्टर पायलट लाइफ लाइन हुआ करते थे। जब शौकीन चौहान की वापसी की बारी आई तो उन्हें एयरलिफ्ट कर लेह वापस लाना था, लेकिन अगले तीन दिन तक खराब मौसम की वजह से ऐसा नहीं हो सका। तो जब स्क्वॉर्डन लीडर नकवी उन्हें उठाने पहुंचे तो कमेंट किया... तुम मेरे जोना हो... आमतौर पर संडे और छुट्टियों में सेना के जवान जुटकर जब हाउजी खेलते हैं तो उसमें इस्तेमाल होता था।

दो दिनों बाद स्कवार्डन लीडर नकवी को दिल्ली के करीब हिंडन के लिए उड़ान भरनी थी, चौहान उनके साथ जाने में हिचक रहे थे लेकिन वायुसेना के कुछ सीनियर अफसरों के आने की वजह से बदलाव हो गया और नकवी ग्लेशियर से अपने Mi–8 को लेकर कभी नहीं लौटने वाले सफर पर निकल पड़े उनका हेलीकॉप्टर बेसकैंप और खारदूंग ला के बीच क्रैश हो गया और उस पर सवार सारे लोग मारे गए। चौहान के पास अभी भी नकवी और उनके Mi–8 की आखिरी तस्वीर मौजूद है।

शौकीन चौहान का सियाचिन दौरा एक दुखद याद के साथ खत्म हुआ।

उनके साथी ए एल चावण भी उनसे कुछ दिन पहले ही नीचे आ गए और संजय कुलकर्णी को बेशक लेह लौटना था और उनके यूरोप दौरे का सारा खर्च खुद इंदिरा गांधी ने मंजूर किया था।

ये सभी मेजर जनरल 29 साल बाद एक बार फिर मिले जब मैं सितंबर

2013 में लद्दाख गया और फिर वहां से सियाचिन बेस कैंप, मेजर जनरल संजय कुलकर्णी लेह बेस में मौजूद 14 कॉर्प्स के चीफ ऑफ स्टाफ थे, मेजर जनरल शौकीन चौहान 8 माउंटेन डिविजन के कमांडर थे जिनके जिम्मे जो NJ 9842 के पश्चिम में करगिल–द्रास–बटालिक सेक्टर की लाइन ऑफ कंट्रोल की निगरानी थी और मेजर जनरल चावण पास में ही बतौर 3 इंफैंट्री डिविजन के कमांडर लद्दाख में चीन से लगी सीमा की निगरानी का बीड़ा उठाए थे।

कैप्टन (अब मेजर जनरल) ए एल चावण

सियाचिन में जंगली जानवर

सप्लाई सबसे जरूरी है

बियावान में एक पोस्ट

VI

संघर्ष का बढ़ता दायरा

"ऑपरेशन मेघदूत का दायरा बढ़ा।"

अगर भारत के सैन्य नेता ये सोचते कि सालतोरो रिज के अहम दर्रों पर कब्जा जमाकर वो सियाचिन को लेकर पाकिस्तानियों की हर मुहिम को नाकाम कर देंगे तो वे गलत थे। चोटियों से बेदखल होकर चोट खाई पाकिस्तानी सेना ने *ऑपरेशन मेघदूत* के पहले साल में अपने ऑपरेशन का दायरा बढ़ाते हुए कई हमले किए।

1985 तक सियाचिन पाकिस्तान में सियासी मुद्दा बन गया, विदेश से लौटकर बेनजीर भुट्टो अपनी सियासी जमीन तैयार करते हुए जनरल जिया उल हक पर सियाचिन खोने को लेकर तीखे हमले किए, जिन्होंने उनके पिता और पाकिस्तान के पूर्व प्रधानमंत्री जुल्फिकार अली भुट्टो को फांसी के फंदे तक पहुंचाया था। खुद पाकिस्तान की सेना में भी सालतोरों की सामरिक चोटियों को खोने की बात एक बड़े झटके के तौर पर ली जा रही थी।

पीटर आर लिवोय ने अपनी किताब *Asymetric Warfare in South Asia: The Causes and Consequences of the Kargil Conflict* में लिखा है कि, पाकिस्तान की सेना 1984 में सिचाचिन हार को बड़ी घटना के तौर पर देखती है, जिससे बड़ी बात सिर्फ 1971 में ढाका को खोना ही हो सकती थी। बेनजीर भुट्टो की पीपुल्स पार्टी ने इसे शिमला समझौते का उल्लंघन

बताते हुए घरेलू राजनीति में मुद्दा बनाया और जनरल जिया की सैनिक सरकार पर आरोप लगाए कि वो देश की सीमाओं की रक्षा करने में नाकाम रही है।

इसमें कोई शक नहीं कि पाकिस्तान की 10 कॉर्प्स, जिसने ये सोचा नहीं था कि भारतीय सेना सोलतारो पर अपना कब्जा जमा लेगी, उसे अपनी गलती का अहसास था। वो ये साबित करने में लगी थी कि वो दोबारा दर्रों पर अपना कब्जा जमाने में कामयाब रहेगी, लेकिन बार–बार नाकाम रही। भारत के लिए ये जरुरी था कि ग्लेशियर की सुरक्षा के लिए दर्रों पर अपना कब्जा बनाए रखे। हालांकि पाकिस्तान के लगातार हमलों से उसे जमीनी तौर पर कुछ भी हासिल नहीं हुआ, सिवाय इसके कि भारत को तमाम चोटियों पर अपने जवान बिठाने पड़े।

इसलिए नवंबर 1984 तक जब नॉर्दन कमांड ग्लेशियर पर सैनिकों की तीसरी खेप लगा रहा था, उस वक्त तक ये तय हो गया कि सैनिकों की तादाद बढ़ाकर उनकी तैनाती का दायरा बढ़ाना होगा।

नॉर्दन कमांड की रिकार्ड में दर्ज है कि सियाचिन ग्लेशियर को सालोंभर सुरक्षा देने के लए सैनिकों की तीसरी खेप लगाने की योजना है। वहां के

ऐसे पोस्ट कायम करना मुश्किल का काम है

बेहद ठंडे तापमान जो करीब माइनस तीस डिग्री सेल्सियस में भी दुश्मन की तरफ से तकरीबन रोजाना फायरिंग होती है, वहां साजो–सामान की कमी हो सकती है क्योंकि सारे पोस्टों पर केरोसिन की जरूरत ज्यादा है, साथ ही उन्हें हथियारों की भी सप्लाई बनाए रखनी होगी। इस बीच पाकिस्तान ने भी सिया ला और ग्योंग ला के सामने अपने पोस्ट तैयार कर लिए हैं।

नवंबर 1984 में 2 विकास ने 1 विकास की जगह ले ली, जो 114 इंफैंट्री ब्रिगेड के साथ पूर्वी लद्दाख में तैनात था और 1 विकास वापस 70 इंफैंट्री ब्रिगेड के साथ कियारी लौट गया। 2 विकास की एक कंपनी बिलाफोंड ला पर तैनात हुई इसके अलावा दो और नवंबर 1984 तक ग्योंग ला पर मुस्तैद हो गई। सिया ला पर लद्दाख स्काउट पहले की तरह जमे रहे। इन जवानों को अपनी जगह पर अप्रैल 1985 तक बने रहना था।

इस बीच बेहद कारगर स्की ट्रूपर्स और वोलिंटियर्स को भी वापस बुला लिया गया, जिन्हें छोटे वक्त के लिए जोखिम वाले मिशन का मास्टर माना जाता था क्योंकि सर्दियां शुरू हो गई थी और ऐसे में उन्हें

सालोंभर बर्फ से ढ़का ग्लेशियर

साजो–सामान मुहैया कराना तकरीबन नामुमकिन था। नॉर्दन कमांड के मुताबिक बेहद ठंडे मौसम में जब बर्फीले तूफान भी होते हैं, हमें महीने में सिर्फ 10 दिन साफ आसमान मिल पाता है, भीषण सर्दी की वजह से सैनिकों और हथियारों की कुशलता पर भी बहुत ज्यादा असर पड़ता है। सर्द हवाओं की वजह से वहां रहना संभव नहीं है इससे कई हादसे भी हुए और राहत–बचाव कामों में भी मुश्किल होती है।

इस बीच पाकिस्तान में सेना पर इस बात का दबाव बढ़ता जा रहा था कि, वो चोटियों पर भारत से मिली हार का करारा जवाब दे। लिहाजा पाकिस्तान की तरफ मोर्चाबंदी लगातार बढ़ती गई। नॉर्दन कमांड को मिली खुफिया जानकारी के मुताबिक 62 इंफैंट्री ब्रिगेड का टास्क फोर्स हेडक्वार्टर उस वक्त खापलू बनाया गया। गिलगित में मौजूद 323 इंफैंट्री ब्रिगेड को भी ग्लेशियर ऑपरेशन के लिए आगे बढ़ाया गया, नोट में कहा गया, नवंबर–दिसंबर 1984 में पाकिस्तान की तरफ से सियाचिन पर तैनाती के लिए जो यूनिट थी उनमें 21 पीओके बटालियन, 1 नॉर्दन लाइट इंफैंट्री बटालियन जिसकी मदद 9 एनएलआई की एक कंपनी भी कर रही थी, इसके अलावा 1 एसएसजी की एक कंपनी शाहीन, 452 आर्टिलरी रेजिमेंट की एक माउंटेन बैट्री जो 105 मिमी गनों से लैस थी,

सियाचिन ग्लेशियर

एक बैट्री 88 माउंटेन की जो 120 मिमी के मोर्टार के साथ थी साथ ही 80 इंफैंट्री ब्रिगेड की एक कमांडो कंपनी भी थी।

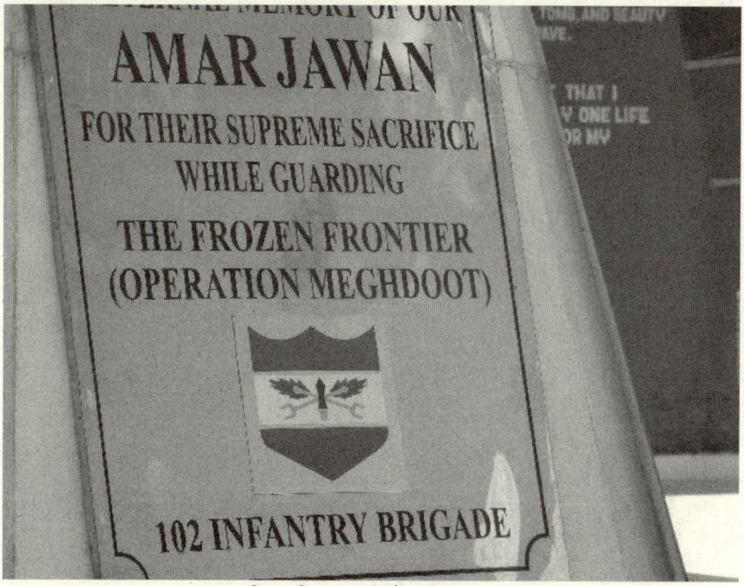

सियाचिन शहीदों की याद

पाकिस्तान की तरह भारत भी अगली गर्मियों में किसी भी हमले से निबटने के लिए सैनिक तैयारियों और बुनियादी ढांचे के विकास में जुटा था। लेकिन हमला 1985 की फरवरी के आखिरी हफ्ते में हुआ। 21 फरवरी को सिया ला के फेरे पर गए एक हेलीकॉप्टर ने एक चोटी के पास तीन पाकिस्तानी पोजीशन को देखा, जिस पर अभी तक किसी का कब्जा नहीं था। घुसपैठ से सजग ब्रिगेडियर जल मास्टर, जिन्होंने बीते नवंबर में ब्रिगेडियर चन्ना से चार्ज लिया था, खुद हालात का जायजा लेने वहां पहुंचे। उन्होंने फौरन 1 ऑफिसर, 1 जेसीओ और 20 जवानों को जाकर सैडल NL 375003 पर कब्जा करने को कहा, जो सामरिक तौर पर पाकिस्तानी कैंप के करीब थी। अब चूंकि सैडल पूरी तरह से स्थिर तो नहीं थी, लेकिन किसी भी हमले का जवाब देने के लिए तैयार थी। अब सवाल सिर्फ ये था कि हमला कब होगा... रात में या तड़के सुबह।

लेकिन ये अगले दिन दोपहर से पहले नहीं हुआ।

अगले पांच घंटे तक पाकिस्तानी सैडल पर जमे भारतीय टुकड़ी से पार नहीं पा सके, हालांकि लद्दाख स्काउट्स के मेजर एम एस दहिया और उनके सैनिक अभी अपनी पूरी मोर्चेबंदी भी नहीं कर सके थे। दिन के वक्त पाकिस्तानियों को मुंह की खाकर वापस लौटना पड़ा, रात में उन्होंने सिया ला और सैडल के बीच घुसने की कोशिश की, भारतीय सैनिकों ने फिर मुंहतोड़ जवाब देते हुए कम से कम पांच पाक सैनिकों को मार गिराया, तीन के बारे में तो पाकिस्तानियों के रेडियो पर हुई बातचीत से ही पक्का हुआ, सुबह में मौसम एक बार फिर खराब हो गया, सैडल तक राशन और हथियार पहुंचाने के लिए अगले 24 घंटों तक चीता के सिर्फ 5 फेरे ही लग सके। 23–24 फरवरी को पाकिस्तान ने एक और हमला किया, इसबार उन्हें तोपखाने और मोर्टार से भी मदद मिल रही थी, लेकिन इसबार भी उन्हें पीठ दिखानी पड़ी, लगातार हार से झुंझलाए पाकिस्तानियों के हमले दिन–ब–दिन बढ़ते ही गए।

ग्लेशियर पर एक कैंप

1985 की गर्मियों तक यानी ऑपरेशन मेघदूत के शुरू होने के सालभर बाद, नॉर्दन कमांड ने सेना मुख्यालय को कहा कि दर्रों पर कब्जे की पाकिस्तान की बढ़ती कोशिश को नाकाम बनाने के लिए और ज्यादा

संख्या में तैनाती जरुरी है, जहां माना जा रहा था कि वहां एक बटालियन यानी करीब 1000 जवानों से काम चल जाएगा, उसे बढ़ाकर ब्रिगेड स्तर यानी 3000 जवानों तक किया गया, जो अब यानी 1999 के बाद करीब एक डिविजन यानी 6000 जवानों की क्षमता वाला है। नॉर्दन कमांड ने हालात का जायजा लेते हुए 1985 की गर्मियों में नोट लिया... अप्रैल 1985 के तीसरे हफ्ते तक सियाचिन को लेकर पाकिस्तान के रुख में सख्ती और दुराग्रह देखा गया। फरवरी 1985 में सिया ला से हमें हटाने की कोशिशों में मिली नाकामी की कुंठा के सबूत पाकिस्तान के साथ हुई फ्लैग मीटिंग में भी मिले।

पाकिस्तान जब टकराव का दायरा बढ़ाता गया तो भारत का जवाब अनौपचारिक ही रहा। नीति कुछ यही रही कि हर चोटी पर कब्जा जमाना। चूंकि पाकिस्तान की कोशिश भारतीय सेना को चोटियों और दर्रों से हटाना था तो ये जरुरी हो गया कि एक भी पोस्ट का नुकसान नहीं हो। लेकिन पूरी योजना के साथ शुरू हुए ऑपरेशन होने के बावजूद शुरुआती महीनों में सियाचिन में जवानों की तैनाती पर राजनीतिक फैसले भारी पड़े।

भारत की ज्यादा–से–ज्यादा चोटियों पर कब्जा करने की नीति की एक मिसाल जून 1985 में मिली। सैडल और उसके घेरे से हमले को नाकाम

चोटियों पर कब्जा जरूरी था

ऑपरेशन के दौरान दम लेते जवान

करने और चोटियों पर कब्जा रखने के बावजूद भारतीय मुश्किल से ग्योंग ग्लेशियर पर पाकिस्तानी गतिविधियों को देख सकते थे। इसलिए ये फैसला किया गया कि बिना नाम की एक चोटी एन एल 60654 पर कब्जा जमाया जाए। नॉर्दन कमांड के रिकार्ड बताते हैं कि लद्दाख स्काउट्स के नायब सूबेदार रिशेन को 17 जून को उस चोटी पर कब्जा करने के आदेश दिए गए।

अगले तीन दिनों तक दुश्मन को उस इलाके में हमारी मौजूदगी की भनक नहीं लगी जिसकी वजह से 'रिशेन' को मजबूत बनाने और उसकी किलाबंदी का मौका मिल गया (नई अनजान चोटियों के ज्यादातर नाम उन जांबाज जवानों के नाम पर दिए गए है जिन्होंने मुश्किल हालात में जाकर उन पर भारत का कब्जा जमाया जैसे अजय, भीम, सोनम, अमर, ये सिर्फ कुछ ही नाम है)। रिशेन और दास पोस्ट के तैयार होने के साथ ही अब हम लेक कैंप से लेकर ओ पी 2 तक दुश्मन पर हावी होने की हालत में थे। इनमें से दास पोस्ट को बनाना दुश्मन का गला घोंटकर परेशान करने जैसी बात थी क्योंकि इसकी लोकेशन बेहद अहम थी। वैसे ही आउटपोस्ट रिशेन भी बड़ी तादाद में दुश्मनों का सफाया करने में कामयाब रहा, ये सब नॉर्दन कमांड के रिकार्ड्स बताते हैं।

जनरल राघवन ने बाद में अपनी किताब में लिखा, "1985 की गर्मियों ने भारतीय सेना के दिमाग में सालतोरो पर लंबे वक्त तक मौजूदगी को लेकर कोई भ्रम नहीं रहने दिया, जिसका मतलब था और ज्यादा जवान, सच कहें तो अनुमान से ज्यादा, एक बेहद शानदार लॉजिस्टिक चेन और नियंत्रण को बनाए रखने के लिए तोपखाने का इस्तेमाल। सालतोरो

तोप आई, खुशी लाई

ग्लेशियर पर खड़े होकर हम एलओसी वाले तौर–तरीके नहीं अपना सकते थे। रिज लाइन के किसी भी हिस्से को बिना निगरानी के नहीं छोड़ा जा सकता था। पाकिस्तान में सियाचिन को लेकर मची हाय तौबा की गूंज भारत में भी सुनी गई और उस इलाके की सुरक्षा राष्ट्रीय सम्मान और आत्म सम्मान के बीच उलझने लगी।"

जनरल छिब्बर को पक्का यकीन था कि पाकिस्तानी हमले जारी रहेंगे क्योंकि लॉजिस्टिक के मामले में उनकी स्थिति भारत से बेहतर थी, मिसाल के लिए रोड के सिरे से ग्योंग ला तक उनका सफर चार दिनों का था जबकि हमारा दस दिनों का, वो सिया ला छह दिन में पहुंच सकते थे जबकि हमें पंद्रह दिन लगते।

चोटियों की भरमार का मतलब ज्यादा लड़ाके सैनिक थे, इसके अलावा मदद देने वाले लोग भी ज्यादा चाहिए थे। सियाचिन में पहाड़ों पर लड़ाई में महारथ हासिल कर चुकी 100 जवानों की एक कंपनी को मदद के लिए हर तरह से लैस 30 लोगों की प्लाटून चाहिए थी। इससे पहले वहां किसी भी तरह की सैनिक तैनाती नहीं हुई थी, जहां लड़ाई दोगुनी मुश्किल हो।

तोपों को उस मुश्किल धरातल पर खींचकर पहुंचाया गया, तोपखाने, सिग्नल्स और ई एम ई शाखा के लोगों को ट्रेनिंग देकर उस माहौल के मुताबिक अनुकुल बनाया गया ताकि उन बर्फीली उंचाइयों पर वो पूरी क्षमता से काम कर सकें।

नॉर्दन कमांड सैनिकों की तैनाती और लॉजिस्टिक की चुनौतियों से बुरी तरह घिरा था, हालत ये थी कि एक छोटी सी बढ़ोतरी भी सैनिकों को खुश करने के लिए काफी थी। 1985 के मध्य में यूरोप से खरीदे गए दो स्नो मोबाइल स्कूटरों ने तो जैसे सैनिकों की आवाजाही में क्रांति ला दिया। दोनों स्कूटरों के इस्तेमाल और उनकी उपयोगिता को देखते हुए बाद मे इन्हें इंपोर्ट भी किया गया।

भारतीय पक्ष की कमजोरियों को जान रहे जनरल छिब्बर पहले ही वायुसेना की तैनाती और रक्षा कवच को मजबूत बनाने की सिफारिश कर चुके थे। दो चीजों पर फौरन ध्यान दिया जाना था, अतिरिक्त लड़ाके सैनिक, क्योंकि पाकिस्तान की तरफ से लगातार हमले बढ़ रहे थे।

इसके अलावा मददगार शाखाएं जैसे आर्मी सप्लाई कॉर्प्स, हथियार और सिग्नल्स की ज्यादा मौजूदगी भी जरुरी थी। साथ ही उस जानलेवा मौसम में मेडिकल सुविधाएं भी बेहद जरुरी थी।

सेना मुख्यालय को लिखे एक नोट में जनरल छिब्बर ने ये कबूल किया है कि... पहले लॉजिस्टिक और हवाई मदद को लेकर हमने ऑपरेशन मेघदूत के इलाके में गर्मी और जाड़े की तैयारी की थी। पाकिस्तानी सर्दियों के दौरान हमारे कमजोर पोस्ट सिया ला से हटाने की कोशिश में है और खुद को तेजी से मजबूत कर रहे हैं। 21 फरवरी से 1 मार्च के बीच हमें खासी परेशानी उठानी पड़ी। पाकिस्तानी सैनिकों को करीबी सड़क से कम दूरी तय करनी पड़ती है, हम सर्दियों के दौरान कमजोर पड़ने का जोखिम नहीं उठा सकते। अब जाड़े और गर्मियों की अलग मोर्चाबंदी नहीं हो सकती कि गर्मियों के महीने में जिन पोस्टों को बनाया जाए उन्हें सर्दियों में वीरान छोड़ दिया जाए।

इसलिए उन्होंने सैनिकों की तैनाती को लेकर कई सिफारिशें की –

तोपखाना : एक एयर डिफेंस बैटरी, एक ग्रेड, एक लाइट रेजिमेंट, एक 105 मिमी गन की फील्ड रेजिमेंट और मिडियम कैलिबर गन्स की एक बैटरी।

इंजीनियर्स : एक फील्ड कंपनी।

सिग्नल्स : एक लाइन सेक्शन, हाफ रेडियो सेक्शन और दो मोबाइल डिटैचमेंट।

इंफैंट्री : दो इंफैंट्री बटालियन।

वायुसेना : 8 चीता हेलीकॉप्टर, 2 Mi-8 हेलीकॉप्टर, 4 An-32 एयरक्रॉफ्ट।

आर्मी सर्विस कॉर्प्स : कंपोजिशन प्लाटून, 2 मोटर ट्रांसपोर्ट (3 टन की क्षमता) प्लाटून।

आर्मी मेडिकल कॉर्प्स : एडवांस ड्रेसिंग स्टेशन, टेक्निकल सपोर्ट प्लाटून

ई एम ई : एडवांस वर्कशॉप डिटैचमेंट।

1985 की गर्मियों तक 3 इंफैंट्री डिविजन के सारे बचे हुए रिजर्व खत्म हो गए। जबकि और जवान और सपोर्ट एलेमंट को फौरन लाने की जरूरत थी। जवानों की बढ़ती संख्या लॉजिस्टिक के लिहाज से किसी भयानक

Mi-17 ग्लेशियर की उड़ान पर (ऊपर–नीचे)

सपने की तरह था। सियाचिन देश के दूसरे हिस्सों से एकदम अलग था जहां तैनाती वाली जगह और सियाचिन बेस कैंप के करीब कहीं कोई नागरिक बसाव नहीं था और ग्लेशियर पर अकेले रहना था। ग्लेशियर

पर भी कोई प्राकृतिक संसाधन नहीं था, यहां तक कि पीने का पानी भी नहीं। सिर्फ बर्फ, कीचड़ और चट्टानें चारों तरफ बिखरी थीं। टूथपेस्ट से लेकर दवा की गोली तक बाहर से ले आना होता था।

इतने बर्फीले माहौल में दुनिया की किसी भी सेना ने ना तो मोर्चाबंदी की थी और ना ही जंग लड़ी थी। ग्लेशियर पर लड़ाई लड़ने के नए तौर तरीके बनाए गए। ऑफिसर और जवानों को ना सिर्फ अपने अनुभवों से आगे जाना था बल्कि उन तरीकों के बारे में लगातार सोचना भी था जिससे हालात को बुनियादी तौर पर थोड़ा आरामदायक बनाया जा सके।

बहुत सारे अधकचरे जानकारों ने कहा कि भारतीय सेना को पहले पर्वतारोहियों से सबक सीखना चाहिए था, यहा तक कि 19वीं और 20वीं सदी के फ्रांसिस यंगहसबैंड और वर्कमैन दंपति का हवाला देकर कहा गया जो बेहद खराब मौसम में ग्लेशियर की चढ़ाई की और उसे पार करते हुए यारकंद और उससे आगे तक गए। लेकिन शायद वे भूल रहे थे कि किसी भी पर्वतारोही दल में 50 से ज्यादा लोग नहीं होते और ना ही उन्हें ग्लेशियर पर किसी एक जगह लंबे वक्त तक टिक कर जंग

खरदूंगा ला की राह पर

लड़नी होती है, वो भी 18000 फीट से ज्यादा की ऊंचाई पर तीन दशक लंबी लड़ाई।

सियाचिन में मौजूद सैनिकों की सप्लाई आज भी एक बड़ी चुनौती है और 1984 में तो संकरे रास्तों और पुराने ट्रांसपोर्ट सिस्टम के साथ ये बेहद मुश्किल था। ये याद रखना चाहिए कि सियाचिन उसी रोड के आखिरी छोर पर बसा है जिसके जरिए लद्दाख बाकी देश से जुड़ा है। और आज से उलट 1984 में 18340 फीट की ऊंचाई पर खारदूंग ला से आगे की सड़क किसी डरावनी रुकावट से कम नहीं थी। खारदूंग ला से होकर आगे के इलाकों के लिए सिर्फ 3 टन वाले शक्तिमान ही निकल सकते थे। आज की तारीख में किसी छोटी गाड़ी से लेह से सिर्फ 7 घंटे में सियाचिन बेसकैंप पहुंचा जा सकता है, ये मौज तब नहीं थी।

लॉजिस्टिक चेन लंबी, मुश्किल और मौसम के मिजाज पर निर्भर होती थी। ऊंचाई पर मौजूद जोजीला, बारालाचा ला और खारदूंग ला में से कहीं भी फंसने की गुंजाइश रहती है। यहां तक कि आज भी जोजीला और बारालाचा ला भारी बर्फबारी की वजह से छह महीने बंद रहते हैं।

बी आर ओ : हर मुश्किल का हल

इसे सिर्फ सेना और बीआरओ के वर्कर का जज्बा ही कहा जा सकता है कि खारदूंग ला सालोंभर खुला रहता है। हालांकि कई बार उनकी बेहतरीन कोशिशों के बावजूद भारी बर्फबारी की वजह से दर्रे तीन–चार दिनों तक के लिए बंद हो जाते हैं जिसकी वजह से सियाचिन ब्रिगेड को जाने वाली सप्लाई में बाधा आ जाती है। 1984 में तो सप्लाई चेन को बनाए रखना एक बहुत बड़ी चुनौती थी।

तो जैसे ही *ऑपरेशन मेघदूत* के एक साल पूरे हुए राजनीतिक और सैन्य नेतृत्व में कई बदलाव हो चुके थे। श्रीमती गांधी की 31 अक्टूबर 1984 को हत्या कर दी गई और उनकी जगह नौजवान प्रधानमंत्री राजीव गांधी ने ली। लेफ्टिनेंट जनरल हूण डायरेक्टर जनरल मिलेट्री ऑपरेशन बन गए, ब्रिगेडियर विजय चन्ना जिन्होंने ऑपरेशन लॉन्च के वक्त 26 सेक्टर की अगुवाई की थी, अपना कार्यकाल पूरा कर नागपुर के करीब कंपटी में ब्रिगेड ऑफ गार्ड्स रेजिमेंटल सेंटर के मुखिया के तौर पर ट्रांसफर हो गए।

इन सबके बावजूद सियाचिन पर भारत की तैनाती बढ़ाई जानी थी जैसा कि जनरल छिब्बर ने जुलाई 1985 में लिखा था... *ऑपरेशन मेघदूत* का दायरा उत्तर में सिया ला से लेकर दक्षिण में NJ 9842 तक सालतोरो रिज के वाटरशेड इलाके में मौजूदगी के तौर पर बढ़ाया जाना चाहिए

इस तरह सियाचिन के साथ भारतीय सेना की कभी न रुकने वाली मुहिम शुरू हो चुकी थी। वायुसेना जिसने 13 अप्रैल, 1984 को शुरुआत से ही संजय कुलकर्णी के प्लाटून को एयरड्रॉप करने से अपनी अहम भूमिका निभाई, अब बड़े पैमाने पर मददगार है, उसके करतब और कारनामे इतिहास में आज भी बेजोड़ हैं।

ऑपरेशन मेघदूत के शुरुआती महीनों में जब ना तो पूरे ग्लेशियर की कायदे से मैपिंग हुई थी और न ही कई पोस्ट तैयार हुए थे, इसे आर्मी एविएशन और एयर फोर्स पायलटों की हिम्मत कहिए जिसकी वजह से सियाचिन पर भारत की इतनी मजबूत पकड़ बन सकी।

अग्रणी हेलीकॉप्टर पायलेट

जोसेफ सैमुअल, डेक्कन एविएशन के सहसंस्थापक और मशहूर कैप्टन सीआर गोपीनाथ, तब हेलिकॉप्टर पायलट और लेह में सेना के एयर ओपी ऑर्गनाइजेशन में इंस्ट्रक्टर थे। आमतौर पर एयर ओपी पायलट का काम रेकी और ऑब्जर्वेशन के जरिए तोपखाने की मदद करना होता था। वे तोपखाने के अहम हिस्सा थे यही वजह है कि उनका गठन 1980 के दशक में बने आर्मी एविएशन कॉर्प्स से पहले ही हो चुका था।

हालांकि जोसेफ सैमुअल, जो अब आर्मी और एविएशन की दुनिया में सैम के नाम से जाने जाते हैं, उन दिनों छुट्टी पर थे जब 13 अप्रैल, 1984 को संजय कुलकर्णी और उनकी प्लाटून को बिलाफोंड ला पर कब्जे के लिए भेजा गया। जून में छुट्टियों से लौटते ही सैम सीधा ऑपरेशन में शरीक हो गए।

वे याद करते हैं... हमें सियाचिन के बारे में कोई आइडिया नहीं था, यहां तक कि हमारे पास कोई डिटेल नक्शा भी नहीं था, कई बार हम अंग्रेजों के उन नक्शों का इस्तेमाल करते जो 1850 के थे। वे खूबसूरत और सटीक थे जिन्हें थियोडोलाइट की मदद से बनाया गया था, मुझे नहीं पता उन्होंने ये सब कैसे किया।

हमारी सबसे बड़ी चुनौती रिकार्ड में कुछ नहीं होने की थी, कोई बेंचमार्क नहीं था। उस इलाके में पहले उड़ान नहीं भरी गई थी लिहाजा हमें ये नहीं पता था कि आगे कैसे बढ़े, कहां लैंड कर सकते हैं, लैंडमार्क क्या है, हम कितना वजन साथ ले जा सकते हैं कुछ भी पता नहीं था।

हमें अपने पैमाने खुद ही तय करने थे, हम कितना भीतर जा सकते हैं ये सवाल हमेशा बना रहता, क्योंकि इंधन भरने की कोई सुविधा नहीं थी। सारे हैलीपैड बनाए जाने थे, उन्हें नक्शे पर दिखाया जाना था और उन्हें एक नाम दिया जाना था। और हैलीपैड भी कैसे होते, वे चार जेरीकोन को सजाकर एक वर्गाकार फॉर्मेशन हो सकता है ताकि हम उन्हें दूर से पहचान सकें। फरवरी, 2014 यानी इन घटनाओं के करीब तीन दशक बाद दिल्ली के अपने घर में नाश्ते के दौरान वे आज भी याद करते हैं।

पहले से कोई मैनुअल नहीं था तो हमें उचित वजन और हेलिकॉप्टर की क्षमताओं को लेकर खुद ही निष्कर्ष निकालने पड़ते थे। हम सुबह

1984 में, सियाचिन में चीता हेलीकॉप्टर पर सैमुअल जोसफ

से ही काम शुरू कर देते, इधर से रसद लेकर जाते और जख्मी जवानों को लेकर लौटते। शुरुआत में ज्यादातर हादसे इस वजह से हुए कि किसी को पता नहीं था इतनी ऊंचाई पर जिंदा कैसे रहते है।

वे याद करते है कि उन दिनों कैसे हर कोई लोकेशन और तैनाती को लेकर अंधेरे में होता था। एक घटना तो उन्हें उम्र भर याद रहेगी। 1984 की सर्दियों में, न्यू टॉस्क फोर्स के कमांडर कुलबीर सिंह जो पुष्कर चांद की जगह आए थे, ने एक दिन सैम से इस बात की तस्दीक करने को कहा कि क्या सिया ला के करीब की चोटियों पर पाकिस्तानी सैनिकों ने बंकर बना रखे है और वहां मौजूद हैं।

उन्होंने मुझसे कहा कि सिया ला के बाई तरफ की किसी चोटी पर घुसपैठ हुई है, तुम क्यों नहीं एक बार जाकर तस्दीक कर लेते? तो हम चले गए... दस मिनट की उड़ान के दौरान वहां कुछ नहीं दिखा तो हमने पहाड़ी का एक फेरा लगाया और वापस लौट चले, तभी हमारी नजर एक काले निशान पर पड़ी.. लगता है आईबैक्स है (आईबैक्स एक जानवर है जो सिर्फ सियाचिन में मिलते हैं) जब हम उसके करीब पहुंचे तो हमें अचानक 12 टेंट नजर आए। जिन्हें देखकर दिमाग में

प्रारंभिक वर्षों में, अज्ञात पर्वत चोटियों पर उतरते पायलेट

पहली बात यही आई कि... हमारे बंदे यहां तैनात है, पता नहीं हम इतना घबराए हुए क्यों हैं। तो हम और नीचे गए तब हमें एक बंकर दिखा, वो सिया ला से सिर्फ 400 गज की दूरी पर था। हमने उन बंदो को इशारा किया, उनमें से 10–12 एक मशीनगन के साथ दिख रहे थे, हम उनसे सिर्फ 50–100 फीट की ऊंचाई पर थे। तो इस बात से मुतमईन होकर कि चिंता की कोई बात नहीं है सारी चीजें अपने कब्जे में हैं, हम बेस पर वापस लौटे और मैंने कर्नल कुलबीर से कहा... सर कुछ नहीं है हमारे बंदे, अपने बंकरों में मुस्तैद हैं। उन्होंने कहा... हमारे बंदे? मजाक मत करो, कहां? वहां हमारा कोई बंकर नहीं है। मैंने उन्हें नक्शे पर वो जगह दिखाई। उन्होंने फौरान सिया ला को फोन किया ताकि तैनाती की तस्दीक की जा सके। उन्होंने कहा कि वे इस जगह पर नहीं थे, तब मैंने उन्हें वहां ले जाने का ऑफर दिया, जैसे ही हम उस जगह पर पहुंचे मैं थोड़ा ज्यादा सतर्क था और हेलीकॉप्टर की ऊंचाई ज्यादा रखी थी। कर्नल कुलबीर वो टेंट देखते ही चिल्ला पड़े... ये तो पाकिस्तानी हैं!

हम फौरन लौट गाए और उसके बाद हड़कंप मच गया। पाकिस्तानी घुसपैठ कर चुके थे और किसी को खबर भी नहीं थी। उन पर बमबारी करने एमआईजी 23 का एक पूरा स्क्वॉडेन आदमपुर से लेह पहुंचा। अगले दिन सिया ला पर 55 और जवान लगाए गए।

पायलट नई चीजें ईजाद करते रहते हैं। सैम ग्योंग ला करीब एक दूसरी घटना याद करते हैं। ग्योंग ला को लेकर थोड़ी चिंता थी क्योंकि वहां पकड़ जरा ढीली थी। एक दिन कर्नल पुष्कर चांद (फर्स्ट टॉस्क फोर्स कमांडर) ने कहा की उन्होंने जी 3 यानी ग्योंग ग्लेशियर पर पार्टी भेजी है, विकास के जवान और लद्दाखी उन पहाड़ियों के लिए सबसे फिट थे। पुष्कर चांद चाहते थे कि वे खुद जाकर जायजा लें, तो हम उड़ चले।

वहां एक बड़ा सा खड्ड था, हमने उस पूरे बाउल में तलाश की, चढ़ाई बेहद तीखी थी, 11 हजार फीट से हम अचानक 17 हजार पर आ गए

आईबेक्स : ऊंचाई पर जिन्दगी

पर लड़के नहीं मिले। अचानक रिज पर मुझे लगा कि कुछ लड़कों पर नजर पड़ी, तो मैं बोल पड़ा... सर वहां तो नहीं है? पुष्कर चांद ने कहा.. वहां नहीं हो सकते। मैंने उन्हें वहां जाने से मना किया था। फिर जब हम करीब गए तो ये महसूस हो गया कि पक्के तौर पर विकास के जवानों को ये जगह सबसे दुर्गम दिखी होगी जिसके बाद उन्होंने खुद को यहीं जमाने का फैसला किया होगा।

पुष्कर चांद चिल्ला उठे, अरे राम! वे वहीं चले गए। उन्होंने मुझसे पूछा कि क्या हम वहां लैंड कर सकते हैं। मैंने कहा देखता हूं। आसमान से वो रिज सिर्फ 50–60 मीटर लंबी दिख रही थी और चौड़ाई मुश्किल से 20 फीट रही होगी। वो जगह पाकिस्तान की नजरों से महज 200 गज दूर थी। हम किसी तरह वहां लैंड करने में कामयाब रहे, चॉपर की टेल रिज के बाहर हवा में थी। अब पुष्कर चांद उन जवानों के साथ एक घंटा बिताना चाहते थे। हम वापस लौट गए और फिर बाद में उन्हें वहां से पिक किया। तो इस तरह हमने ग्योंग ला 3 का रास्ता खोला.

सैम उन दिनों को तहेदिल से याद करते हैं। जमीन के उन जवानों को सलाम। वे मुश्किल मौसम में बगैर पर्याप्त खाने के बहादुरी से

लड़ते रहे। वे शानदार दिन थे। एक कामयाब उद्यमी और सामाजिक कार्यकर्ता की पहचान रखने वाले सैम अब बेंगलोर में रहते हैं। कहते हैं.. तीस साल बाद बहुत से लोग सैम और आर्मी ओपी ऑर्गनाइजेशन से रिटायर हो चुके उन पायलट दोस्तों बलजीत गिल, मेजर जनरल विनोद तिवारी, कर्नल पूवैया और कर्नल माइक परेरा को भूल चुके होंगे, लेकिन मजबूत भाइचारे वाली सैनिक बिरादरी में हीरो और पायोनियर के तौर पर उनकी पहचान बनी रहेगी।

खारदूंग ला : दुर्गम दर्रों में से एक

खारदूंग ला की राह पर सेना का काफिला

स्की वाले हेलीकॉप्टर ज्यादा कागर

शिखर के सिकंदर

VII

सियाचिन – हवाई कोशिशें

"यहां उड़ान भरना कमजोर दिल वालों के बस की बात नहीं"

3 जून 1990 – भारतीय वायुसेना के दो चीता हेलीकॉप्टर सियाचिन के अपने नियमित उड़ान पर थे। जैसा कि *ऑपरेशन मेघदूत* शुरू होने के 6 साल की रूटीन हुआ करती थी। पहली शटल सियाचिन ग्लेशियर के दो सबसे ज्यादा ऊंचे हेलीपैड अमर और सोनम पोस्ट के लिए होती थी, दोनों ही समुद्रतल से 20,000 फीट से ज्यादा की ऊंचाई पर हैं।

फ्लाइट लेफ्टिनेंट बी रमेश और फ्लाइंग ऑफिसर नरेश उड़ान पर थे और उन्हें सोनम उतरना था। फ्लाइट लेफ्टि डब्ल्यूवीआर राव और फ्लाइंग ऑफिसर सुरेश नायर दूसरे चीता में थे, जिन्हें सोनम के पास ही अमर पर लैंड करना था।''

राव को उस हल्के गर्म दिन की याद है जो आमतौर पर 10 डिग्री सेल्सियस से ज्यादा का था। ये ग्लेशियर के लिहाज से भले गर्म हो लेकिन मौसम के मुकाबले तो ज्यादा ही कम था। ''उन ऊंचाइयों पर जब तापमान 5 डिग्री सेल्सियस से भी नीचे चला जाता तो अमर और सोनम की घनत्व के लिहाज से ऊंचाई 23,000 फीट के बराबर होती। जिसे किसी हेलीकॉप्टर के उड़ान भरने की सीमा कही या मानी जा सकती है। उन हालातों में हम चीता पर मुश्किल से 5 किलो का वजन उठा सकते

21,000 फुट पर फंसा हेलिकॉप्टर

थे। बढ़ते तापमान का असर हेलीकॉप्टर की सामान ढोने की क्षमता पर भी पड़ता है।

राव और नायर, अमर पर सामान्य तरीके से लैंड कर गए लेकिन जैसे ही उन्होंने टेक ऑफ के लिए रफ्तार बढ़ाई, हेलीकॉप्टर का इंजन लहरा कर एकदम से हेलीपैड पर बैठ गया। "अमर थोड़े नीचे मौजूद पाकिस्तानी पोस्ट से मुश्किल से 3,000 मीटर दूर था। अभी वो ये जानने की कोशिश ही कर रहे थे कि गड़बड़ी कहां हुई, (युद्धविराम) पाकिस्तानी पोस्ट की तरफ से गोलीबारी शुरू हो गई। उन दिनों सीजफायर की शुरुआत नहीं हुई थी।"

दोनों पायलट फौरन बंकर में छुप गए और पाकिस्तानी गोलीबारी को देखते हुए दूसरे हेलीकॉप्टर को अमर की तरफ नहीं आने का संदेश भेजा। लेकिन फ्लाइट लेफ्टि रमेश उनमें से नहीं थे, उन्होंने फौरन अमर के दो फेरे लगाए और राव और नायर को एक एक कर वहां से निकाल लाए, कोई भी शख्स जो मौसम के मुताबिक नहीं ढला हो उसे 20 हजार फीट की ऊंचाई पर 15–20 मिनट से ज्यादा रहने की सलाह नहीं दी जाती। ''रमेश ने बर्फ पर लैंड किया

क्योंकि हेलीपैड पर पहले से ही हमारी मशीन मौजूद थी। उसने चॉपर को पार्टियल पावर पर रखा, उनका हेलीकॉप्टर भी काफी झुक रहा था ऊपर से पाकिस्तान की तरफ से हमले की आशंका भी लगातार बनी रही।'' खौफ के उन लम्हों को याद करते हुए राव उन यादों को दोहराते हैं।

फंसे हुए हेलीकॉप्टर के साथ एयरफोर्स के टेक्निशियन

अमर पोस्ट की संकरी राह

पायलट तो खैर सुरक्षित बेसकैंप लौट गए लेकिन एयरफोर्स की मुश्किल अब शुरू हुई थी, अमर पर फंसा चॉपर पाकिस्तान का आसान शिकार बन सकता था, लेकिन बड़ा पेंच ये था कि टेक्निशियन वहां तक जाएंगे कैसे, वहां जाने के लायक बनने में खासा वक्त लगेगा। आमतौर पर जब सेना के जवान अमर या सोनम पोस्ट पर तैनात होते तो वे धीरे–धीरे बढ़ती ऊंचाइयों पर कम से कम दस दिन गुजारते ताकि मौसम के साथ ढल सकें। लेकिन एयरफोर्स के टेक्निशियनों के पास इतना वक्त नहीं था क्योंकि अमर पर फंसे हेलीकॉप्टर को जल्द से जल्द वहां से निकालना था।

दिल्ली और लेह में बैठे सेना और वायुसेना के अफसर इस अजूबी समस्या का हल तलाशने में माथापच्ची कर रहे थे। अमर पोस्ट पर तैनात सिख लाइट इंफैंट्री यूनिट ने रातोंरात वहां बर्फ की एक दीवार खड़ी कर दी। वाकई वो बर्फ का एक कॉलम था ताकि हेलीकॉप्टर को पाकिस्तान की तरफ से होने वाली फायरिंग से बचाया जा सके।

हालांकि बर्फ की दीवार का बनना अमर पर फंसे चीता को निकालने की मुहिम की एक जुगाड़ू शुरुआत भर थी। टेक्निशियनों की एक टीम

बदलने के लिए इंजन

फ्लाइट लेफ्टि जी श्रीपाल की अगुवाई में ग्लेशियर पर जाने के लिए चुनी गई। चूंकि चॉपर को ठीक करने की जल्दी थी लिहाजा टेक्निकल टीम को 15,000 फीट पर मौसम के मुताबिक ढलने के लिए उतारा गया। जबकि आमतौर पर किसी जवान के लिए इसकी शुरुआत 9,000 फीट से होती है। तीन दिनों तक वहां रुकने के बाद टेक्निशियन चलकर 18,000 फीट पर बने एक पोस्ट तक पहुंचे और आखिरकार 10 जून यानी चॉपर के वहां लैंड करने के एक हफ्ते बाद वो अमर पोस्ट तक पहुंचे। उधर पोस्ट पर वायुसेना के टेक्निशियन के आने को लेकर अतिरिक्त सुविधाएं भी मुहैया करानी थी। इस बीच पोस्ट पर मौजूद जवानों को उस बर्फ की दीवार की मरम्मत भी करनी होती जो चमकती धूप की वजह से पिघल रही थी।

इतने पर भी अमर तक रिप्लेसमेंट इंजन को ले आने की समस्या बरकरार थी।

राव याद करते हैं, "बॉसेज ने एक एयरो इंजन चुना जो कम तापमान पर स्टार्ट हो सकता था, लेकिन इसे ढोना आसान नहीं था। सबसे ताकतवर और कम इंधन खाने वाले चीता का इसके लिए चुनाव किया गया। पर अब छोटे से चीता में इंजन को रखे जाने का सवाल था। जगह की समस्या से निबटने के लिए को पायलट की सीट हटा दी गई और इंजन को पायलट की सीट से बांध कर उसे फिर से कस दिया गया। बेसकैंप पर फ्लोर के साथ इंजन को कसना आसान था, लेकिन यही काम अमर पर करना एक चुनौती थी क्योंकि वहां ये काम खुद करना था और उन्हें अपने दस्ताने उतारने पड़ सकते थे जो उस भीषण ठंड में एक जोखिम भरा काम था। ऊपर से 20,000 फीट से ज्यादा की ऊंचाई पर कॉकपिट के दरवाजे खुले रखकर उड़ान भरना बेहद खतरनाक था, आप कभी भी बर्फीली हवाओं का शिकार बन सकते हैं।"

खतरों के बावजूद सबसे ताकतवर चीता को तैयार किया गया। फिर उसका वजन घटाने की कवायद शुरू हुई... उसके टेल रोटर गार्ड, दरवाजे, पैसेंजर सीट और रेडियो बे पैनल को हटा दिया गया। रेडियो ट्रांसमिशन सेट हटा तो बैटरी भी हट गई। जब इंजन स्टार्ट हुआ तो सिर्फ दो ऑक्सीजन बोतलें थी जबकि आमतौर पर वे चार

होती हैं। पर इतना ही काफी नहीं था वजन कम रहे इसके लिए ईंधन सिर्फ इतना ही भरा गया ताकि अमर तक पहुंचा जा सके, लौटने का ईंधन पोस्ट पर ही भरा जाना था जब वहां इंजन को उतारा जाता, हालांकि इस दौरान रोटर चालू रखना था। एयर कमोडोर अनिल कुमार सिन्हा जो तब स्क्वार्डन लीडर और डिप्टी फ्लाइट कमांडेंट हुआ करते थे। तब विंग कमांडर गोली, कमांडिंग ऑफिसर और सिन्हा ने दो हेलीकॉप्टरों के लिए कम से कम ईंधन लेकर उड़ान भरने का फैसला किया।

जब वे अमर के लिए उड़ने को तैयार हुए, मौसम बिगड़ गया लेकिन सिन्हा और गोली दूसरे हेलीपैड डोलमा गए और इंतजार किया, वहां से अमर की उड़ान करीब 3 मिनट की थी, जैसे ही बादल छंटे सिन्हा अमर के लिए उड़ चले और वहां गोली के लैंड करने से पहले औजार, बैटरी और दूसरे जरूरी उपकरण की डिलिवरी दी। पर शायद पोस्ट पर ज्यादा आवाजाही देखकर जैसे ही गोली इंजन लेकर लैंड किए पाकिस्तानियों ने फायरिंग शुरू कर दी। अभी स्पेयर इंजन उतारा जाना था, ईंधन भरना था जबकि रोटर लगातार चालू था।

इस बीच अमर पर मौजूद सैनिक इंजन बदलने की तैयारी कर रहे थे, पहले वे फंसे हुए चीता को जोर लगाकर हेलीपैड के एक कोने तक ले गए ताकि इंजन लेकर आने वाले हेलीकॉप्टर के उतरने की जगह बनाई जा सके। 11 जून तक बर्फीली सर्दी में आधे अधूरे ढले टेक्निशियनों ने खराब इंजन को चॉपर से निकाला, इसके बाद दूसरे इंजन के आने का इंतजार करने लगे।

टेक्निकल टीम शाम और 12 जून की रात तक काम करती रही, इंजन बदलने में सिख लाइन इंफैंट्री के जवान मदद कर रहे थे।

अब मरम्मत हुए हेलीकॉप्टर को उड़ाने की परीक्षा की घड़ी सामने थी।

वह शुक्रवार की 13 तारीख थी।

उस दिन और तारीख से जुड़े मिथकों को लेकर स्वर्गीय विंग कमांडर गोली को भरोसा नहीं था कि उस दिन ऑपरेशन शुरू किया जाए या नहीं। लेकिन अचानक सभी ने तय किया कि चाहे कुछ भी हो वो उसी दिन फंसे चीता से उड़ान भरेंगे।

अनिल के सिन्हा एक आरामदायक मुद्रा में

दरअसल उस दिन 'जुम्मा' था और पाकिस्तानी सैनिक शायद जुम्मे की नवाज में व्यस्त रहते हों, इसलिए चालाकी से पोस्ट पर तैनात लोगों और वायुसेना ने तय किया कि हेलीकॉप्टर को दोपहर के वक्त उड़ान भरी जाए जब वे नमाज पढ़ रहे होंगे। जैसा कि राव कहते हैं, शुक्रवार 13 तारीख हमारे लिए कम से कम अशुभ साबित नहीं हुई।

ग्लेशियर पर इवाई योद्धा

मरम्मत के बाद चॉपर को उड़ा कर लाने की जिम्मेदारी स्क्वॉर्डन लीडर सिन्हा की थी जो बाद में एयर कमोडोर बने। वो कहते हैं, आमतौर पर जब आप टेकऑफ करते हैं तो हेलीकॉप्टर के चारों तरफ जगह होती है, लेकिन वहां ऐसा नहीं था, बंद होने के बाद हेलीकॉप्टर ने हेवी लैंडिंग की थी और हम नहीं जानते थे कि वो नर्म बर्फ में कितना नीचे तक धंसा हुआ है। मेरे दिमाग में तब कई सवाल थे, क्या इंजन स्टार्ट होगा, क्या ये फ्लाइट पूरी होगी, क्या मैं इसे निकाल पाऊंगा और सुरक्षित बेसकैंप तक ले जा सकूंगा? जब ये सवाल मेरे दिमाग में घूम रहे थे मैंने एक गहरी सांस ली और टेकऑफ के लिए इंजन को स्टार्ट कर दिया... और जब हम सुरक्षित बेस कैंप पहुंचे तो वहां बाकायदा जश्न का माहौल था।

फ्लाइट लेफ्टि डब्ल्यूवीआर राव और फ्लाइट लेफ्टि बी रमेश ने भी फौरन फेरे लगाए और टेक्निकल क्रू को वापस बेस कैंप ले आए।

24 साल बाद ही वो घटना दिमाग में कुछ ऐसे बैठी है जैसे वो कल की ही बात हो। सिन्हा बताते हैं जिन्हें बाद में 1999 में कारगिल जंग के दौरान वीर चक्र के सम्मान से नवाजा गया। उस रात बेस कैंप में जबरदस्त पार्टी थी हम मस्ती कर रहे थे और खुशी के साथ गर्व भी था। राव उस घटना को याद करते हुए कहते हैं, जिन्होंने अप्रैल 2012 में एयरफोर्स छोड़ दी और अब जमशेदपुर में टाटा के लिए हेलीकॉप्टर उड़ाते हैं। हम खुशी से पागल थे आखिर दुनिया की कितनी वायुसेना ऐसे काम कर के दिखा सकती है, मुझे याद है कि उस यादगार पार्टी के बाद मेरी आवाज कुछ ऐसी भर्राई की मैंने हमेशा के लिए स्मोकिंग छोड़ दी।

13 जून 1990, की वो घटना इस बात की भी मिसाल है कि भारतीय सेना और वायुसेना के बीच कितनी शानदार तालमेल है। सिन्हा और राव दोनों ही बेहिचक ये बात कबूल करते हैं कि अगर सेना के जवानों ने अमर पोस्ट पर दिलोजान से मदद ना की होती तो इंजन बदले जाने के बारे में सोचा भी नहीं जा सकता था। पहले दिन जब चॉपर बैठ गया और हम बेसकैंप पर लौट आए तो सिख लाइट इंफैंट्री ने खुद पहल करके रोटर के ब्लेड हटाए और बर्फ की दीवार बनाई ताकि दुश्मन की नजर से छुपाया जा सके। ये सब उन्होंने बिना किसी ट्रेनिंग के किया। लेकिन उनका सबसे शानदार कारनामा तो बाद में सामने आया, जिस दिन हम

बेस कैम्प में पार्टी का दृश्य (13 जून 1990)

इंजन बदल रहे थे, उसे उठाने के लिए अमर पोस्ट तक एक पोर्टेबल क्रेन लाई गई थी (याद रखना होगा कि हेलीकॉप्टर का इंजन पैसेंजर सीट से काफी ऊंचाई पर था) जो भयानक ठंड की वजह से टुकड़े–टुकड़े हो

गया। लेकिन सिख लाइट इंफैंट्री के जवानों ने 23,000 फीट की ऊंचाई पर उस 182 किलो के इंजन को हाथ से उठाकर उतार दिया। ये बात राव बेहद गर्व से बताते हैं।

सिन्हा आगे कहते हैं कि हमारे और सेना के जवानों का आपसी भरोसा ग्लेशियर पर देखने लायक होता है, बिना एक दूसरे पर पूरे भरोसे के हम इतनी कुशलता और काबीलियत से इतने सालों तक काम नहीं कर सकते।

राव जवानों की सादगी याद करते हुए कहते हैं कि "अक्सर जवान *आलू–पराठा* खाने की इच्छा जताते तो उन दिनों जब कभी हम लेह आते, हमारी पत्नियां सुबह ही पराठे तैयार कर देतीं और सबसे पहली उड़ान में हम *आलू–पराठे* लेकर अमर और सोनम के जवानों के पास पहुंचा देते। *आलू–पराठे* देखकर उनके चेहरे पर खुशी के जो भाव दिखते उसे बयां नहीं किया जा सकता।" ग्लेशियर पर जाने वाले हर हेलीकॉप्टर पायलट के पास साझा करने को ऐसी ही कहानियां होंगी। कुछ याद करते हैं कि सैनिकों को अपने घर से आने वाली चिट्ठियों का कितना बेसब्री से इंतजार होता।

दरअसल आमतौर पर हम सबसे पहले वाले फेरे में डाक का बैग ले जाते क्योंकि उनका वजन सबसे कम होता था और हमारे हेलीकॉप्टर की टंकी ईंधन से भरी होती थी। सियाचिन में सैनिकों के बीच तालमेल, सौहार्द्र और भाईचारा पूरा देखने को मिलता है, एक ऐसा भाव जिसे कोई आम नागरिक ना तो नाप सकता है ना इसे समझ सकता है।

इंजन बदलकर हेलीकॉप्टर को वापस ले आना सियाचिन पायोनियर्स की बस एक मिसाल है, 114 हेलीकॉप्टर यूनिट को इसी नाम से जाना जाता है। 1 अप्रैल 1964 को लेह में स्थापित हुई ये यूनिट शायद इकलौती हेलीकॉप्टर फॉर्मेशन है जो किसी ऑपरेशन पर लगातार तीन दशक से तैनात है।

इसमें मुख्यतौर पर सिंगल इंजन वाले चीता हैं जो अब बेंगलुरु के हिंदुस्तान एयरोनॉटिक्स लिमिटेड में बनते हैं। इसकी शुरुआत 1962 में फ्रांस में Aerospatiale SA 319 Allouette III से हुई (जिसे भारत में चेतक कहा गया)। इसका अपग्रेडेड वर्जन SA 315 B लामा का उत्पादन

लाइसेंस के तहत HAL 1971 में शुरू हुआ और इसे चीता का नाम दिया गया और ये ही 114 HU का 1984 से मुख्य आधार बना। हालांकि इसके उड़ान की सीमा 23,000 फीट तक की है,लेकिन सिंगल इंजन का होने की वजह से ये जोखिम भरा है। साथ ही लद्दाख और खासकर सियाचिन में ये जोखिम कई गुना बढ़ जाता है।

रिटायर एवीएम मनमोहन बहादुर याद करते हैं "ग्लेशियर में कई ऐसे इलाके हैं, जहां पायलट होठों पर प्रार्थना लिए उड़ान भरते हैं। बर्फ की खाइयां इतनी गहरी और चौड़ी हैं कि फोर्स लैंडिंग की हालत में पूरा का पूरा हेलीकॉप्टर उनमें समा सकता है। माइनस 60 डिग्री के तापमान में उड़ान भरने के लिए हौसला चाहिए, ऊंची चोटियों और पहाड़ों के बीच गुजरते वक्त तूफानी हवा और खराब मौसम ही उसके साथ होते हैं, ऐसे में ताकतवर डाउन ड्रॉफ्ट को भी नहीं भूलना चाहिए जो अगर पायलट सतर्क नहीं रहा तो मशीन को नीचे की तरफ खींचते हैं। लगातार ऊंचाई पर उड़ने के साथ साथ वहां हमेशा दुश्मन के हमले का खतरा भी मंडराता रहता है। उन दिनों हम हमेशा जमीन से कम ऊंचाई और तेज रफ्तार

2013 : बर्फीली दरारों में हादसा

से उड़ान भरते थे ताकि दुश्मन को प्रतिक्रिया के लिए कम से कम वक्त मिले। उन दिनों की लैंडिंग किसी माचिस की डिबिया पर उतरने जितनी सटीक होती थी, पोस्ट पर मौजूद जवान दरवाजा खोलते, सामान बाहर निकालते, जख्मी या डाक को भीतर डालते फिर दरवाजा बंद कर देते, उसके बाद हम उल्टी दिशा में उड़ चलते। खास बात ये थी कि ये सारा काम मुश्किल से 20–30 सेकेंड में पूरा हो जाता। जब हम लौटकर बेस कैंप पर आते तो चाय के एक गर्म प्याले से खुद को गरमाते इतनी देर में दूसरे फेरे के लिए सामान लाद दिया जाता और एक बार फिर हम नए फेरे के लिए निकल पड़ते। ये सिलसिला जब तक मौसम इजाजत देता बिना रुके चलता रहता।"

इस दौरान हमेशा दुश्मन के गोलों का खतरा बना रहता, हर रोज, साल के 365 दिन।

ऐसे हालात में 30 सालों के ऑपरेशन का अनुभव रखने वाले 114 HU से दुनिया भर के पायलट ईर्ष्या करते हैं।

लेह के बारे में कहा जाता है कि वो दुनिया में हेलीकॉप्टर फ्लाइंग के लिए मक्का है। अगर आप भारतीय सेना के हेलीकॉप्टर पायलट हैं और आपकी पोस्टिंग लेह और खासकर सियाचिन के इलाके में नहीं हुई तो इसका

ग्लेशियर पर उड़ान भरता एकलौता चॉपर

मतलब है कि आप आए ही नहीं। लेह में तैनात जो कुछ किस्मतवाले हैं वो बेशक दुनिया के बेहतरीन हेलीकॉप्टर पायलट हैं।

जरा इन तथ्यों पर ध्यान दें – 1990 के दशक में दुनिया में राहत बचाव का रिकार्ड माउंट एवरेस्ट से 19,500 फीट पर से था, जबकि भारतीय पायलट रोजाना दिन में चार बार 20,000 फीट पर लैंड करते हैं। ऑस्ट्रियन एयरफोर्स का हाई–अल्टीट्यूट ट्रेनिंग स्कूल फॉर हेलीकॉप्टर 9,750 फीट पर है, जबकि लेह खुद 11,000 फीट की ऊंचाई पर बसा है।

114 HU के उड़ान भरने वाले पायलटों का कहना है कि "कितना भी पैसा खर्च कर के आप दुनिया के सबसे ऊंचे हेलीपैड सोनम पर लैंड करने का अनुभव नहीं खरीद सकते या ग्लेशियर की मुश्किलों के बीच जंग के मैदान से किसी जख्मी जवान को बाहर लाने के सुखद संतोष का अनुभव नहीं कर सकते।"

पहले ही दिन से सियाचिन के लिए हेलीकॉप्टर लाइफ लाइन रहे हैं, बिना इन मशीनों और शानदार पायलटों के सियाचिन की सुरक्षा के लिए जरूरी सालतोरो रिज और उसके दर्रों की सुरक्षा में भारत को काफी मुश्किलों का सामना करना पड़ सकता था।

लेकिन ये सब कुछ आसान नहीं है।

नवंबर 2003 में पाकिस्तान के साथ हुए सीजफायर समझौते के बाद भले ही गोलीबारी बंद हो गई हो, लेकिन दूसरी चुनौतियां बरकरार हैं।

इंसान और मशीन दोनों ही कड़े कुदरती हालात का सामना कर रहे हैं। जमीन पर मौजूद सैनिक और पायलट एक्यूट माउंटेन सिकनेस (AMS), हाई अल्टिट्यूट पलमोनरी ओडेमा (HAPO), हाई अल्टिट्यूड सेरेब्रल ओडेमा (HACO), स्नो ब्लाइंडनेस, सनबर्न, हाइपोथर्मिया और कई दूसरी बीमारियों का शिकार हो सकते हैं। इसके अलावा पायलट भीषण सर्दी की वजह से लगातार बेचैनी और थकान से जूझते हैं, जाड़े में वहां का तापमान माइनस 60 डिग्री तक चला जाता है। हेलीकॉप्टर में वाइब्रेशन, हाइपोक्सिया का खतरा, कंसनट्रेशन की कमी जिसे व्हाइट आउट भी कहते हैं, इसमें नीचे की धरातल की वजह से दिशा भ्रम के हालात हो जाते हैं। जब पूरी जमीन और चट्टान सफेद बर्फ से ढंकी होती है पायलट

के पास उड़ान के दौरान अंदाजा लगाने के लिए कोई प्वाइंट नहीं होता। जबकि दूसरी जगहों पर कम से कम कोई चट्टान, कोई घाटी या समतल जमीन से उसकी पहचान की जा सकती है, पर ग्लेशियर पर कुछ नहीं होता सिवाय दूर–दूर तक फैली बर्फ की सफेद चादर के। पायलट को कई बार दिशाभ्रम भी होने लगता है क्योंकि चीजें थ्री की बजाय टू डाइमेंशन में ही दिखती हैं। एक पायलट के मुताबिक... व्हाइट आउट वैसे किसी दिन हो सकता है जब आसमान में बादल हों और वो भूरा दिख रहा हो, ऐसे में जमीन–आसमान मिलकर एक से दिखने लगते हैं, तब वहां धूप में चमकने वाली खुली चट्टानें, बोल्डर या पहाड़ी नहीं होती जिससे कि फर्क महसूस किया जा सके। पायलट को अपनी ऊंचाई को लेकर भी सतर्क रहना पड़ता है ताकि बहुत ज्यादा ध्यान लगाने से कई बार सम्मोहन के हालात हो जाते हैं।

लेकिन अगर पायलट मुश्किल झेलते हैं तो मशीन भी पीछे नहीं। लद्दाख के इलाके में इतनी ऊंचाई पर और लगातार चल रहे ऑपरेशन की वजह से चीता के दस्ते में कई बार इंजन से लेकर उसकी बनावट तक में गड़बड़ी होती रहती है। बेहद कम तापमान, तेज हवाएं और पतले वायुमंडल की वजह से अक्सर हेलीकॉप्टरों के ढांचे को नुकसान पहुंचता है। आर्मी एविएशन और वायुसेना के पायलट और टेक्निकल ऑफिसर अक्सर इनमें कई तरह खामियां देखते हैं जिनमें ट्यूबलर मेंबर्स में दरार, जोड़ों का वेल्डिंग से उखड़ना, गास्केट और सील जैसे रबर के पुर्जों का नाकाम होना शामिल है। इंजन पर थर्मल दबाव काफी ज्यादा होता है और इनके जवाब देने का खतरा बना रहता है जैसा कि एक बार अमर पर हो चुका है।

जमीन पर रहने वाले टेक्निशियन की भूमिका शायद सबसे ज्यादा लद्दाख में अहम होती है। क्योंकि उतने मुश्किल हालात में उड़ान भरने के लिए जरा सी भी चूक की गुंजाइश नहीं होती। रोजाना 6 घंटे की उड़ान और वो साल के 365 दिन का मतलब है टेक्निकल और ग्राउंड स्टाफ का हमेशा मुस्तैद रहना। 114 HU वायुसेना के किसी भी दूसरी यूनिट के मुकाबले करीब चार गुना ज्यादा उड़ान भरती है। ऐसे में टेक्निशियन को उड़ान के लिए तमाम जरूरतें पूरी करनी होती है। शून्य से नीचे के तापमान पर हाथ से काम करना मुमकिन नहीं है। हम में से ज्यादातर

नहीं जानते की बहुत ज्यादा ठंड से कोल्डबर्न हो सकता है। धातु की बनी किसी भी चीज को हैंडल करने के लिए काफी सतर्कता बरतनी होती है। अगर नंगे हाथों से मेटल को ज्यादा देर तक छुआ जाए तो जिस्म से चमड़ी किसी छिल्के की तरह अलग हो सकती है। लिहाजा मैकेनिकल काम बिना दस्ताने पहने नहीं किए जा सकते।

आमतौर पर 114 HU के दिन की शुरुआत सूर्योदय के एक घंटे पहले हो जाती है, टेक्निशियन मशीनों की बारीकी से जांच कर उन्हें उड़ाने के लिए तैयार करते हैं। कोई जोखिम नहीं लिया जाता, अगर जरा भी गड़बड़ी दिखी तो हेलीकॉप्टर को उड़ान से रोक लिया जाता है। रिटायर्ड एयर मार्शल केसी करियप्पा हेवी लिफ्ट Mi–8 टीम के सदस्य रह चुके हैं और 1981 में कर्नल कुमार के अभियान में मददगार भी रहे, उन्होंने बाद में 1992 में 114 HU पायलटों के साथ चार दिन बिताए और वहां मौजूद पायलटों और सेना के जवानों का समर्पण और जज्बा देखकर हैरान रह गए।

1999 में एयरमार्शल करियप्पा ने फ्लाइट सेफ्टी मैगजीन के लिए एक लेख में अनुभवों को लिखा... दिन की शुरुआत सुबह 7.30 बजे लेह से

आसमान में किसी छोटे परिंदे की तरह लेकिन सियाचिन के लिए सबसे अहम

चलकर 18,000 फीट ऊंचे खारदूंग ला को पार करने के लिए टेकऑफ से होती है, इसके बाद की उड़ान संकरी चट्टानी घाटियों और कई बार तीखी ढलानों के बीच होती, रिलैक्स करने जैसी कोई चीज नहीं होती क्योंकि हम हमेशा जमीन के करीब होते थे और किसी भी गड़बड़ी की हालत में चॉपर को क्रैश होने से बचाने के लिए फौरन प्रतिक्रिया जरूरी होती है। एक बार दर्रा पार कर गए तो मैंने राहत की सांस ली, आगे का रास्ता बेसकैंप तक लंबी ढलान का है जहां खत्म हो रहे ग्लेशियर से नुब्रा नदी निकलती है।

गर्मियों में बेस कैंप काफी गंदा दिखता है, इसका गहरा भूरा रंग किसी पर्यावरणविद के लिए दुस्वप्न से कम नहीं क्योंकि पिघलती बर्फ कूड़े कचरे को छोड़ जाती है, लेकिन जाड़े में सिर्फ उन खड़ी चट्टानों को छोड़ जिनपर बर्फ नहीं जम पाती, सब कुछ सफेद चमकती चादर में तब्दील हो जाता है, बेस कैंप पहुंच कर हमें रुकना था, हेलीकॉप्टर में ईंधन भरना था और मुश्किल से 25 किलो वजन की डाक या दूसरी सप्लाई पोस्ट तक पहुंचानी होती है। आगे के उड़ान में ग्लेशियर भूरे से अपने असली रंग में दिखने लगता है, चमचमाता सफेद। धूप में हम नीचे चमकते नीले छोटे बिंदुओं को देख रहे थे, वहां से नीचे देखना अद्भूत था, जमी हुई और अनंत गहराई, बर्फीली खतरनाक खाईंयां जहां राहत और बचाव की कोई गुंजाइश नहीं लगती। थोड़ी–थोड़ी देर पर हमें ग्लेशियर पर आगे बढ़ते सैनिकों की टुकड़ियां देखने को मिलती, जो एक दूसरे से रस्सियों से जुड़े हुए थे, ताकि किसी खाई में फंसने पर सुरक्षित रह सकें।

करीब 20 मिनट की उड़ान के बाद हमें अपनी मंजिल पर पहुंचने का पहला संकेत तब मिला जब वहां मौजूद जवानों ने हेलीकॉप्टर की आवाज सुनकर स्मोक कैंडल जलाई ताकि हमें हवा की दिशा और रफ्तार का अंदाजा मिल सके। जमीन पर लैंडिंग पहले बार में ही एकदम सटीक होनी चाहिए, क्योंकि पतली हवा में सबकुछ बेहद क्रिटिकल होता है, उतरने का एंगल, नीचे उतरने की रफ्तार, चॉपर का वजन, कहीं कोई गलती नहीं होनी चाहिए। जमीन छूने पर इंजन की रफ्तार घटा ली जाती है, चंद सेकेंडों में ही जवान सामान उतार लेते हैं और हम वापस बेसकैंप के रास्ते पर लौट जाते हैं। यहां वक्त बेहद कीमती होता है क्योंकि कोशिश ज्यादा से ज्यादा फेरे लगाने की होती है, क्या पता कब मौसम

कुदरत की चुनौतियां

का मिजाज बिगड़ जाए। दूसरे फेरे में वजन बढ़कर करीब 50 किलो हो जाता है क्योंकि तबतक उतने ईंधन की खपत हो चुकी होती है। ऐसे चार या पांच फेरे के बाद इंजन बंद कर दोबारा ईंधन भरा जाता है और इस दौरान टेक्निशियन चॉपर को अगले कुछ फेरों के लिए तैयार करते हैं। इस बीच हमें भी चाय का गर्म मग और कुछ खाने का मौका मिल जाता है। इसके बाद हम अगले कुछ फेरों के लिए दोपहर 1बजे फिर उड़ान भरते हैं। यहां की बनावट की वजह से घाटी हवाओं के लिहाज से बेहद उथल–पुथल वाली होती है, यहां ताकतवर वर्टिकल करेंट होती है जो पूरे हेलीकॉप्टर को तिनके की तरह उड़ा सकती है।

और अब कुछ हैलीपैड के बारे में... ये आमतौर पर 14,000 फीट से 21,000 फीट की ऊंचाई पर हैं, जो सैनिकों के अनगिनत बूटों की चोट खाकर सख्त होते हैं और उसके बाद ऊपरी सतह को लकड़ी के तख्तों से ढंक कर सख्त जमीन तैयार कर ली जाती है जो चॉपर का वजन संभाल सके। ये करीब 15 वर्ग फीट के आकार के होते हैं जो आसमान से माचिस की डिबिया जैसे दिखते हैं, जैसा की वो वाकई होते भी हैं। गर्मियों के महीनों में लैंडिग करते वक्त अगर एंगल कम रहा तो हैलीपैड जमीन के साथ मिल जाते हैं, लेकिन जब आप लैंड

करते हैं तो लगता है चॉपर किसी टेबल पर है जो आसपास की जमीन से करीब डेढ़ फुट ऊंचा है। ऐसे में सतर्कता जरुरी है क्योंकि जरा सी चूक भी भयानक हादसा करा सकती है।

गर्मियों के ऑपरेशन हमेशा से खतरनाक माने जाते रहे हैं क्योंकि पायलट के पास जाड़े के मुकाबले इंजन की कम ताकत होती है। इसे ऐसा समझा जा सकता है कि मैदानों में चलने के लिए ट्यून हुई किसी कार को जब पहाड़ों पर लाया जाए। पूरे इलाके में अनगिनत खाइयां आड़े तिरछे होकर बिछी हैं जहां किसी हादसे की हालत में बचाव भी मुमकिन नहीं और ये हादसा हेलीकॉप्टर क्रैश भी हो सकता है। जाड़े में हालत दूसरी होती है, इंजन बेहतर काम करता है और हेलीपैड भी थोड़ा बड़ा लगता है क्योंकि बर्फ इसकी ऊंचाई और आकार को बढ़ा देती है और यहां तक कि खाइयां भी लापता हो जाती है...

यही वो हालात है जिसका सामना हमारे सैनिक सियाचिन ग्लेशियर में करते हैं, उनकी बहादुरी हिम्मत और जज्बे की जितनी भी तारीफ की जाए वो कम है।

बात के सालों में आर्मी ने भी चीता और आर्मी एविएशन पायलट हासिल कर लिए, वायुसेना के उन सहयोगियों के साथ जो सियाचिन ग्लेशियर पर तैनात सेना के जवानों की मदद के लिए हर मुश्किल हालात और मौसम में हमेशा तैयार रहे हैं।

Mi–17, भारी सामान ढोने के लिए

चीता हेलीकॉप्टर

हर मौसम में उड़ान

सबसे दुर्गम इलाके में अहम सप्लाई

VIII

साजोसामान और सप्लाई लाइन

"यहां हेप्टर, डॉक्टर और पोर्टर हमारे असली भगवान हैं"

मार्च में, जब वित्तीय साल खत्म होने को होता है, भारत सरकार के तमाम विभाग और संस्थाएं अपने बही खातों में उलझी होती हैं।

वहीं लेह के 14 कॉर्प्स हेडक्वार्टर में, हथियार और सप्लाई के इंचार्ज 2 ब्रिगेडियर आमदनी और खर्चे का हिसाब मिलाने से भी ज्यादा जरूरी कुछ मसलों में उलझे होते हैं।

जाड़े में कमी के पहले लक्षण दिखते ही बॉर्डर रोड ऑर्गनाइजेशन यानी BRO के इंजीनियर लद्दाख को बाकी देश से जोड़ने वाले दो अहम दर्रे जोजीला और बारालाचा ला को खोलने नीचे उतर आते हैं और दो ब्रिगेडियर अगले पूरे साल के लिए तय हुई तमाम सप्लाई की मूवमेंट पर नजर रखने लगते हैं।

हालांकि जोजी ला और बारालाचा ला अगले अप्रैल तक हेवी ट्रैफिक के लायक नहीं होता, सड़क जाड़े के छह महीने 8–10 फीट बर्फ के नीचे दबी होती है। मौसम की इन शर्तों की वजह से लद्दाख में सप्लाई के लिए ट्रकों का टाइम टेबल कुदरत ने ही टांग रखा है, जिनके जरिए हर तरह के सामान जिनमें टेंट और गर्म कपड़ों से लेकर हथियार और फलों के रस से लेकर हाई कैलोरी वाले चॉकलेट तक शामिल हैं।

खारदूंग ला टॉप

यहां अप्रैल से नवंबर तक का ही वो वक्त होता है जब आप पूरे साल के लिए सामान स्टोर कर सकते हैं, नहीं तो उसके बाद दर्रे बंद हो जाते हैं। सच तो ये है कि लद्दाख में मौजूद 60,000 सेना के जवानों के लिए जरूरी सप्लाई बनाए रखना दूसरी जगहों के मुकाबले कई गुना मुश्किल काम है। दरअसल इसकी प्लानिंग 18 महीने पहले से ही शुरू हो जाती है। दो ब्रिगेडियरों ने मुझे इस बेहद पेंचीदे ऑपरेशन को तफसील से बताया। सेना ने लंबी सप्लाई चेन में अहम जगहों पर हथियारों के भंडार रखे हैं। जैसे ही इस बात के संकेत मिलते नहीं कि दर्रे खुल गए हैं और रोड दुरुस्त हो गया है, हर तरह के सामान लेकर ट्रकों की गतिविधियां शुरू हो जाती हैं। सफर, लोडिंग और अनलोडिंग का क्रम एक साल पहले ही तैयार हो चुका होता है।

गाड़ियों के काफिले पंजाब के मैदानों से अपनी मंजिल के मुताबिक जम्मू और हिमाचल में प्रवेश करते हैं, जहां से आगे का इनका सफर ऊंचे दर्रों से होकर गुजरता है। सेना के हथियार और सप्लाई ब्रांच के ऑफिसर इनमें व्यस्त होते हैं। उन्हें लद्दाख आ रहे काफिले पर नजर रखनी होती

लेखक खारदूंग ला में (अक्टूबर 2013)

है चाहे वो मनाली दूबारालाचा ला लेह रोड से आ रहे हों या फिर जम्मू–बनिहाल–श्रीनगर–जोजीला ला–कारगिल–लेह रोड से। लंबी दूरी और तंग मुश्किल रास्ते ट्रक ड्राइवरों के लिए चुनौतियां और बढ़ा देते हैं। गर्मियों के महीने में इन सड़कों से गुजरने वाले पर्यटकों का सामना अक्सर उन काफिलाओं से होता है या कई बार इनकी वजह से ट्रैफिक तक जाम हो जाता है, लेकिन अगली बार अगर आपके रास्ते में ऐसा

सियाचिन बेस कैंप में जवान

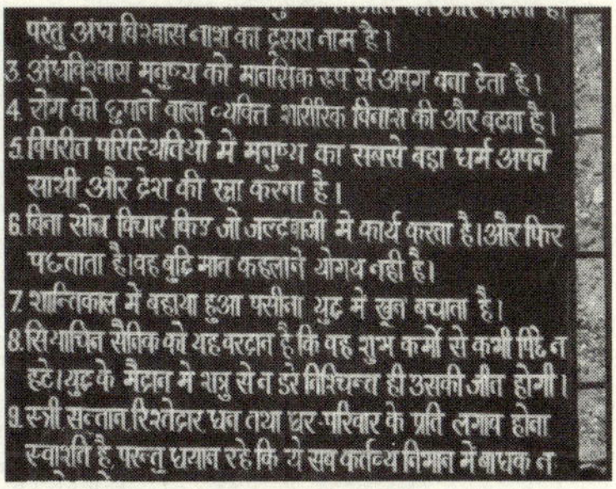

बेस कैंप में अंधविश्वास से सावधानी का बोर्ड

कोई ट्रक आ जाए तो ये बात जरूर सोचिएगा कि वो कौन सी जिम्मेदारी निभा रहे हैं। ट्रक ड्राइवर बिना किसी शिकवा शिकायत के इतनी ऊंचाई पर जोखिम उठाते हैं, नहीं तो लद्दाख के ठंडे सख्त धरातल पर तैनात जवानों को वक्त पर सप्लाई नहीं मिल पाएगी।

सियाचिन के लिए ट्रकों को एक और बड़ी बाधा पार करनी होती है। उन्हें दुनिया की सबसे ऊंची सड़क से खारदूंग ला होकर गुजरना होता है, जो 18,380 फीट की ऊंचाई पर है। उसके बाद 200 किमी ऊंची नीची घुमावदार सड़कों से होकर सियाचिन बेसकैंप तक पहुंचते हैं। हालांकि सारे ट्रक सियाचिन बेस कैंप तक नहीं जाते, दशकों के दौरान सेना ने बीच में ही कई ऐसी जगहें तैयार कर ली है जहां हथियार या सामान को उनकी अहमियत और जरूरत के मुताबिक स्टॉक किया जाता है। हर तीन महीने पर ये स्टॉक आगे खिसकाकर या तो आखिरी मुकाम तक पहुंचा दिए जाते हैं या फिर बीच में कहीं ट्रांजिट पर रखे जाते हैं। एक अनुमान के मुताबिक लद्दाख में सालाना 180,000 टन सामान की जरूरत होती है।

जाड़ों की पूरी पोशाक में सियाचिन बैटल स्कूल पर निर्देश लेते जवान

खास बूट

दस्ताने एवं ऐनक

लालफीताशाही से वर्षों चली खींचतान के बाद ऊंचाई पर मौजूद सैनिकों के लिए स्पेशल राशन दिए जाते हैं, लद्दाख में ऊंचाई के आधार पर दो तरह के बंटवारे हैं, पहली कैटेगरी में वे जवान हैं जो 9,000 फीट से 12,000 फीट के बीच तैनात हैं और दूसरे वे जो 12,000 फीट या उससे ऊपर तैनात हैं। सियाचिन की बात करें तो बेस कैंप 12,000 फीट की ऊंचाई पर है, पूरे अध्ययन और शोध के बाद ये तय किया गया कि सियाचिन में तैनात हर सैनिक को रोजाना 6,000 कैलोरी का आहार

भारी साजोसामान को ऊँचाई पर ले जाने को तैयार Mi-17

मिलना चाहिए। लिहाजा उनके लिए खासतौर से चुने हुए आइटम जिसमें चॉकलेट, पेय, अंडे, सूखे मेवे खासतौर पर हवाई रास्ते से वहां पहुंचाए जाते हैं। सैनिकों को करीब एक दर्जन चीजों में से अपनी पसंद की खाने की चीज चुननी होती है जो कम ऊंचाई पर तैनात जवानों के खाने से अलग होती है।

सियाचिन में तैनात होने वाली हर बटालियन को फ्रेश सप्लाई दी जाती है। साल में 12 यूनिट सियाचिन पर तैनात होती है जो दूसरे अंगों से आते हैं। इसकी वजह से औसतन करीब 15–20 हजार सैनिक एक साल में बारी बारी से सियाचिन पर तैनात होते हैं। इसमें कैटेगरी 1 और कैटेगरी 2 के चीजों की सप्लाई सबसे ऊपर होती है। इसमें बर्फ के लिए गर्म कपड़े, 3 जोड़ी मोजे, जैकेट डाउन, ट्रिपल लेयर स्नो सूट और बर्फ की कुल्हाड़ी और दूसरे साजोसामान शामिल होते हैं। इनमें से किसी का भी दोबारा इस्तेमाल नहीं होता।

सामानों की सप्लाई चेन में गलती की गुंजाइश नहीं होती, जब ट्रक अलग अलग जगहों पर सामान उतारते हैं तो उन्हें हवाई ढुलाई, पैराशूट से ड्रॉपिंग के हिसाब से बांट लिया जाता है। उन्हें डिस्पैच के क्रम के हिसाब से स्टोर किया जाता है, अब चाहे बर्फीला तूफान हो या बर्फ गिरे सामान की सप्लाई रोजाना होती है।

ग्लेशियर पर उड़ान भरता An-32

सबसे ऊँचे पोस्ट पर उड़ान

दूर के एक पोस्ट पर लोड ड्रॉपिंग

एक बार जब सामान को चुनकर अलग अलग जगहों के लिए जमा कर लिया जाता है उसके बाद जिम्मेदारी हेलीकॉप्टरों की होती है। सबसे भारी सामान Mi–17 के जरिए जाता है लेकिन वो छोटे हेलीपैड पर नहीं उतर सकते, वे इतनी ऊंचाई पर होवर नहीं कर सकते लेकिन ग्लेशियर पर गन, हथियार, टेंट, स्नो स्कूटर्स और कल पुर्जे गिराने के लिहाज से वो सबसे अहम हैं। दरअसल समस्या इन मशीनों में नहीं सियाचिन

के मौसम में हैं जिसके बारे में कोई सोच भी नहीं सकता। भारी वजन उठाने वाले Mi–17 उतने ही अहम हैं जितने की हल्के चीता। Mi–17 तीन जगहों से ऑपरेट होते हैं, लेह, थोइस और बेसकैंप, इनका सालोभर बेहद व्यस्त रुटीन होता है। इसके अलावा पुराने लेकिन भरोसेमंद An–32 मालवाहक विमान भी हैं जिनका बेस चंडीगढ़ है। ऑपरेशन मेघदूत के एकदम शुरुआती दिनों से ही इन प्लेनों की सप्लाई चेन में बड़ी अहम भूमिका रही है। An–32 भारी सामानों को ले जाता है और पैराशूट की मदद से ग्लेशियर पर ड्रॉप कर देता है। ट्रांसपोर्ट एयरक्राफ्ट और Mi–17 इन दोनों के जरिए ही सामानों की ड्रॉपिंग देखने लायक होती है, लेकिन जमीन पर मौजूद सैनिकों के लिए इनपर नजर रखना और हासिल करना भी एक बड़ा काम होता है। जैसा कि 1995 में 4 गढ़वाल के कमांडर रह चुके लेफ्टि जनरल (रिटा) अता हसनैन याद करते हैं, उत्तरी ग्लेशियर पर उन दिनों पोर्टर्स नहीं होते थे. सामान ढोने का सारा काम सैनिकों को ही करना होता था, ड्रॉप का काम आमतौर पर सुबह में होता है, नब्बे के दशक में दूसरे भारी सामानों के अलावा किरोसिन के जेरी केन की

'पिलारेड' हैलीपैड पर चीता हेलीकॉटर

घटियों से सामान लेने में कई बार कई–कई दिन लगते हैं

स्नो स्कूटर, ग्लेशियर पर सच्चा मददगार

जरूरत गर्मी बनाए रखने के लिए होती थी, जिसे Mi–17 या An–32 के जरिए नारंगी या लाल रंग के पैराशूट से पोस्ट के करीब गिराया जाता था। पोस्ट पर गिरने वाले सामानों पर नजर रखने के सारे बंदोबस्त होते थे। जैसे ही हेलीकॉप्टर या प्लेन सामान गिरा कर जाते थे, जमीनी सैनिकों का काम शुरू हो जाता, वे पहले से ही जगहों पर निशान लगाकर रखते थे, कुछ स्नो स्कूटर लेकिन ज्यादातर पैदल एक दूसरे को रस्सियों से बांधे पैराशूट गिरने वाली जगह पर पहुंचते, स्लेज से सामान को बांधते या फिर स्नो स्कूटर से जोड़कर खींचते हुए स्टोर तक ले आते। इस वक्त सैनिकों के बर्फीली खाइयों में गिरने का बहुत ज्यादा खतरा होता था। खासकर गर्मियों के मौसम में जब वो बड़ी संख्या में खुले होती।

बर्फ पर आने जाने के लिहाज से स्नो स्कूटर सबसे कारगर हैं, उन्हें ऑपरेशन के शुरुआती दिनों यानी 1984–85 में नॉर्दन कमांड के कहने पर लाया गया था। लेकिन भारत की बदनाम लालफीताशाही ने इसे आसानी से मुहैया कराने के बजाय बेतुकी वजहों का हवाला देकर इसकी खरीद में खासी देर की। जैसा कि लेफ्टिनेंट जनरल वीआर राघवन ने लिखा है... सेना ने पाया है कि स्नो स्कूटर काफी मददगार हो सकते हैं इससे वक्त और मेहनत दोनों ही बचती है स्नो स्कूटर एक सरल तकनीक पर बने होते हैं, सस्ते होते हैं और दुनिया के बाजार में आसानी से उपलब्ध हैं। इनके लिए वैसे जटिल कायदे कानून अपनाने की जरूरत नहीं जैसा कि प्लेन और टैंक की खरीदारी में होता है, स्नो स्कूटर्स बर्फीले मैदानों में इस्तेमाल के लिए होते हैं ग्लेशियर के लिए नहीं लिहाजा ग्लेशियर पर उसके कलपुर्जे जल्दी घिसते हैं, उनकी बहुत ज्यादा संख्या में जरूरत भी नहीं थी बल्कि कुछ दर्जन ही सालतोरो में जरूरतों को पूरा करने के लिए काफी थे। इतने आसान से मामले को भी रक्षा मंत्रालय के बाबुओं ने बेहद मुश्किल और पेंचीदा बना दिया।

पहला सवाल उनके ब्रेकडाउन को लेकर था, फिर इसे इस्तेमाल करने वालों की ट्रेनिंग को लेकर, फिर कुलियों के मुकाबले उन पर आने वाली लागत पर सवाल थे। वे सारी खरीद एक साथ करना चाहते थे। कुछ साल के इन्कार के बाद जब एक मौके पर कुछ स्नो स्कूटर्स खरीदे गए तो कई सैनिकों ने अपने रेजिमेंट में भगवान की प्रार्थना कर शुक्रिया अदा किया। इस बात से इतना तो जरुर पता चलता है कि बहादुर सैनिक

सियाचिन ग्लेशियर पर जॉर्ज फर्नांडीस, 34 बार दौरा करने का रिकार्ड!

दिल्ली में बैठे असंवेदनशील बाबुओं की दखलंदाजी कम करने के लिए किस हद तक भगवान पर निर्भर थे।

1998–2004 के बीच एनडीए सरकार में रक्षा मंत्री रहे जार्ज फर्नांडीस की निजी दिलचस्पी की वजह से स्नो स्कूटर्स की खरीद में तेजी आई, फर्नांडीस जिन्हें लोगों ने सियाचिन मंत्री की उपाधि दे रखी थी। उन्होंने सैनिकों की हौसलाअफजाई के लिए सियाचिन की यात्रा की और मंत्रालय के बाबुओं को एक आदेश देकर करारा झटका दिया जिसके मुताबिक उन्हें खुद सियाचिन जाकर वहां एक हफ्ता बिताने को कहा गया था।

जून 1998 में एक अंतरराष्ट्रीय न्यूज एजेंसी ने लिखा... "एक साल से भी ज्यादा वक्त से तीन भारतीय अफसर सियाचिन ग्लेशियर इलाके के लिए मांगे गए स्नो मोबाइल के मामले की अनदेखी करते रहे और अब नाराज रक्षा मंत्रालय ने उन लोगों को उसी जगह भेजा है जो साइबेरिया की तरह है।"

The Pioneer अखबार ने रक्षा सूत्रों के हवाले से ये खबर छापी कि अप्रैल में सियाचिन के दौरे से लौटे रक्षामंत्री नौकरशाहों के इस रवैये से बेहद नाराज हुए कि उन्होंने 10 स्नोमोबाइल की खरीद के मामले को लंबे समय

से अटका रखा है। फर्नांडीस ने सालाना कम से कम 10 स्नोमोबाइल हर साल सियाचिन भेजने का निर्देश देते हुए रक्षा मंत्रालय के अफसरों को ये आदेश दिया कि वो कम से कम एक हफ्ता सियाचिन जाकर बिताएं ताकि उन्हें सैनिकों की जरूरतें और चुनौतियों का अंदाजा लग सके।

द टाइम्स ऑफ इंडिया ने आगे कहा कि इस तरह की पोस्टिंग सिर्फ फर्नांडीस के कार्यकाल में ही हो सकती है, जिन्होंने नई सरकार में दो महीने पहले ही रक्षामंत्री का कार्यभार संभाला है।

असल में रक्षामंत्री रहते हुए जार्ज फर्नांडीस ने सियाचिन के करीब तीन दर्जन दौरे किए, उनके एक दौरे के बारे में मनोज जोशी ने इंडिया टुडे के अक्टूबर 1998 अंक में लिखा... ये 40 साल के किसी शख्स के लिए सजा हो सकती है लेकिन इस साल अपना 69वां जन्मदिन मना चुके रक्षामंत्री मंत्री जार्ज फर्नांडीस के लिए ये बात मायने नहीं रखती थी।

सियाचिन के आखिरी दौरे में, जहां एक स्वस्थ आदमी भी जाने से कतराता है, सुबह के 4.30 बजे जॉर्ज उधमपुर एयरपोर्ट पर थे जहां से एक घंटे बाद उनकी फ्लाइट थी। सुबह 7 बजे वे लेह पहुंचे।

जवानों के साथ ग्लेशियर पर जॉर्ज फर्नांडीस

स्थानीय दूरदर्शन केंद्र के अफसरों से मुलाकात के बाद उन्होंने लंच किया और खारदूंग ला होते हुए सड़क से आगे निकल चले। दुनिया की सबसे ऊंची सड़क पर उन्होंने अपने साथ गए पत्रकारों के साथ एक कांफ्रेंस की, बावजूद इसके कि साथ मौजूद सैन्य अधिकारी हाइपोक्सिया के खतरे की वजह से इसके लिए मना करते रहे।

शामतक वो परतापुर पहुंचे, जो सियाचिन ब्रिगेड का हेडक्वार्टर है, अपने सफर के दौरान वो रुक रुक कर स्थानीय लोगों और जवानों से बात करते रहे, परतापुर में वे सबसे पहले अस्पताल देखने गए और अपनी छोटी सी नोटबुक पर लिखते रहे।

डिनर के बाद वो आधीरात 12 बजे तक जवानों से बात करते रहे, फिर रात के 2 बजे तक फाइलें देखीं और सुबह 6.30 बजे हेलीकॉप्टर पर सवार होकर ग्लेशियर के ऊंचाई वाले हिस्सों पर पहुंच गए।

उनके लिए कम से कम खास बंदोबस्त किए गए थे, सड़क के सफर के दौरान वो हमेशा अगली सीट पर ड्राइवर के बगल में बैठते, सुरक्षा के कोई विशेष इंतजाम नहीं थे, यहां तक खाना खाते वक्त भी अलग टेबल पर बैठने की बजाय जॉर्ज जवानों के बीच ही रहे।

सियाचिन में जॉर्ज फर्नांडीस की दिलचस्पी का एक फायदा ये हुआ कि स्नो मोबाइल्स की सप्लाई को लेकर आगे कोई मुश्किल नहीं हुई।

दरअसल 2010 में रक्षा मंत्रालय ने दावा किया कि... रक्षा मंत्रालय ने 20 स्नोमोबाइल की खरीद के लिए फिनलैंड की M/s BRP से दिसंबर 2010 में कांट्रैक्ट साइन किया जिन्हें तीन महीने के रिकार्ड टाइम में मार्च 2011 में सियाचिन में तैनात कर दिया गया।

जार्ज फर्नांडीस के हर छह महीने पर सियाचिन दौरे की आदत बनाने से पहले मंत्री और सेना प्रमुख कभी कभार ही वहां जाते थे। दिसंबर 1997 से 1999 तक सियाचिन ब्रिगेड के कमांडर रहे लेफ्ट जनरल पीसी कटोच बताते हैं कि... जब मैंने सियाचिन ब्रिगेड की कमान संभाली, मुझे बताया गया कि रक्षा मंत्री और चीफ दो तीन साल में कभी एक बार वहां आता है, जब मैं वहां अटैचमेंट पर था तब मुलायम सिंह यादव वहां अपने आखिरी दौरे पर आए थे। जब उन्होंने वहां चार INMARASAT (सैटेलाइट

फोन) दिए और इसके अगले ही दिन खबरों की सुर्खियां बनी... *सियाचिन में संचार समस्या सुलझी।* दरअसल उन दिनों सियाचिन वाकई बेहद उपेक्षा का शिकार था। वे भी सियाचिन को तवज्जों देने का सेहरा जार्ज फर्नांडीस के सर बांधते हैं।

ब्रिगेडियर (बाद में लेफ्टि जनरल) पी सी कटौच

ग्लेशियर पर ब्रिगेडियर कटौच

1998 में अपनी दूसरी सियाचिन यात्रा के दौरान फर्नांडीस उन तीन शवों के बरामद होने की घटना के गवाह बने, जो महीनों बाद सेंट्रल ग्लेशियर की बर्फीली खाइयों से मिले। शवों की ऊपरी त्वचा पूरी तरह से अलग हो चुकी थी जिसे देखकर फर्नांडीस अंदर से हिल गए। वे इकलौते ऐसे रक्षामंत्री रहे जिन्होंने सियाचिन के हर एक उस पोस्ट का दौरा किया जहां हेलीकॉप्टर उतर सकता था। ताकि वहां तैनात जवानों की मुश्किलों और जरूरतों को समझ सके, जनरल कटोच ने ये बात मुझसे 2013 में कही।

सियाचिन में तैनाती के पहले दो दशकों के दौरान, लालफीताशाही सबसे बड़ी रुकावट के तौर पर सामने आई। जरनल कटोच याद करते हैं... हर जाड़े में गर्म कपड़े मौसम की शुरुआत के काफी बाद आते (मैंने खुद 1997, 1998, 1999 की सर्दियों में ऐसा होते देखा है), खासकर मोजे और दस्ताने। दिल्ली में सालाना खरीद रिव्यू को लेकर एक बेतुका सिस्टम ये है कि इसकी शुरुआत हमेशा नए वित्तीय वर्ष यानी अप्रैल में होती है। जिस वक्त तक सामान सैनिकों तक पहुंचते हैं सितंबर आखिरी या अक्टूबर शुरू हो चुका होता है। सेना/कमांड/कॉर्प्स/डिविजन स्तर पर रिजर्व रखने का कोई सिस्टम नहीं है ये बात जानते हुए भी कि ग्लेशियर पर बेहद खराब मौसम के बीच इतनी बड़ी संख्या में जवान तैनात है। तब ये जानकर बेहद दुख होता था कि विदेश से आयात होकर आए सामानों के क्वालिटी चेक के लिए दिल्ली में वक्त आगे टलता जा रहा है जबकि उसी वक्त सियाचिन में जवान बर्फीले मौसम का शिकार हो रहे हैं। वहां आने वाले तमाम वीआईपी से जबरदस्त विरोध जताने के बावजूद कुछ नहीं हुआ। मुझे बताया गया कि अब हालात में काफी सुधार हुआ है।

सप्लाई चेन में अब काफी सुधार आया है और देश की सेना में अब सियाचिन की प्राथमिकता शायद सबसे ऊपर है।

ट्रक, Mi–17, और An–32 सामानों को ग्लेशियर की दहलीज तक लाते हैं, लेकिन उन्हें सैनिकों तक पहुंचाने का काम आखिरकार चीता और उनके पायलटों के जरिए ही होता है। हल्के और हर हालात में कारगर चीता, भारतीय वायुसेना और आर्मी एविएशन के पायलट की भूमिका सबसे अहम रही है। चीता तो खैर सियाचिन की पहली तैनाती से ही इसका पर्याय बनकर रह गया है। दिन की शुरुआत से जब पहला ऑपरेशन शुरू होता है, ईंधन से भरी टंकी के साथ चीता मुश्किल से 20 लीटर का एक जेरीकेन लेकर ही जा पाता है। मान लीजिए चीता सबसे ऊंचे सोनम या अमर पोस्ट पर जा रहा हो तो ये अपने साथ एक जेरीकेन और सैनिकों की चिट्ठियों का बैग ही ले जा सकता है जो उनके परिवार वाले भेजते हैं।

लौटते वक्त उस जेरीकेन और खाली हुए ईंधन की जगह पर छुट्टी जा रहे किसी जवान का बैग बेसकैंप तक ले आता है। दूसरी खेप में जाते वक्त दो जेरीकेन और लौटते में पहले सामान भेज चुके सैनिक को लेकर

उड़ान पर चीता

आता है। ये सिलसिला दोपहर तक चलता है। इस तरीके से आधे दर्जन सैनिकों को लाने ले जाने में करीब 20 फेरे लगाने होते हैं, इससे ही बेहद पतली हवा वाले आसमान में उड़ान की मुश्किलों का अंदाजा लगाया जा सकता है। गर्मियों में जब तापमान बढ़ता है तब सामान ढोने की क्षमता और जरूरतों के बीच तालमेल बिठाने की मुश्किलें दूनी हो जाती हैं। तापमान बढ़ने से ऊंचाई पर हवा और भी पतली हो जाती है जिससे हेलीकॉप्टर की ताकत कम हो जाती है। लिहाजा किसी आम हालात से अलग अगर कोई सैनिक जख्मी होता है तो राहत और बचाव में लगे पायलट को काफी जोखिम उठाना पड़ता है।

2013 में ग्लेशियर पर तैनात एक नौजवान ऑफिसर ने मुझे बताया कि... सर, सियाचिन में हेप्टर (हेलीकॉप्टर), डॉक्टर और पोर्टर ही हमारे असली भगवान हैं।

इससे ज्यादा सच बात और नहीं हो सकती।

बेशक शुरुआत में हेलीकॉप्टर के संसाधन बेहद सीमित थे, साउथ ब्लॉक के आर्मी हेडक्वार्टर में बैठे किसी स्टाफ ऑफिसर के लिए सियाचिन में तैनाती के लिए हेलीकॉप्टर की जरुरत को समझना वाकई बेहद मुश्किल था। जैसा कि 1980 की दशक में सियाचिन सेक्टर को कमांड कर चुके जनरल राघवन लिखते हैं... एक हालत आई जब हर हेलीकॉप्टर के घंटों

सुबह 5 बजे से दोपहर 12 बजे के बीच ज्यादा से ज्यादा उड़ान मुमकिन

का हिसाब लगाया गया। सेना और वायुसेना मुख्यालय में ये बात तय करने के लिए कई बैठकें हुईं कि सालतोरो पर हेलीकॉप्टर के दर्जनों घंटों की उड़ान खुशी की बात है या चिंता की। कई बार ऐसा भी होता है कि इसके लिए औपचारिक अनुमति की जरूरत नहीं होती लेकिन निजी तौर पर इसके निबटारे कर लिए जाते हैं।

मुश्किल भरे उन दिनों से हालात अब काफी बदल चुके हैं, आज भारतीय वायुसेना की 114 हेलीकॉप्टर यूनिट से अलग, लेह में आर्मी की भी दो विमान चालक टीमें मौजूद हैं, इनमें से एक स्वदेसी तकनीक से बनी और विकसित हुए हेलीकॉप्टर ध्रुव की है जो सियाचिन की सप्लाई को अबाध जारी रखने में मदद करता है।

जाड़े में फिसलन से बचाव के लिए

नुब्रा घाटी से ग्लेशियर की ओर

IX

निडर भारतीय सैनिक

"शानदार बहादुरी और हिम्मत यहां कोई बड़ी बात नहीं"

1988 की सर्दियों में 5 कुमाऊँ बटालियन सियाचिन गई। नौजवान कैप्टन गोपाल करुणाकरन, जो अभी शिव नडार स्कूल के डायरेक्टर हैं, तब ग्लेशियर की सबसे ऊंची पोस्ट में से एक सोनम पर अपनी कंपनी के कमांडर थे। एक दिन बेसकैंप कमांडर राजन कुलकर्णी (संजय से इनका कोई रिश्ता नहीं लेकिन ये भी उसी कुमाऊँ रेजिमेंट में कमीशंड थे) ने गोपाल को रेडियो सेट पर कहा कि उनके लिए केरल से एक टेलीग्राम आया है। गोपाल को सिर्फ एक चीज समझ में आई, क्योंकि केरल में घर पर रह रही पत्नी गीता पहले बच्चे की मां बनने वाली थी।

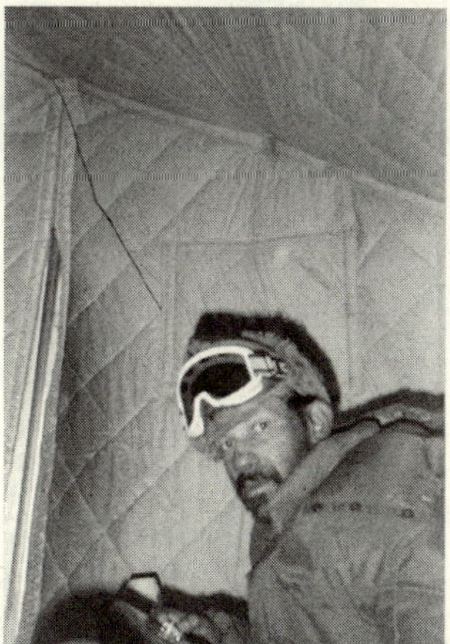

सोनम पोस्ट में कैप्टन (बाद में कर्नल) गोपाल करुणाकरन

राजन ने मुझसे पूछा कि क्या टेलीग्राम ऊपर पोस्ट पर भेज दूं। हम बीच सर्दी में थे जिसकी वजह से ये पक्का नहीं कहा जा सकता था कि चॉपर कल या परसों आएगा ही और गश्ती दल को

5 कुमाऊँ बेस कैंप पर

आने में एक हफ्ते से ज्यादा लगते। मन खबर जानने को मचल रहा था मैंने राजन को संदेश पढ़कर सुनाने को कहा। हम 5 कुमाऊँ वाले बड़े OG हैं (सभ्य, सौम्य, उसुल के पक्के)। अनौपचारिक और अभद्र भाषा

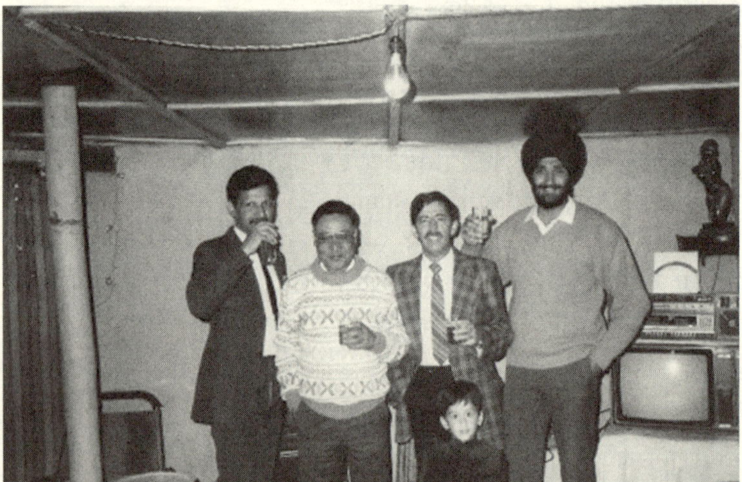

गोपाल (एकदम बायें), बेस कैंप में अपने दोस्तों से साथ

सियाचिन जाने से पहले कुमाऊँ जवान

का इस्तेमाल शायद ही कभी हो। तो जब राजन ने टेलीग्राम खोलकर उसमें लिखे संदेश को पढ़ा तो वो सीधे तौर पर मुबारकवाद देकर ये नहीं कहना चाहता था कि बधाई तुम्हें बेटी हुई है वगैरह वगैरह। उसने सिर्फ इतना ही कहा बधाई, तुम एक सच्चे 5 कुमाऊँ वाले हो। आसान शब्दों में अनुवाद है कि बेटी हुई थी। इसके बाद तो कुछ ऐसा हुआ कि अगली चौथाई सदी तक उस यूनिट में तैनात हर अफसर एक बच्ची का पिता बना। इतना ही नहीं और जितने भी लड़के पैदा हुए उनके जन्म के वक्त वे यूनिट से बाहर तैनात थे। गोपाल वे दिन याद करते हुए कहते हैं कि उन्हें बेटी पैदा होने के चौथे दिन खबर मिली थी।

उन दिनों ग्लेशियर पर तैनात जवानों के पास संचार का साधन सिर्फ टेलीग्राम ही हुआ करता था। आप अंदाजा लगा सकते हैं कि गोपाल को केरल में पैदा हुई अपनी बेटी की खबर कैसे मिली होगी। चूंकि तब हम सोनम में तैनात थे, लोगों ने कहा नाम सोनम होना चाहिए। हमारे घर पर गोपाल जिस शाम ये बातें बता रहे थे, उनकी वही बेटी प्रियंका अब आस्ट्रेलिया में पढ़ाई कर रही है।

पाव भाजी और चाय के दौरान नवंबर की उस शाम गोपाल ग्लेशियर पर अपनी तैनाती के दौर की हर चीज 25 साल बाद याद कर रहे थे। अगर

सोनम पोस्ट पर

प्रियंका की खबर सबसे बड़ी खुशी वाली रही तो एक दुखद घटना भी हुई जिसे वे भूल नहीं पाते। गोपाल अपनी यूनिट का एडजुटेंट था, जो हर यूनिट का एक अहम पद होता है। एक दिन एक नौजवान लेफ्टिनेंट और अब ब्रिगेडियर सुनील ने गोपाल से कहा कि सर, नौजवान राजन सिंह आपसे मिलना चाहता है, गोपाल ने उससे पूछा कि क्या बात है। सुनील ने कहा... सर वो बेहद शर्मीला है और डरा हुआ है लेकिन आपसे कुछ कहना चाहता है। तब गोपाल ने राजन सिंह को अपने टेंट में लाने को कहा।

राजन 18 साल का एक रंगरूट था, सीधा कुमाऊँ के पहाड़ों से आया, ट्रेनिंग के बाद पहली पोस्टिंग थी। उसने बड़ी अजीब सी मांग रखी, साहिब, जब पलटन वापस जाएगी तो मुझे एमटी (मोटर ट्रांसपोर्ट प्लाटून) में पोस्ट कीजिए।

लगा राजन ने शायद ही पहाड़ों में कभी कार या दूसरी गाड़ियों पर सफर किया हो, लेकिन सियाचिन के इस सफर में उसे प्लेन, ट्रक और जीप में चढ़ने को मिला तो अचानक ही उसका लगाव जाग उठा। गोपाल को इसे मानने में कोई हिचक नहीं थी और उसने हां कर दी ताकि वो गाड़ी के सफर का मजा लेता हुआ लौट सके।

राहत के लिए आते हेलीकॉप्टर का इंतजार

अगले दिन गोपाल और उसकी यूनिट की पहली खेप सोनम के लिए 20 दिनों के सफर पर निकलने वाली थी। जैसे ही वो 17,000 फीट की ऊंचाई पर बने कुमार बेस पहुंचा, HAPO की चपेट में आकर बेहद बीमार हो गया।

रात में 2.30 बजे मुझे नर्सिंग एसिस्टेंट के कॉल से राजन की हालत का पता चला तो मैं उसके पास गया और आधे घंटे बैठा। नर्सिंग एसिस्टेंट ने कहा कि हालत काबू में हैं क्योंकि उसे ऑक्सीजन दिया जा रहा है, उसने सुबह 4 बजे एक हेलीकॉप्टर की मांग भी कर दी थी। मुझे फिर जगाया गया, राजन की तबियत बिगड़ रही थी और पोस्ट पर ऑक्सीजन नहीं था जबकि हेलीकॉप्टर आने में अभी भी 90 मिनट बाकी थे।

सुबह 4.15 बजे राजन गुजर गया, एक बिलकुल फिट लड़का जिसे निर्दयी पहाड़ों ने माफ नहीं किया। तब हमें उन पहाड़ों में ऑक्सीजन और उन्हें वहां तक ले जाने वाले हेलीकॉप्टर की अहमियत समझ में आई। ग्लेशियर पर आने के फौरन बाद ही हमें ये हादसा देखना पड़ा लेकिन हम इसे किसी सैनिक की जिंदगी से जुड़े खतरे का हिस्सा मानते हैं। हमने एक भी बूंद आंसू नहीं बहाए और अगले 6 महीनों के लिए मुश्किलों और दुश्मनों से लड़ने की अपनी ड्यूटी निभाने आगे बढ़ गए।

और अब 25 साल बाद इलाज और बाहर निकालने की सुविधा में करिश्माई सुधार हुआ है। अब तकरीबन सारे पोस्ट पर HAPO बैग

उपलब्ध हैं, जो जवानों को इस सिंड्रोम से उबरने में मदद करते हैं, इस बैग के भीतर समुद्रतल का वायुमंडलीय दबाव महसूस होता है और जवान को हेलीकॉप्टर के आने तक आराम करना होता है। बड़े–छोटे ऑक्सीजन सिलेंडर दूर दराज के 150 पोस्ट पर भरपूर मात्रा में उपलब्ध हैं। स्वास्थ्यकर्मियों की संख्या में भी काफी इजाफा हुआ है। कुल मिलाकर एक पूरा सियाचिन मेडिकल डॉक्टरिन इजाद किया गया है जिसकी वजह से होने वाले नुकसान में भी जबरदस्त कमी आई है।

इसका ये भी मतलब नहीं कि अब वहां सैनिकों को हादसे या बीमारी की आशंका नहीं होती। चूंकि सैनिकों की एक पूरी छावनी ऐसे खराब मौसम में तैनात होती है, तबियत बिगड़ती ही है चाहे आप कितने भी जवान हों। लेकिन अब इन चीजों का फौरन इलाज तकरीबन हर पोस्ट पर है।

पहले ऐसा नहीं था। कई बार ऐसी समस्याएं आती जिसकी उम्मीद ही नहीं होती, लेफ्ट जनरल रिटा. अता हसनैन याद करते हैं कि कैसे दांत का दर्द किसी बड़े सरदर्द से कम नहीं था। ग्लेशियर के सफर पर निकलने से पहले हर यूनिट की पूरी मेडिकल जांच होती थी। इसमें

ग्लेशियर पर जिन्दगी

डेंटल हेल्थ की बहुत अहमियत थी। सैद्धांतिक तौर पर ग्लेशियर पर आप किसी चीज का इलाज करवा सकते हैं, यहां तक कि दिल के दौरे का भी, लेकिन दांत के दर्द का कोई इलाज नहीं है। जबकि कहा ये जाता है कि दांत के दर्द से पीड़ित शख्स आधे तौर पर लकवाग्रस्त होता है। इसलिए एक डेंटिस्ट और उसके सहयोगी हमेशा बेसकैंप में मौजूद रहते हैं। कम से कम जब हम वहां थे। डेंटिस्ट बड़ी मात्रा में फीलिंग करते। अगर कोई दांत खराब हो रहा होता तो उसे बेदर्दी से उखाड़ फेंकते, बेस कैंप में बहुतों के दांत टूटे, ये सारी बातें जरूरी और मददगार थीं। नहीं तो किसी मरीज को हेलिकॉप्टर के जरिए वहां से बाहर निकालने पर आने वाली खर्च का अंदाजा लगाइए और वो भी सिर्फ इसलिए कि दांत दुख रहे थे।

जो लोग ग्लेशियर पर तैनात रहे हैं उन्हें याद होगा कि कैसे एक कोड इजाद हुआ था कि हेलीकॉप्टर से पहले कौन जाएगा। पी 1 गंभीर तौर पर जख्मी हुआ जवान, पी 2 यानी कम जल्दबाज वाले मरीज, पी 3 यानी अफसरों का आना जाना और पी 4 मतलब आखिरी प्राथमिकता जो किसी सैनिक का शव भी हो सकता है, उसे दूसरी जिंदगी बचाने के लिहाज से हेलीकॉप्टर के उन कीमती वक्त के मुकाबले किसी किस्म की हड़बड़ी

जनरल कटौच (पीछे की पंक्ति में ठीक दायें) ग्लेशियर पर सैनिकों के साथ

नहीं होती थी, लेकिन कई बार इसका पूरी तरह पालन करने की मंशा के बावजूद अनचाही घटनाएं हो जाती।

मिसाल के तौर पर 1990 के दशक में सोनम सैडल पर एक गोरखा यूनिट के लड़के की HAPO से मौत हो गई, जहां तक सिर्फ हेलीकॉप्टर से ही पहुंचा जा सकता था। पहले दिन शरीर को हेलीपैड तक लाया गया ताकि उसे बेसकैंप भेजा जा सके। लेकिन पायलट दिनभर सामान ढोने में व्यस्त रहे उन्हें कहा गया कि शव दिन के आखिर में जाएगा। जब उड़ान बंद करने का वक्त आया तो पायलट ने कहा कि ईंधन कम है तो फिर वो शव को अगले दिन लाने के लिए वापस ले गए। अगले दिन फिर कोई काम आ गया और इसी तरह पूरे दो हफ्ते निकल गए।

गोरखा हर दिन शव को लेकर हैलीपैड तक आते और जब हेलीकॉप्टर में लोड नहीं हो पाता, लेकर वापस चले जाते। अपने किसी साथी के शव के साथ एक रुटीन की तरह लगातार रहने की वजह से उन्हें भ्रम होने लगा। वे उस मृत जवान के साथ कुछ ऐसा सलूक करने लगे जैसे कि वो जिंदा हो। वे उसके लिए खाना अलग रखते, आखिर में उस पोस्ट और शव के बारे में ये बात किसी ने जीओसी को बताई वो बेहद नाराज हुए, अगले दिन शव को पी 1 ग्रेड में रखा गया और फौरन नीचे लाया गया।

बर्फीली खाईयां, सबसे खतरनाक बाधा

एक गहरी हिम दरार

लोगों को बर्फीली खाई से निकालने के बाद 2 लद्दाखी पोर्टर इसकी जानकारी लेते हुए

जनरल पीसी कटोच याद करते हैं... उस वक्त विजबिलिटी की बड़ी समस्या थी, कई बार 7–10 दिनों तक कोहरा छाया रहता। ऐसे कई मामले हैं जब लोगों को अपने किसी मृत सहयोगी के साथ एक ही जगह रहना पड़ता क्योंकि हेलीकॉप्टर के फेरे नहीं लग सकते।

शवों को ले जाने को लेकर पायलटों के पास अपनी ही कहानी है। चूंकि प्राथमिकता में ये सबसे आखिर में आते थे लिहाजा जब इनकी बारी होती ये बेहद अकड़ जाते थे, चीता हेलीकॉप्टर इस लिहाज से उपयुक्त नहीं है। ऐसे में शव के अंग तोड़कर किसी तरह स्लीपिंग बैग में रखा जाता था ताकि उन्हें भेजा जा सके।

ब्रिगेडियर आरई विलियम्स, जो अब जिंदल ग्रुप के साथ काम करते हैं, वो भी शुरुआती दिनों में आर्मी लायजन सेल में तैनात थे, इस संगठन को सेना के मीडिया मामले देखने के लिए बनाया गया था जिसने बाद में 1999 के कारगिल जंग की कहानी सुनाई।

1987 में वे तब नौजवान मेजर थे और उनकी बटालियन 8 जम्मू एंड कश्मीर लाइट इंफैंट्री तब वहां तैनात थी जिसे अब बाना पोस्ट कहते हैं। ये भारतीय सेना की सबसे शानदार बटालियन है, 8 JAK LI शायद इकलौती यूनिट है जिसने असल में ग्लेशियर पर दो–दो लड़ाइयां लड़ी। ब्रिगेडियर विलियम्स ने लेखक और फिल्मकार कुणाल वर्मा के साथ 2010 में एक किताब भी लिखी, "द लॉग रोड टु सियाचिनः दक्वेश्चन हवाई", इस किताब में ब्रिगेडियर विलियम्स ये बताते हैं कि अपने किसी साथी को आखिरी यात्रा पर विदा करना वहां आम हालातों के मुकाबले कितना मुश्किल होता है।

"किसी जिंदा कैजुअल्टी को निकालना इतना मुश्किल काम नहीं है लेकिन मौत के मामले में कैजुअल्टी लाना बेहद निराश करने वाला होता है। पहले जबकि तरीका एकदम अमानवीय और असम्मानजनक था, हम लोग शवों को रस्सी से बांध कर सरकाते हुए नीचे लाते थे, इसके अलावा और कोई रास्ता नहीं था क्योंकि ऑपरेशन और दूसरी वजह से शवों को फौरन नहीं हटाया जा सकता था। शव बेहद भारी होकर अकड़ जाते थे। ऐसी कैजुअल्टी को सामान्य हालत में किसी स्ट्रेचर पर लेकर ढोया जा सकता है, लेकिन यहां की जमीन पर एक साथ बराबर में दो लोगों का

चलना बेहद मुश्किल काम है। अपने किसी साथी को इस तरीके से ले जाते हुए देखना मानसिक तौर पर भी चोट पहुंचाता था। लेकिन 20,000 फीट की ऊंचाई पर किसी मृत व्यक्ति को ले जाना भी एक मुश्किल काम है। शरीर के एकदम अकड़ जाने की वजह से हालात और मुश्किल हो जाते हैं, आखिर में एक ही उपाय बचता था जिसका मैं जिक्र तक नहीं करना चाहूंगा, हमें शवों को जबरन बैग में किसी तरह रखना पड़ता है। दुनिया की सबसे ऊंचे जंग के मैदान की ये सच्चाईयां हैं।''

उड़ान के नियम भी बेहद बड़े सख्त है, दोपहर 12 बजे के बाद ग्लेशियर पर हेलीकॉप्टर के फेरे आमतौर पर बंद हो जाते हैं जब तक कि कोई इमरजेंरी ना हो। इमरजेंसी की हालत में भी पायलट की इच्छा के बावजूद ऊपर के अफसर कानून को लेकर बेहद सख्त रहते जो बात कई बार दिल को बेहद चुभ जाती थी।

जनरल कटोच याद करते हैं, ''आला अफसरों की सख्ती कई बार दलीलों की अनदेखी कर देती। मेरे समय में ये नियम था कि ग्लेशियर पर दोपहर बाद आर्मी एविएशन की किसी भी उड़ान के लिए सेना मुख्यालय से इजाजत लेनी होगी। एक खास मामले में जब एक जवान की तबियत बेहद बिगड़ गई, आर्मी एविएशन चैनल के जरिए मुख्यालय से इजाजत मांगी गई तो उस पर कोई जवाब नहीं मिला क्योंकि संबंधित अफसर मीटिंग में थे। इधर मौसम बिगड़ रहा था तो आर्मी एविएशन के पायलट ने बिना इजाजत के उड़ान भरी और जख्मी जवान को सुरक्षित निकाल कर ले गया। मैंने पायलट की तारीफ की, जीओसी से बात की, उसके पक्ष में ऊपर लिखा, लेकिन आर्मी एविएशन ने इन तमाम बातों को दरकिनार करते हुए उसके उड़ान भरने पर रोक लगाते हुए वहां से हटा लिया। जबकि मैं विरोध करता रहा।''

एविएटर्स और जमीनी सेना की बीच ग्लेशियर पर सबसे बेहतर तालमेल होता है,सेना की यूनिटों में ये एक मिसाल है। सियाचिन पर तैनाती के दौरान गोपाल एक और घटना को याद करते हैं, जब एक जवान 20,000 फीट की ऊंचाई पर बाना चौकी से फिसलकर दुश्मन की तरफ चला गया था, ऐसे में एक बहादुर ऑफिसर ने बगैर अपनी जान की परवाह किए खुद जाकर उसे बचाकर ले आया। जवान पूरे चार घंटे तक माइनस 40

डिग्री के तापमान में रहा (बाद में उसके दोनों हाथ काटने पड़े) जब मैं उससे अस्पताल में मिला तो उसने कहा कि वो जानता था कि उसका कंपनी कमांडर मदद के लिए जरूर आएगा। इससे मुझे अपने टीम लीडर पर भरोसे को लेकर एक सबक मिला जिसे मैं पूरी जिंदगी कभी नहीं भूला। गोपाल बेहद गर्व के साथ ये बात याद करते हैं।

जवान आमतौर पर अपने ड्यूटी को लेकर बेहद त्याग और बलिदान का भाव रखते है, ये उनके स्वभाव में होता है, ग्लेशियर पर ये चीजें और निखर कर आती है।

लेफ्टि जनरल (सेवानिवृत) रुस्तम के नानावटी, जिन्होंने अक्टूबर 1988 से नवंबर 1990 के बीच सियाचिन ग्लेशियर को कमांड किया और बाद में नार्दन आर्मी के कमांडर भी बने याद करते हैं कि... *ऑपरेशन मेघदूत* की सबसे यादगार बातों में भारतीय सैनिक सबसे अहम हैं जिन्होंने अपनी पृष्ठभूमि या रेजिमेंट से ऊपर उठकर देश के लिए उन मुश्किल हालातों का सामना किया। उन्होंने आला दर्जे की त्याग, दृढता और हिम्मत की मिसाल देते हुए अपने कर्तव्यों को निभाया, जिसका मुकाबला सिर्फ सालतोरो पर दूसरी तरफ तैनात पाकिस्तानी सैनिक ही कर सकते थे। जिन्होंने अपने नए नए तरीकों और दुस्साहसों से हमें कई बार हैरान किया। इन सबको देखकर मुझे यही लगता है। "सियाचिन में आपका स्वागत है। यहां जबरदस्त बहादुरी और हिम्मत आम बात है।"

जनरल नानावटी की बात 25 साल बाद भी इस जगह के लिए उतने ही गौरव की बात है, जिन लोगों ने सियाचिन पर अपनी ड्यूटी निभाई है उसका मुकाबला कहीं और नहीं किया जा सकता। जब वो अपनी यूनिफॉर्म पहनकर उसके ऊपर गर्व से आसमानी नीला और सफेद रिबन लगाते हैं तो सियाचिन के लड़ाके खुद को एकदम अलग महसूस करते हैं। सारे लोग, जवान, जेसीओ, नए ऑफिसर्स, एविएटर्स और सीनियर कमांडर इस जगह को लेकर हर किसी के खट्टी–मीठी, अच्छी और बुरी यादें कहानियों के तौर पर हैं।

लेफ्टिनेंट कर्नल सागर पटवर्धन, 1993–94 में 6 जाट यूनिट के साथ ग्लेशियर पर तैनात थे, उनके पास भी सियाचिन की कई यादें हैं जिन्हें वे नहीं भूलते। जब वो पहली बार गश्त के लिए निकले तो उनके साथ चल

रहे जवान के पेट में आधे रास्ते इतना भयानक दर्द उठा कि वो अपना सामान लेकर भी नहीं चल सकता था, उस वक्त आपको आगे बढ़कर अपने सहयोगी का बैग उठाना पड़ता है बिना ये सोचे कि इस अतिरिक्त बोझ से आपको कितनी परेशानी हो रही है। हम रास्ते में व्हाइट आउट का शिकार होकर अपना रास्ता भूल गए। लिंक पेट्रोल हमें एक निश्चित जगह तक ले गया लेकिन हमें गाइड करने वाला दूसरा पेट्रोल तब नहीं आया था, हम इधर–उधर भटकते रहे तब किसी तरह एक छोटा सा पोस्ट मिला, उसमें सारे लोगों के लायक जगह नहीं थीं लेकिन हमने किसी तरह एडजस्ट कर रात बिताई।

अगली सुबह सागर जब नित्यक्रिया से निबटने टेंट से बाहर कुछ दूर ढलान पर गए तो तकरीबन कमर तक ताजी बर्फ में धंस गए। ''जैसे ही मैंने खुद को बाहर निकालने की कोशिश की, थोड़ा ढीला बंधा मेरा एक बूट सुराख के भीतर भी फंस गया, मैं टेंट में जाने को बेताब था, मैंने अपने बूट में दोबारा पांव डाले जिसमें पूरी तरह बर्फ भर चुकी थी, बर्फीली हवा भी अपनी पूरे रफ्तार पर थी जबकि मैं अपनी टेंट से करीब 10 मी दूर था। पर इतने करीब से भी मदद की हर पुकार बेमानी थी। मैंने पूरी ताकत लगाकर किसी तरह अपने फंसे पांव को बाहर निकाला और अपने टेंट में जाकर मदद के लिए पुकारा। सारे लोग दौड़े आए, सबसे पहले मैं अपने स्लीपिंग बैग में घुसकर खुद को गर्म करने लगा, लेकिन सबसे ज्यादा फिक्र पांव की थी जो बर्फ में खुला रह गया था। दूसरे जवान बर्फ को हटाने के लिए स्टोव पर पानी गर्म करने लगे, मैं अपने पांव को रगड़ रहा था और गीले मोजे उतार लिए। मुझे सामान्य होने में तीन घंटे लग गए। मैं सोच रहा था कि अगर पहली गश्त पर ही मेरा ये हाल है तो इस जगह पर 90 दिन कैसे गुजारूंगा।''

लेकिन उन्होंने ऐसा किया।

ग्लेशियर पर जरूरी तीन महीने गुजारने के बाद सागर सबसे अच्छे कैंप पर लौट आए और उन्हें जल्द ही सियाचिन बैटल स्कूल का इंचार्ज बनाया गया, जो ग्लेशियर पर खुद को जिंदा रखने के लिए जवानों को बुनियादी ट्रेनिंग और तौर तरीके सिखाता है। तीन महीने की उस तैनाती के दौरान, भीम नाम के एक पोस्ट पर 8–10 जवान बर्फ में दब गए, हेलीकॉप्टर से

जिंदगी का कोई नामोनिशां नहीं दिखा, ये बहुत बुरी खबर थी लेकिन शवों को हासिल करना ही था। लिहाजा ब्रिगेडियर तेज पाठक, जो बाद में लेफ्टिनेंट जनरल होकर रिटायर हुए वे तब सियाचिन ब्रिगेड के कमांडर थे, उन्होंने सागर को 25 लोगों की एक टीम लेकर भीम पोस्ट का पता लगाने को कहा।

''ऑर्डर इज ऑर्डर, आमतौर पर जब आप ग्लेशियर पर दो गश्त कर चुके होते हैं तो आपको फिर से नहीं भेजा जाता। मैं एक बार फिर भीम के लिए 11 दिनों के सफर पर निकल पड़ा जिसे पेट्रोल सागर का नाम दिया गया। जैसे ही हम पोस्ट के करीब पहुंचे, एक बर्फीला तूफान आ गया, हम लगातार तीन दिनों तक सबसे कटे रहे, चौथे दिन हमने शवों को ढूंढ निकाला, उसके बाद सबसे मुश्किल काम हेलीकॉप्टर की मदद से उन शवों को नीचे तक ले आने का था। वक्त के साथ वो भी पूरा हुआ जिसमें तीन दिन लगे। जब मैं वापस आया कमांडर ने बधाई संदेश दिया और बाद में मेरी प्रशस्ति के लिए भी लिखा, इन चीजों का कोई जवाब तो नहीं आया लेकिन आज इतने सालों बाद भी इस बात को लेकर संतोष जरूर रहता है कि मैंने अपना काम पूरा कर दिया।''

ग्लेशियर के अत्यधिक बुरे हालात के बावजूद जवानों में अपनी ड्यूटी को लेकर समर्पण ही भारत की मौजूदगी को वहां बनाए रखा।

जनरल नानावती ऐसी ही एक दुखद घटना को याद करते हैं।

''मुझे अभी भी याद है कि एक जेसीओ इनचार्ज एडवांस सपोर्ट बेस पर था, जब बर्फ की चट्टानें उसकी तरफ नीचे गिर रही थी उसने अपने पोस्ट को खाली करने से मना कर दिया और वहीं से अपना आखिरी संदेश देता हुआ विदा हो गया... ये कहकर कि... साहिब मैं यहां से नहीं निकल पाऊंगा, सब को मेरी राम राम बोल देना।

उन्हें 6400 मीटर की ऊंचाई पर तैनात उस आर्टलरी ऑब्जर्वेशन पोस्ट ऑफिसर की भी याद है, जो अपने गंभीर तौर पर जख्मी होने की बात तबतक छुपाए रखी जबतक कि लड़ाई थोड़ी थम नहीं गई क्योंकि उसे पता था कि दुश्मन रेडियो संदेशों पर नजर रख रहे होते हैं।

अपना रास्ता स्वय बनाते हुए

निगरानी रखते हुए

बेस कैंप में सैनिक, लेखक से अपने अनुभव साझा करते हुए

सैनिक, लेखक से बात करते हुए

अक्टूबर 2013 में, जब मैं दोबारा बेस कैंप गया, 2 बिहार और 7 कुमाऊँ बटालियन सेंट्रल और उत्तरी ग्लेशियर पर तैनात थी, जैसे ही मैं जवानों से बातचीत के लिए वहां बैठा, सैनिक अपनी कहानियां साझा करने के लिए बेताब हो उठे। 2 बिहार बटालियन के हवलदार राजीव कुमार वहां के जबरदस्त सर्दी की बात की, लेकिन जो चीज उसे सबसे ज्यादा हैरान कर रही थी वो ये कि ग्लेशियर पर खाना पकाना कितना मुश्किल है। *वहां चावल पकाने के लिए प्रेशर कुकर की 21 सीटियां लगानी पड़ती हैं* साहब, भोले सैनिक ने याद करते हुए कहा। उसके एक और सहयोगी ने जो कुक था उसने कहा कि हालांकि सबको हाई कैलोरी और हाई प्रोटीन खुराक मिलती है लेकिन शायद ही कोई खाता है। ऊपर तो भूख नहीं *लगती है साहिब,* उसने माना वो अक्सर अलग अलग तरह के डिशेज मैगी, खीर से मिल्कशेक तक बनाया करता।

7 कुमाऊँ के कैप्टन दीपक चौहान तो अमर पर बिताए अपने दिन भूल ही नहीं सकते... जब मैं अमर जा रहा था,जो हर किसी ने यहां तक कि हमसे पहले वाली यूनिट ने यही कहा कि वो सबसे मुश्किल पोस्ट है। मैंने खुद से कहा... बहुत मुश्किल क्या होती है? मैंने कमांडो कोर्स किया था,

बेस कैंप से ऊपर के सफर पर सैनिक

मुझे ये मुश्किल नहीं लगना चाहिए था। अमर की चोटी तक पहुंचने के लिए एक 1000 फीट लंबी दीवार चढ़नी पड़ती है। जब हम दीवार के बेस तक पहुंचे, तो पहले 200 फीट एक 60 डिग्री की ढाल थी और अगला 400 फीट 70 डिग्री और फिर इससे आगे 400 फीट सबसे मुश्किल था। चोटी पर पहले से मौजूद लोग रस्सी गिराते हैं, वो आखिरी 400 फीट कभी ना खत्म होने वाले लगते, ये करीब 80–85 डिग्री की खड़ी ढाल है जिसकी वजह से खुद को रस्सी के सहारे खींचना होता है। कुल मिलाकर ये 1000 फीट की दीवार चढ़ने में पूरे ढाई घंटे लगते थे। उस पोस्ट पर 100 दिन गुजार चुके नौजवान कैप्टन सागर को ये तमाम बातें याद हैं।

अमर पर बतौर कंपनी कमांडर चौहान के लिए जैसा कि उनके पहले वालों के लिए भी था, सबसे बड़ी चुनौती उनमें जोश को बनाए रखने का है। मैं उन्हें टेंट को फिर से सजाने को कहता, गार्ड ड्यूटी हर 5–6 घंटे में बदल जाती, खाने में अलग अलग डिशेज बनवाता। पोस्ट पर हमारे लड़के जलेबियां तक बना चुके हैं। चौहान खुलासा करते हुए कहते हैं। ग्लेशियर पर तैनात रह चुके जवान अपने रसोइए के प्रयोगों को नहीं भूल

'फोर–प्वाइंटर' तरीके का अभ्यास

सकते। सियाचिन ब्रिगेड के कमांडर रह चुके जनरल कटोच कहते हैं कि एक बार सेंट्रल ग्लेशियर पर पड़ाव के दौरान मुझे शानदार दही खिलाई गई, जिसके बारे में मुझे बताया गया कि उसे HAPO बैग में जमाया गया था। वैसे ही सबसे शानदार तीखा मुझे अपनी जिंदगी में एक आर्टिलरी यूनिट के बेस कैंप में खाने को मिला।

कई जवान नींद ना आने की शिकायत करते हैं, जिसकी वजह डॉक्टर ऑक्सीजन की कमी और ज्यादा सर्दी बताते हैं। एक जवान ने कहा वो किसी तरह साढ़े तीन से चार घंटे की लंबी नींद ले लेता था। लेकिन शुरुआती दिनों से अलग अब जवान चाहे तो ड्राई बाथ ले सकते हैं और अपने भीतरी कपड़े हर दो हफ्ते में बदल सकते हैं। अब सारे पोस्ट पर कॉमन हीटेड टेंट हैं जहां जवान जाकर अपने तौलिए को दवा मिले गर्म पानी में भिगो सकता है और खुद को स्पंज से पोंछ सकता है पहले से अब का ये बहुत बड़ा फर्क है।

बुनियादी सुविधाओं के हालात में काफी बदलाव आए लेकिन पूरे बर्फ से बचने के कपड़े वगैरह पहनने जैसे मानक अभी भी पूरे करने पड़ते हैं। पुराने और नए हर जमाने के लोगों का कहना है कि जिस यूनिट ने भी प्री इंडिक्शन ट्रेनिंग के दौरान सिखाई बातों का कड़ाई से पालन किया, मौसम से जुड़ा कोई हादसा नहीं हुआ। प्री इंडक्शन ट्रेनिंग बेस कैंप में होती है और इसके बाद अगर किसी की तबियत बिगड़ती है तो इसकी वजह या उसके मुताबिक खुद को ढालने में कोई गलती रहती है या फिर सावधानी बरतने में चूक होती है। मुझे कुछ नहीं होगा कि सोच खतरनाक है। आमतौर पर हर जवान को ग्लेशियर पर तैनाती के दौरान विदेशों से मंगाए गए भारी गर्म मोजे की 9 जोड़ियां दी जाती है लेकिन जो इनका इस्तेमाल नहीं करता वो भुगतता है। जनरल कटोच ने मुझसे कहा कि... एक बार उत्तरी ग्लेशियर पर तैनात एक कुमाऊँ यूनिट से बर्फ के जलने के कई मामले आए। मैं सोनम पोस्ट गया और तमाम लोगों से अपने 9 जोड़ी विदेशी मोजे दिखाने को कहा। उनमें कई के पास सिर्फ 4–5 जोड़े थे। दबी जुबान में उन्होंने कबूल किया बाकी जोड़े वे घर पर अपने बुढ़ऊ को गिफ्ट कर आए हैं जो आमतौर पर रिटायर्ड फौजी होता था।

मेरी सियाचिन डायरी

ब्रिगेडियर अभिजीत बापट

जुलाई 2007 में, मैं और एनडीटीवी के सहयोगी कैमरापर्सन मनोज ठाकुर सियाचिन पर फिल्म बनाने बेसकैंप पहुंचे। हालांकि उसी साल, कई सालों बाद सेना की तरफ से सियाचिन के लिए पहले नागरिक ट्रैकिंग की इजाजत दी जा रही थी। हमने बेस कैंप पर 5/9 गोरखा राइफल यूनिट के साथ चार दिन बिताए, तब कर्नल अभिजीत बापट कमांडर थे, हमने जवानों के साथ खाना खाया, उनकी रुटीन को गौर से देखा, जवानों और अफसरों से बातचीत करते हुए जानने की कोशिश की कि सियाचिन को लेकर उनका क्या रुख है। इस फिल्म को यहां देखा जा सकता है, 20 मिनट की ये फिल्म सियाचिन के सैनिकों को पूरी तरह दिखाने के लिए काफी नहीं है। मैंने अभिजीत से जो अभी लद्दाख में बतौर ब्रिगेडियर तैनात हैं, से गुजारिश की कि वो सबसे यादगार लम्हे लिख कर दें। उन्होंने लिखा है।

ये लब्ज ए मोहब्बत, बस इतना सा फसाना है
सिमटे तो दिल ए आशिक, नहीं तो जमाना है

ये लाइनें दिमाग में तब आती हैं जब कोई सियाचिन की राह में हो और राहत की एक सांस की चाहत में हांफता हुआ गहरे सांसे ले रहा हो। बर्फीले और बेहद ठंडे माहौल में जब नजर के छोरों तक हर तरफ सिर्फ सफेदी हो, किसी इंसान को कई तरह के संकेत भेजता है। हमारे भीतर कुछ भाव और त्याग की भावना लाता है जिसे शब्दों में बयां नहीं किया जा सकता। यहां तैनात हर एक शख्स एकदम साफ और हिमालय की हवाओं को सांस लेता है, ये दौर पूरी जिंदगी याद रहते हैं।

कुदरत की अपार ताकत विनम्रता का भाव जगाता है, ये सिर्फ इंसानी दिमाग और उसका जिस्म है जो यहां टिका है, नहीं तो ये माहौल इंसान और उसकी बनाई मशीनों के वजूद के लिए किसी अग्निपरीक्षा से कम नहीं।

मेरी कहानी भयानक तनाव और दबाव के बीच सियाचिन पर तैनात

आर्मी चीफ जनरल जे जे सिंह के साथ अभिजीत बापट

रहे एक बहादुर सैनिक के हिम्मत और साहस की है जिसने खुद पर किसी भी हालात को हावी नहीं होने दिया चाहे वो कुछ भी हो... आप इसे इंसानी दिमाग और जिस्म का बेहतरीन तालमेल कह सकते हैं।

भारतीय सैनिकों की लड़ाकू क्षमता का राज, उनके भीतर उठने वाले जज्बात और देश के भरोसे में छुपी है, जो उन्हें ये कहने की क्षमता देता है कि जीम Harder Right than the Easier Wrong। आज सियाचिन की अपनी अहमियत है, नाम है इसकी शान है लेकिन उन सबके पीछे उन सैनिकों की कुर्बानियां है जिन्होंने इसकी गरिमा को बनाए रखा। चाहे इसके लिए कितना भी बड़ा बलिदान ना देना पड़े।

हवलदार मन बहादुर की वीरगाथा

मन बहादुर 1993 में सेना में आया वो एक काबिल और जिम्मेदार सैनिक था। उसका घर सिक्किम और पश्चिम बंगाल से लगे इलाकों में पहाड़ों पर कहीं बसता, जहां के हालातों ने उसे कुदरती तौर पर शारीरिक और मानसिक रूप से सख्तजान बना दिया था। बेहद मेहनती और अपनी संजीदगी के दम उस शख्स ने जल्द ही सबका

भरोसा हासिल कर उनके दिल में जगह बना ली। उसके जूनियर, दोस्त और सीनियर सब उसे बहुत प्यार करते। उसकी काबीलियत सबसे अलग करती जिसकी वजह से वो अपनी क्षमता और उम्र के लिहाज से कहीं ज्यादा कारगर और भरोसेमंद था। आम मामलों की तरह जैसे ही उसने अपनी नौकरी के पांच साल पूरे किए, उसकी मां जल्दी से एक अच्छी सी दुल्हन ले आई। फिर मन बहादुर के जुड़वां बच्चे हुए। पिता बचपन में ही गुजर चुके थे लिहाजा मन बहादुर अपने परिवार के बेहद करीब था खासकर अपनी मां के। धीरे–धीरे वो तरक्की करता गया सम्मान हासिल किए और अपने काम के बदौलत 2006 में हवलदार बन गया।

सितंबर 2006 में मन बहादुर की यूनिट पूर्वी लद्दाख के ऊंचाई वाले इलाके में तैनात हुई। हमेशा की तरह यहां भी मन बहादुर बहुत तेजी से सीख गया कि काराकोरम के इस दगाबाज माहौल से कैसे निबटना है। वो अपने से छोटों के लिए गाइड था और अपने दोस्तों के लिए प्रेरणा। उसने अपनी पसंद से उस पोस्ट का चुनाव किया जो धरती पर सबसे ऊंचा जंग का मैदान है–बाना पोस्ट।

एक दौरा चार महीनों के लिए होता था, जिसमें इंडक्शन और फिर डि–इंडक्शन भी शामिल होता। हर किसी ने बेहद बारीकी से तैयारी की क्योंकि ये एक बहुत बड़ा सबक था पहले से रखे राशन के दम पर गुजारा होता, नहीं तो हर किसी की अपनी एक नियमित योजना थी, पूरी पोस्टिंग के लिए निजी जरूरत की सारी चीजें मौजूद होती, जिसमें कपड़े, लिखने पढ़ने के सामान, साफ सफाई के बंदोबस्त और जरूरी मेडिकल और इंश्योरेंस की औपचारिकताएं थी।

सारे सामान को इतने बैलेंस तरीके से पैक किया जाता है कि ग्लेशियर पर ट्रैकिंग के दौरान और जबतक कि वो अपने आखिरी मुकाम तक नहीं पहुंच जाता, एक जरा सी भी दिक्कत नहीं हो। ये सफर मौसम को देखते हुए 10–12 दिन या कई बार इससे ज्यादा का भी हो सकता है।

त्रासदी

इंडक्शन के ठीक एक दिन पहले यूनिट में एक टेलीग्राम आया, जो हवलदार मन बहादुर के नाम था। जिसमें लिखा था कि पूरे गांव में एक गंभीर महामारी फैल गई है, जिसकी चपेट में आकर उसकी प्यारी मां गुजर गईं, उसकी पत्नी और दोनों जुड़वां बेटे भी गंभीर तौर पर बीमार है, खासकर बच्चों की हालत नाजुक बनी हुई है। इस दुखद समाचार को सुनकर ऊपर से लेकर नीचे तक सारी यूनिट सदमें में आ गई। उसके तमाम ऑफिसरों ने उसे छुट्टी लेकर फौरन घर जाने को कहा।

हवलदार मन बहादुर ने इस खबर को सुनकर एक शब्द भी कुछ नहीं कहा, उसके चेहरे पर किसी तरह के कोई भाव नहीं आए, किसी ने अंदाजा भी नहीं लगाया था कि वो इतनी कठोर मिट्टी का बना हो सकता है। शाम को उसके शुभचिंतकों ने छुट्टी की दरख्वास्त लगाने को कहा ताकि अगले दिन वो घर के लिए निकल सके। लेकिन

अभिजीत बापट (बीच में), जनरल जे जे सिंह और रक्षामंत्री ए के एंटनी के साथ

हवलदार मान बहादुर ने ऐसा करने से मना कर दिया। हर कोई हैरान और परेशान था, तब मान बहादुर को उसके सीनियर ऑफिसर्स के पास ले जाया गया ताकि अगर मन में कोई बात या संकोच हो तो वो बता सके, या फिर उसे पैसे की मदद की जरूरत हो सकती थी जिसके बारे में वो सबके सामने बात नहीं करना चाहता हो।

असली मन बहादुर

ये पूछे जाने पर कि वह छुट्टी पर क्यों नहीं जा रहा, मन बहादुर का जवाब सुनकर वहां मौजूद हर एक शख्स सन्न रह गया, क्या सीनियर और क्या जूनियर सबकी हालत एक जैसी थी। उसने कहा... साहब, मेरी मां दस दिन पहले ही गुजर चुकी है, टेलीग्राम को आने में काफी वक्त लगा, अब अगर मैं यहां से कल अपने घर के लिए चलूं तो भी मुझे पहुंचने में सात दिन लग जाएंगे और तबतक उनकी तेरहवीं भी हो चुकी होगी। और जहां तक मेरी पत्नी और बच्चों का सवाल है, उन्हें भगवान ने दिया है, मुझे पूरा भरोसा है कि वो उन्हें मेरे लिए सुरक्षित रखेगा। आज मेरी पूरी यूनिट ने मुझ पर भरोसा कर ये जिम्मेदारी दी है, मैं अपने सीनियर और जूनियरों को बीच में कैसे छोड़ सकता हूं। जिंदगी और मृत्यु एक ही सिक्के के दो पहलू हैं, मैं खुद भी अपनी ड्यूटी के दौरान किसी बर्फीली खाई में गिर सकता हूं जिसमें मेरी मौत हो सकती है, तो क्या हम जो करने जा रहे हैं उसे रोकेंगे? साहब मैं पहले से तय प्लान के मुताबिक इंडक्ट होना चाहूंगा मेरे काम पर इसका जरा भी असर नहीं होगा, मैं भरोसा दिलाता हूं। लेकिन मेरी एक दरख्वास्त है कि जब मैं सियाचिन पर अपनी तैनाती पूरा कर लूं तो मुझे मेरे हिस्से की सारी छुट्टियां एक साथ दे दी जाएं।"

कमरे में मौजूद कोई भी शख्स कुछ भी बोलने की हालत में नहीं था, आज की इस भौतिक दुनिया में जब कोई भी और हरकोई तेज तरक्की और आसान जिंदगी पसंद करता है यहां एक अनोखा इंसान मौजूद था। अपने कर्तव्य को लेकर जो निष्ठा और त्याग हवलदार मन बहादुर ने दिखाया वो पूरे यूनिट के लिए गर्व की बात थी। मन बहादुर ने पूरी बहादुरी और गंभीरता से अपनी ड्यूटी पूरी की और अपने शानदार काम के लिए सम्मानित भी हुआ।

जैसा कि मैं पहले कह चुका हूं, सियाचिन ग्लेशियर इस तरह के त्याग और साहस का गवाह रहा है। ऐसी घटनाएं तकरीबन रोजाना सामने आती है, इनमें कुछ लोगों के सामने आती है लेकिन ज्यादातर के बारे में कोई जान नहीं पाता। ये एक ऐसी कहानी थी जिसे उतना प्रचार नहीं मिला जितना मिलना चाहिए था। आपको इस कहानी को सुनाने के लिए मुझसे बेहतर कोई शख्स नहीं मिल सकता था क्योंकि मुझे इस धरती के सबसे ऊंचे, सबसे ठंडे और सबसे मुश्किल जंग के मोर्चे पर हवलदार मन बहादुर जैसे जवान को कमांड करने का मौका मिला। इस कहानी को सुनाने में सियाचिन ग्लेशियर के अनुभवों को याद करने जैसा सुख है।

इस घटना ने जिंदगी को लेकर मेरी सोच को बदल दिया और सैनिकों को लेकर सम्मान की भावना बढ़ा दी। जब मैं पीछे की घटनाओं को पलट कर याद करता हूं तो खुद पर हैरानी होती है कि क्या मैं सचमुच उन लोगों को जानता हूं जिन्हें आज कमांड कर रहा हूं या जिन्हें पहले कर चुका हूं। मैं एक मशहूर कवि की पंक्तियों से इसे समाप्त करना चाहूंगा।

हमने मोहब्बत करना नहीं सीखा
आपने मोहब्बत के अलावा कुछ नहीं सीखा
जिंदगी जीने के सिर्फ दो ही पहलू हैं गालिब
एक आपने नहीं सीखा एक हमने नहीं सीखा

जनरल कटोच अपनी गलतियों को भी कबूल करते हैं। एक बार सेंट्रल ग्लेशियर पर तैनात एक कंपनी पोस्ट पर रुकने के दौरान मुझे अगली सुबह फॉर्वर्ड पोस्ट का दौरा भी करना था। सफर का पहला हिस्सा स्नो स्कूटर से तय किया जाना था और वो भी सूर्योदय से एक घंटे पहले। किसी बेवकूफ की तरह अपनी कमअक्ली वाली बहादुरी दिखाते हुए मैंने उस बर्फीली हवा में अपना सिलवाया up balaclav पहन रखा था। मुझे अपने कानों का अहसास खत्म हो गया। मैं पोस्ट गया फिर दोपहर हेलीकॉप्टर से बेसकैंप लौट गया। शाम तक मेरे दोनों कान बर्फ की चपेट में आ चुके थे, अगले एक महीने तक मैं करवट नहीं ले सका क्योंकि कानों पर दवा लगी होती थी।

तालमेल के साथ मुश्किल रास्ते पार करते जवान

SOP यानी स्टैंडर्ड ऑपरेटिंग प्रोसिड्योर को मानना ही आपको बचा सकता है।

कर्नल (सेवानिवृत) दानवीर सिंह भी इससे इत्तेफाक रखते हैं, वो याद करते हैं जब बटालियन में थे, 9 सिख लाइट इंफैंट्री को कहा गया कि उसे ग्लेशियर पर जाना है। इसके बाद ही जवानों को मानसिक और शारीरिक ट्रेनिंग शुरू हो गई। हमने एक साल पहले ही मनोवैज्ञानिक तौर पर तैयारी शुरू कर दी। जवानों को ढेर सारे फोटोग्राफ, वीडियो फिल्म दिखाए गए। हमने उन अफसरों और लोगों को जवानों को अपने बीच बुलाया जो पहले वहां तैनात रह चुके थे। तमाम तरह की आशंकाओं पर बातचीत हुई। बर्फीली खाइयों का खौफ, बर्फ से जलने का डर। उनके दिमाग में एक ही बात बिठा दी गई कि ट्रेनिंग, ट्रेनिंग और सिर्फ ट्रेनिंग ही जिंदा रख सकती है। जब मैं एडवांस लायजन ऑफिसर के तौर पर ग्लेशियर पर गया। तो पहली नजर में जो कुछ भी देखा और महसूस किया उसे अपने जवानों को बताया। जब हम वहां तैनात किए गए तो हम में से ज्यादातर सैनिकों को पता था कि वो क्या करने जा रहे हैं।

स्नो स्कूटर से बर्फीली खाई पार करते जवान

दानवीर कहते हैं कि जिस बटालियन ने ट्रेनिंग की जरूरतों को आत्मसात कर लिया, उसने खुद को सुरक्षित रखा और सबसे बेहतर कर दिखाया। निजी तौर पर मुझे बर्फीली खाइयों में गिरने से डर लगता था और संयोग से इंदिरा कोल की गश्त के दौरान ऐसा हुआ भी। लेकिन हमने SOP के मुताबिक एक दूसरे को अच्छे से बांध रखा था, मैं बच निकला।

सैनिकों ने जितने तरह के अनुभव हासिल किए हैं वो दिमाग हिला देने वाले हैं। 2 बिहार के नौजवान ऑफिसर कैप्टन भारत तब का किस्से सुनाते हैं जब वे पहलवान पोस्ट पर थे, सेंट्रल ग्लेशियर के उस पोस्ट को पाकिस्तान से सबसे नजदीकी माना जाता है। किस तरह पूरी 20 सदस्यों का गश्ती दल सारे लोगों का ख्याल रखते हुए आगे बढ़ रहा था। लोग महसूस करते हैं कि ग्लेशियर पर अकेले जिंदा नहीं रहा जा सकता। टीमवर्क बहुत कारगर है।

एक घटना मैं नहीं भूल सकता, जब मैं वहां तैनात था हमारे पोस्ट से मुश्किल से 350 मीटर दूर ही पाक सेना का पोस्ट था, जहां एक हादसा हो गया। उनके टेंट को आग लग गई और वो चंद मिनटों में ही जलकर

कर्नल दानवीर सिंह चौहान

राख हो गया। चूंकि वे बहुत करीब थे हमने जोर से आवाज देकर पूछा कि क्या हम मदद कर सकते हैं। उन्होंने मना कर दिया। बेशक उनकी अपनी तरफ से मदद आ गई।

लेकिन फर्क के तौर पर इतना जरूर कहूंगा कि हमारे मामले में हेलीकॉप्टर तकरीबन रोजाना हमारे पोस्ट तक उड़ान भरते हैं लेकिन उनकी तरफ मैंने पहलवान पर अपनी 110 दिनों की तैनाती में सिर्फ दो बार उनका हेलीकॉप्टर देखा। जब आप सुविधाओं का मुकाबला करते हैं तो अपने सिस्टम और देश पर गर्व महसूस होता है। मुश्किल से 25 साल का वो कैप्टन बेस कैंप में मुझसे ये बता रहा है।

आराम के लिहाज से बेहतर बनाने की चाहे कितनी भी कोशिशें हुईं, लेकिन कुछ पोस्ट ऐसे हैं जहां जगह की कमी बहुत बड़ी समस्या है। जनरल हसनैन के मुताबिक... बाना सैडल पर बने बाना पोस्ट का बंकर मुश्किल से इंडियन रेलवे के 3 टीयर बर्थ जितनी जगह में हैं। इसकी कुल क्षमता एक ऑफिसर और एक जवान की है जो एक दूसरे के ऊपर पैर रखकर सोते हैं। पहले अफसर की बारी होती है कि वो अपना पांव

जवान के पैरों के ऊपर रखे, कुछ देर बाद जवान अपने अफसर से कहता है... साहब बहुत हो गया, अब ज्यादा वेट हो रहा है, अब थोड़ी देर के लिए मैं पांव ऊपर रखता हूं।

बताने को ऐसे कितने किस्से हैं एक बात तय है कि बीते तीन दशकों में सालतोरो के सैनिकों के बीच का रिश्ता और मजबूत हुआ है। सियाचिन का बेहद कठोर धरातल और निर्दयी माहौल भारतीय सेना के बेहतरीन लोगों की पहचान करता है। सबसे बड़ी बात ये है कि जवान महसूस करते हैं कि देश उनपर भरोसा करता है और बदले में आदर और सम्मान की अपेक्षा रखता है जिसका वो हकदार है।

ओपी बाबा की गाथा

ग्लेशियर पर जाने से पहले जवानों की जिंदगी पर फिल्म बनाने के दौरान मनोज और मैं किसी ओपनिंग शॉट की तलाश में थे, यानी सख्त जान जवानों की जिंदगी का कोई मानवीय पहलू। पहले 24 घंटे को दौरान हमें कोई खास चीज नहीं मिली। बेशक जवान सियाचिन

ओपी बाबा मन्दिर

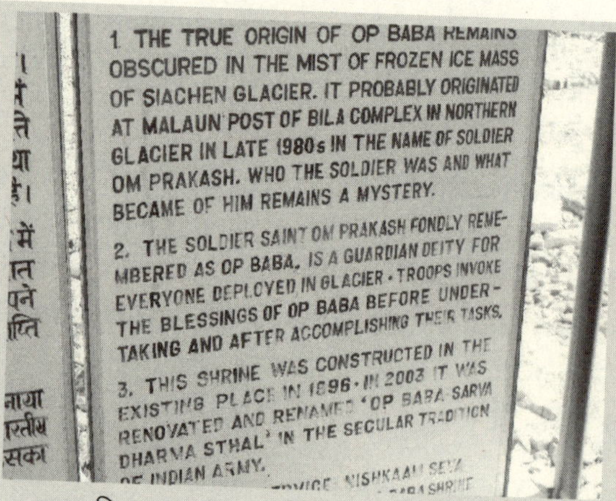

काल्पनिक कथा? वास्तविकता? कोई नहीं जानता

बेसकैंप में ट्रेनिंग ले रहे थे पर वे शाम में बास्केट बॉल खेलते, चिट्ठियां लिखते और यहां तक कि आते जाते हेलिकॉप्टर के दौरान अपने रोजमर्रा के काम करते, चाहे कोई सामान उतारना हो या फिर ऊंचाई के पोस्ट पर कोई जरूरी सामान भेजना हो। उस रात सोने से पहले मनोज थोड़ा परेशान था, सर एक किलर सिक्वेंस अभी मिला नहीं है, मैंने कहा तुम ढूंढ ही लोगे मनोज।

अब इसे किस्मत कहिए या ओपी बाबा की कृपा, हम जिस गोरखा यूनिट के साथ टिके थे उसकी एक कॉलम उत्तरी ग्लेशियर पर अपनी तीन महीने की तैनाती पूरी कर नीचे उतर रही थी। एक कतार में उतरते सैनिकों की यूनिफॉर्म काली पड़ चुकी थी, सेव बेतरतीब बढ़े थे, चेहरे की त्वचा खिंची हुई। मनोज ने उनकी वापसी की शूटिंग शुरू कर दी। उस खुले बर्फीले इलाके में सैनिकों की वो एक कतार छोटी सी लकीर लग रही थी, तभी यूनिट के कमांडर अभिजित बापट जो अब ब्रिगेडियर हैं, मुझे बताया कि अभी सैनिको की एक रस्म अदायगी बाकी है, वे यहां आकर डिब्रिफ करने से पहले उस मंदिर में जाएंगे और ओपी बाबा को रिपोर्ट देंगे, ये कहते हुए उन्होंने कुछ दूरी पर मौजूद एक कॉम्पलेक्स की ओर इशारा किया । मैं चकरा गया, ऐसा और किस सेना में होता है, जब मैं और मनोज आगे बढ़े तो वहां सच में मंदिर जैसी एक जगह देखकर हैरान रह गए।

ओपी बाबा का मंदिर।

कैप्टन तरुण तिवारी (जो अब काफी सीनियर हो चुके होंगे) अपने जवानों के साथ मंदिर में गए, वहां मौजूद मूर्ति के आगे सर झुकाया और फिर जयकारा लगाया... ओपी बाबा की जय। इसके बाद एक मिनट का मौन रखा गया, सारे सैनिकों ने भी ऐसा ही किया। वे सभी ग्लेशियर से अपनी सुरक्षित वापसी के लिए ओपी बाबा का शुक्रिया अदा कर रहे थे।

ओपी बाबा कौन थे?

मंदिर परिसर में मौजूद बोर्ड पर लिखा है.. ओपी बाबा की कहानी की सही शुरुआत के रहस्य सियाचिन ग्लेशियर की धुंध और यहां फैली बर्फ में कहीं दबी है। ये मंदिर 1980 के आखिरी सालों में मौलान पोस्ट पर खुद से अस्तित्व में आया। कहते हैं ओम प्रकाश नाम के एक सैनिक ने दुश्मन के हमले का अकेले ही मुकाबला कर उन्हें धूल चटा दिया, तब साथी जवानों को किसी कारण से अस्थायी तौर पर हेडक्वार्टर बुला लिया गया था। वो सैनिक कौन था और उस दौरान क्या हुआ ये आज भी एक रहस्य है।

सैनिकों में इस बात को लेकर अटूट भरोसा है कि सैनिक संत ओम प्रकाश, जिन्हें प्यार से अब ओपी बाबा पुकारा जाता है वे सभी के अभिभावक हैं, जो ना ग्लेशियर पर सिर्फ कुदरत के कहर से सुरक्षित रखते हैं बल्कि दुश्मनों की तरफ से आने वाले किसी भी खतरे की पूर्वसूचना सपने में आकर दे जाते हैं।

ग्लेशियर पर किसी भी मिशन पर जाने और लौटने के बाद ओपी बाबा को पूरे सैन्य तरीके से रिपोर्ट दी जाती है। ओपी बाबा को लेकर ये भरोसा इतना ज्यादा है कि ग्लेशियर अपनी तैनाती के दौरान सारे सैनिक शराब और तंबाकू का सेवन बंद कर देते हैं।

सियाचिन ग्लेशियर बेसकैंप पर मौजूद सैनिकों के बीच ओपी बाबा का क्रेज दीवानगी की हद तक है। जो ग्लेशियर के मुहाने पर 1996 में बना। जैसे ही जवान ग्लेशियर पर अपनी 90 दिनों की तैनाती पूरी कर लौटते हैं यहां जश्न का माहौल होता है, ये तैनाती बारी बारी से होती

है, शून्य से भी नीचे के तापमान पर चारो तरफ फैली बर्फ की चादर, जहां के कठिन कुदरती माहौल में कुछ भी हो सकता है, आंखो की रोशनी जा सकती है, शरीर का कोई अंग खोना पड़ सकता है, ऐसे में तमाम सावधानियों और इंतजामों के बावजूद अगर वापसी सुरक्षित होती है तो जश्न लाजिमी है।

मंदिर परिसर में ओपी बाबा के बुत के पास दूसरी मूर्तियां है, एक लाल झंडे पर जय ओपी बाबा लिखा है। मुस्लिम, बौद्ध, हिंदू, सिख सारे मजहबों के सैनिक यहां सर झुकाते हैं बगैर किसी संकोच के।

कई और भी किस्से कहानियां हैं जो एक से दूसरे यूनिट तक बढ़ती रही, उतनी ऊंचाई पर तैनात सैनिकों को भरोसे के लिए किसी शख्स या किसी चीज की जरूरत होती है, ओपी बाबा ये जरूरत पूरी करत हैं। कई लोगों का मानना है कि ओपी बाबा की अनदेखी करना मौत को बुलावा है। 2013 में बेसकैंप की यात्रा के दौरान एक सैनिक ने मुझे एक डॉक्टर की कहानी सुनाई जो बर्फीली दरार में फिसल गए और उन्हें बचाया नहीं जा सका। दो महीने बाद उनके माता–पिता

ऑफिसर, ओपी बाबा से प्रार्थना करते हुए

बेसकैंप आए, वे चाहते थे सेना शव की तलाश करे। एक स्थानीय पोर्टर ने आगे बढ़कर इसका बीड़ा उठाया, वो उस बर्फीला खाई के भीतर दाखिल हुआ और डॉक्टर के शव वाली जगह तलाश ली, लेकिन जैसे ही उसने शव को बाहर निकालने की कोशिश की, खाई में मौजूद दूसरे शव अचानक जिंदा हो गए और पोर्टर की कान में बोले.. हम सब भी बाहर आना चाहते हैं। बुरी तरफ डरा हुआ पोर्टर अपना काम अधूरा छोड़ जान बचा कर बाहर भागा।

कुलमिलाकर जो लोग ओपी बाबा को नहीं मानते, वो भुगतते हैं। कई बार छोटी मोटी बाते हैं होती है जैसे स्नो स्कूटर की किक स्टार्टिंग या जेनरेटर में बार बार बेवजह खराबी आना। लेकिन सैनिकों का मानना है कि ओपी बाबा की प्रार्थना से सारी मुश्किलें दूर हो जाती है।

सेना भी इन सीधे सादे सैनिकों की इस सरल आस्था पर सवाल नहीं उठाती।

1990 में दशक में गरजती तोपें, शुक्र है अब खामोशी है

खतरों से खेलते जवान

हथियारों की देखभाल जरूरी

X

तीन जंगों की गाथा

"मैं परवाह नही करता कि हमें क्या बलिदान करना है"

भारतीय सेना के बिलाफोंड ला और रिया ला पर पूरी तरह कब्जे और ग्योंग ला पर अपनी किलेबंदी मजबूत करने के तीन साल बाद, पाकिस्तान

बिला सैडल से बाना टॉप का नजारा

की स्पेशल सर्विसेज ग्रुप एसएसजी और कमांडो फोर्स की एक प्लाटून बिलाफोंड ला दर्रे के दक्षिणी हिस्से, जिसे लेफ्ट सोल्जर भी कहते हैं, उस पर कब्जा करने में कामयाब हो गई। 21,853 फीट की ऊंचाई वाली ये जगह पूरे बिलाफोंड इलाके में दबदबा रखती है, इसके ऊपर बनी पोस्ट से दोनों ही तरफ के 20 किमी तक के दायरे की चीजें साफ नजर आती हैं। पाकिस्तानियों ने इस ऑपरेशन को इतनी खामोशी से किया कि बिलाफोंड ला या अमर और सोनम पोस्ट पर मौजूद भारतीय सेना को इसकी हवा तक नहीं मिली और मोहम्मद अली जिन्ना के नाम यहां कायद पोस्ट बनाकर जम गए।

18 अप्रैल, 1987, *ऑपरेशन मेघदूत* के शुरू होने के तकरीबन ठीक तीन साल बाद, कायद पोस्ट से एक मिडियम मशीनगन के जरिए करीब 1500 मीटर नीचे मौजूद सोनम पोस्ट पर फायरिंग हुई जिसमें 5 बिहार रेजिमेंट के दो जवान शहीद हो गए। भारतीय एकदम हैरान थे, अब सोनम और अमर पोस्ट पर फेरी लगाने वाले हेलीकॉप्टरों पर कायद पोस्ट से अक्सर फायरिंग होती।

हर तरफ बर्फ ही बर्फ

कायद पोस्ट को तबाह तो करना ही था। लेकिन सवाल था, कैसे?

जब चोटी पर पाकिस्तानी बैठे हों तो 500 मीटर से भी लंबी और 85 डिग्री की खड़ी ढलान एकदम खामोशी से चढ़ना नामुमकिन था। इतनी ऊंचाई पर पतली हवा की वजह से किसी हेलीकॉप्टर से भी फायरिंग की उम्मीद नहीं की जा सकती थी। फिर और क्या रास्ता था... सिर्फ आमने सामने की लड़ाई जिसे खुदकुशी ही कही जाएगी, यही एक उपाय था। ब्रिगेडियर सी एस नुग्याल तब 102 ब्रिगेड के कमांडर थे, उन्होंने अपने बटालियन के कमांडरों से रायमशविरा कर एक प्लान तैयार किया। सिख रेजिमेंटल ऑफिसर ब्रिगेडियर नुग्याल अपने साहस, हौंसले और खुद्दारी के लिए जाने जाते थे, 102 ब्रिगेड़ के सेकेंड कमांडर के तौर पर ब्रिगेडियर नुग्याल के पास काफी बड़ी जिम्मेदारी थी वो ये कि सालतोरो इलाके में पाकिस्तान की जहां कहीं भी मजबूत स्थिति हो उसे खत्म करते हुए भारत के दबदबे को बनाए रखना।

अप्रैल का महीना ग्लेशियर के लिए जाड़े का मौसम ही होता है साथ ही तैनात सैनिकों के बदलाव का वक्त भी होता है। 5 बिहार बटालियन की जगह तब 8 JAK LI लेने वाली थी। कायद पोस्ट को लेकर ब्रिगेडियर नुग्याल, कर्नल एपी राय 8 JAK LI के सीओ ने मिलकर फैसला किया कि एक रेकी पार्टी भेजी जाए और उन ऊंचाइयों पर मौजूद पाकिस्तानियों को हटाया जाए। अपनी पहली पोस्टिंग पर गए सेकेंड लेफ्टिनेंट राजीव पांडे को नौ लोगों की टीम की अगुवाई करते हुए सोनम पोस्ट भेजे जाने के लिए चुना गया। इन्हें क़ुमार बेस से वहां पहुंचना था। नौ सदस्यों की टीम को वहां पहुंचाना एक बहुत बड़ा काम था। एक चीता अपनी पूरी ताकत का इस्तेमाल कर एक बार में सिर्फ एक जवान को उसके हथियार समेत ले जा सकता था। यहां तक कि जवानों के किटबैग भी अगली खेप में जाते थे, 20000 फीट से ऊपर के पोस्ट की उड़ान भरने में कई शर्तों का पालन करना पड़ता है। हेलीकॉप्टर पायलट याद करते हैं कि 9 लोगों की उस पूरी टीम के लिए उन्हें 35 फेरे लगाने पड़े थे और सारे संसाधनों को जुटाने में तीन हफ्ते लग गए।

आखिरकार 29 मई 1987, दस लोगों की पेट्रोल अपने बहादुर और जोशीले लीडर सेकेंड लेफ्टिनेंट राजीव पांडे की अगुवाई में पोस्ट के लिए

ऊँची चोटियों से घिरा ग्लेशियर

निकल पड़ी। कायद पोस्ट तक पहुंचने के लिए उस नौजवान ऑफिसर को फिसलन वाली 90 डिग्री की खड़ी ढाल पर 1,500 फीट की चढ़ाई पार करनी थी। ऊपर से मौसम बेहद खराब था और कुछ भी साफ नहीं दिख पा रहा था। लेकिन उस नौजवान की बहादुरी की बराबरी नामुमकिन है, इसे उस अफसर की दृढ़ता और हौंसला कहिए कि शून्य से नीचे के तापमान में गोलीबारी के बीच उसने खड़ी बर्फ की दीवार पर रस्सों को लगाने का फैसला किया। वे 48 घंटे तक बिना खाना पानी के जुटे रहे और सफलता की सीढ़ियां बनाने में कामयाब रहे। लेकिन दुर्भाग्य से जब वे कायद पोस्ट के करीब पहुंचे, उन्हें एसएसजी के कमांडरों ने देख लिया, लेफ्टिनेंट पांडे और उनके जेसीओ समेत 8 भारतीय शहीद हो गए। लेफ्टिनेंट पांडे को उनकी वीरता के लिए वीर चक्र दिया गया।

सेकेंड लेफ्टिनेंट पांडे और उनके सैनिकों की मौत दुखद थी, सीओ जीत को लेकर और सख्त हो गए थे। बटालियन के सैनिकों और अफसरों को जो बात सबसे ज्यादा अखर रही थी वो ये कि अपने साथियों के शव तीन हफ्ते तक उनके सामने बर्फ पर पड़े रहे, क्योंकि पाकिस्तान की ओर से लगातार फायरिंग की वजह से उन्हें हटा पाना मुमकिन नहीं था।

एक ऐसे पोस्ट पर हमला जो ऊंचाई पर हो और पूरी तरह चाकचौबंद हो, ये कोई आसान काम नहीं था। इसके लिए जमीनी हालात की पूरी जानकारी, तैयारी और सबसे ज्यादा ऐसे लोगों की जरूरत थी जो ये जोखिम जानते हुए भी जाने पर तैयार हों कि वापस लौटने की उम्मीद बहुत थोड़ी है। उस जगह को दुश्मन से खाली कराने का मतलब था उसके साथ आमने सामने की लड़ाई, इसके अलावा आर्टिलरी का इस्तेमाल भी मुमकिन था जिससे ग्लेशियर पर इसका दायरा बढ़ सकता था। इसलिए नॉर्दन कमांड ने सेना मुख्यालय को भी खबर दे दी। मुख्यालय और तब सेना प्रमुख रहे जनरल के सुंदरजी ने मामले की जानकारी कैबिनेट और तब प्रधानमंत्री रहे राजीव गांधी को बताया। संयोग से भारत तब श्रीलंका के गृहयुद्ध में नहीं कूदा था।

पूरे इलाके की गश्त और उससे मिली जानकारी के बाद बटालियन हमले की तैयारी में जुट गई, लेकिन एक समस्या थी, इस ऑपरेशन में हर सैनिक शामिल होना चाहता था। ब्रिगेडियर राजीव विलियम्स लिखते हैं... जब वॉलेंटियर्स को अपनी टुकड़ी तैयार करने को कहा गया तो एक भी ऐसा जवान नहीं था जो खामोश रहा। हर कोई बदले की इस कार्रवाई का हिस्सा बनना चाहता था। मकसद था पोस्ट पर कब्जा करके पाकिस्तानियों को उनकी पुरानी जगह पर वापस लौटाना। चूंकि जवान अलग अलग पोस्ट पर 10–15 के समूह में थे। साथ में दूसरे सहयोगी स्टाफ भी थे इसलिए ये मुमकिन नहीं था सारे लोग एक ही कंपनी के लिए जाएं। चुनाव की एक तेज प्रक्रिया के बाद 50 लोगों की एक टास्क फोर्स तैयार की गई जिसके कमांडर मेजर वीरेंद्र सिंह और कैप्टन अनिल शर्मा सेकेंड इन कमांड बने।

मई, 1987 के आखिर तक टास्क फोर्स अपने टार्गेट बिलाफोंड ला के लेफ्ट सोल्जर से करीब एक किमी दूर अपने बेस के लिए रवाना हो गई। हेलीकॉप्टरों को इन सभी को अमर और सोनम पोस्ट तक पहुंचाने के लिए 200 से भी ज्यादा चक्कर लगाने पड़े। इन दोनों पोस्ट को भी संभावित हमले को देखते हुए हर तरह से मजबूत बनाया गया। सोनम पोस्ट से ठीक आगे कैप्टन राम प्रकाश पहाड़ के एक निकले हुए हिस्से पर एक मिडियम मशीनगन और एक रॉकेट लांचर लगाने में कामयाब रहे, जिसका इस्तेमाल आखिरी हमले में किया जाना था। कैप्टन बलराज शर्मा अपने

7 जवानों के साथ अमर पर जमे थे और सोनम की तरह यहां भी इन्होंने एक ऑब्जर्वेशन पोस्ट बना लिया। कायद पोस्ट पर मौजूद पाकिस्तानी भारतीय गतिविधियों को देख रहे थे और धीरे–धीरे उन्होंने महसूस कर लिया कि वो अब घिरने लगे हैं। उन्हें रसद और हथियार की सप्लाई के लिए सिर्फ एक रास्ता बचा था।

फिर टास्क फोर्स के कमांडर मेजर विजेंद्र सिंह ने 23 जून को कायद पोस्ट पर कब्जे के लिए ऑपरेशन राजीव (सेकेंड लेफ्ट राजीव पांडे की याद में) शुरू किया। आखिरी हमले में कुल 62 लोगों ने हिस्सा लिया, इसमें दो ऑफिसर, तीन जेसीओ और 57 जवान थे, जेसीओ में बाना सिंह भी थे।

6 जनवरी, 1949 को एक पंजाबी सिख परिवार में पैदा हुए बाना सिंह का जन्म सीमा से सटे आरएसपुरा के एक गांव कादयाल में हुआ था। बासमाती चावल के लिए मशहूर इस इलाके से आने वाले बाना सिंह ने 6 जनवरी 1969 को JAK Li ज्वॉइन किया था। अफसर उन्हें भरोसेमंद, उत्साही और बुद्धिमान जवान के तौर पर जानते थे, जो हर तरह की जिम्मेदारी निभा लेता हो। उन्होंने हाई एल्टीट्यूड वारफेयर स्कूल गुलमर्ग और सोनमर्ग में भी ट्रेनिंग ले रखी थी, कुल मिलाकर कम उम्र में ही वो हर तरह के युद्ध में निपुण थे और अपने दोस्तों और अफसरों में सम्मान के पात्र थे।

बाना के जोशीले कमांडर मेजर वीरेंद्र सिंह की अगुवाई में 23 जून को गए प्लाटून को दुर्भाग्य से आधे रास्ते में ही लौटना पड़ा और बदले में दो सैनिक भी शहीद हो गए। इस हमले से एक महीने पहले सेकेंड लेफ्ट पांडे ने बर्फ की खड़ी दीवारों पर रस्से लगाने में कामयाबी हासिल कर ली थी जो कायद पोस्ट तक जाते थे, लेकिन भारी बर्फबारी की वजह से रस्सों का पता नहीं चल सका और ये काम अब दोबारा किया जाना था।

सुबेदार संसार सिंह की अगुवाई में दस जवानों की दूसरी प्लाटून ने 25 जून को दूसरी कोशिश की, इस बार रस्से की तो कोई समस्या नहीं थी लेकिन कंट्रोलिंग हेडक्वार्टर के साथ संदेशों के तालमेल में गड़बड़ी की वजह से मिशन को बीच में ही खत्म करना पड़ा। इधर कर्नल राय किसी भी कीमत पर जीत के लिए अडिग थे। उन्होंने साफ और सीधा संदेश

दिया... चाहे कोई भी कीमत चुकानी पड़े उसकी परवाह नहीं, लेकिन कायद फतह होकर रहेगा।

तब सीओ ने इस चुनौती भरे आखिरी हमले के लिए नायब सूबेदार बाना सिंह को चुना। उनके साथ राइफलमैन चुन्नीलाल, लक्ष्मण दास, मराज और कश्मीर चंद भी थे। 26 जून 1987 को तब ठीक 12 बजकर 11 मिनट हुए थे जब भारी बर्फबारी और ढलते अंधकार के बीच ऑपरेशन राजीव का आखिरी चरण शुरू हुआ। बाना सिंह याद करते हैं कि "उससे पहले वाली रात में एक बेहद अजूबी घटना हुई... हमले के एक दिन पहले मैं बेहद निराश महसूस कर रहा था तो मैंने प्रार्थना शुरू कर दी, मैंने गुरु गोविंद सिंह की आवाज सुनी जिन्होंने कहा कि... मैं सिर्फ तुम्हारी परीक्षा ले रहा था। इसके बाद मेरी निराशा गायब हो गई, ऐसा मुझे पहली और आखिरी बार अनुभव हुआ।"

जब बाना सिंह और उनके लोगों ने कायद पोस्ट की तरफ बढ़ना शुरू किया तो भारी बर्फबारी और हर तरफ छाए अंधेरे की वजह से सैनिक हैरान हो रहे थे कि दिन है या रात।

उधर पाकिस्तानी सिर्फ इतना जान रहे थे कि कुछ हो रहा है क्योंकि भारतीय इलाके से हो रही गोलीबारी ने उन्हें बंकर के भीतर रहने पर मजबूर कर रखा था।

जब बाना और उनकी टीम ने 85 डिग्री की खड़ी ढाल पर चढ़ना शुरू किया तो मांसपेशियां दुखने लगी, उन्हें आराम की जरूरत थी लेकिन ये आखिरी मौका था, वो एक एक फुट कर आगे बढ़ते रहे। हर दस मिनट पर रुककर दुखते हाथ और पांव को आराम देते और गहरी सांस लेते। बर्फ लगातार गिर रही थी, उन्हें लग रहा था कि अगर ऊपर बैठे पाकिस्तानी सतर्क हो गए तो मौत पक्की है। पर्वतारोही हरीश कपाड़िया जिन्होंने ऑपरेशन राजीव में शामिल रहे कई जवानों से बातचीत की है अपनी किताब "सियाचिनः द बैटल ऑफ रोजेज" में 500 मीटर की उस खड़ी चढ़ाई के बारे में लिखते हैं कि... पोस्ट तक पहुंचने के लिए बाना और उनकी टीम ने जुम्मरिंग तकनीक का इस्तेमाल किया, जिसमें आप जुम्मर नाम के एक क्लिप का इस्तेमाल करते हुए ऊपर चढ़ते हैं। किसी रस्से से जुड़ा जुम्मर सिर्फ ऊपर ही सरकता है, जब आप ऊपर जाकर

ऑपरेशन राजीव में शामिल जांबाज बाना सिंह (नीचे बायें)

इस पर दबाव बनाते हैं तो ये नीचे नहीं खिसकता, लेकिन इसके लिए अपने आपको ऊपर धकेलना होता है और पीढ पर काफी जोर आता है। आपको अपनी पीठ पर अच्छा खासा वजन लेकर ऊपर बढ़ना होता है, ये एक बहुत मुश्किल काम है और यहां तक कि किसी पर्वतारोही के लिए भी ये कोई आसान काम नहीं था। वे काफी धीमें आगे बढ़ रहे थे साथ ही रस्से पर संतुलन के लिए खासी सावधानी की जरूरत थी। जवानों की

जैकेट में गर्म पानी की बोतल थी ताकि वो बीच बीच में जुम्मर क्लिप्स को पकड़ने के लिए हाथों में गरमाहट ला सके। अगर सबकुछ ठीक हो तो भी 50 मीटर की जुम्मरिंग बेहद मुश्किल काम है यहां तो 500 मीटर चढ़ने के बाद भी दुश्मनों की गोली का खतरा मंडरा रहा था।"

शायद ये सिर्फ भारतीय सैनिक ही थे जिन्होंने इतने मुश्किल हालात में भी वो कर दिखाया।

बाना सिंह याद करते हैं कि जब वे चोटी पर पहुंचे तो वहां एक ही लेकिन काफी गहरा बंकर था। पाकिस्तानी बेहद खराब मौसम और इससे पहले भारतीय जवानों की दो कोशिशों को नाकाम करने की वजह से निश्चिंत लग रहे थे। इस पोस्ट पर पाकिस्तान कमांडो फोर्स एसएसजी की शाहीन कंपनी का नायब सूबेदार अता मोहम्मद तैनात था।

भारतीयों की तीन दिनों के हमले का कोई नतीजा नहीं निकला था। लेकिन जब बाना और उनकी टुकड़ी खामोशी से कायद पोस्ट तक पहुंचने में कामयाब रही तो उसने बंकर का दरवाजा खोला और फिर उसके भीतर ग्रेनेड फेंककर दरवाजे को दोबारा बंद कर दिया। बाना और उनके

चोटियों की चढ़ाई

आदमियों ने अपनी लाइट मशीनगन को सिंगल शॉट मोड पर फिक्स कर लिया था, क्योंकि उस खराब मौसम में ऑटोमेटिक हथियार भी सिर्फ एक ही शॉट फायर कर सकते थे। लेकिन हैरानी तब हुई जब पाकिस्तानी बंकर से बाहर आ गए, एक छोटी लेकिन घनघोर आमने सामने की लड़ाई हुई जिसमें 6 पाकिस्तानी मारे गए, दो या तीन को अपने कब्जे में किया गया।

नायब सूबेदार अत्ता मोहम्मद और उसके आदमी भी बहादुरी से लड़े लेकिन उन्हें काबू में कर लिया गया। शायद कुछ जख्मी पाकिस्तानी सैनिक गिर गए या फिर चट्टान से छलांग लगाकर बच निकले इस पूरी कहानी को बताने के लिए। ब्रिगेडियर विलियम्स लिखते है... नायब सूबेदार अता मोहम्मद की कहानी शायद कभी उसके (नायब सुबेदार अत्ता मोहम्मद) हिस्से की कहानी कभी नहीं कही गई, क्या ये इन लोगों के लिए नहीं थी जब जाना मुश्किल तो जांबाज़ ही जाते हैं। वे कायद पोस्ट पर अपने आखिरी दिनों को याद करते हुए बताते हैं... नायब सूबेदार अता मोहम्मद हर कहीं थे, जब हमने देखा कि भारतीय सैनिक हमारे पोस्ट की तरफ चढ़ रहे हैं, दुश्मन की गोलियों से बुरी तरह जख्मी हो चुके हमारे नायब सूबेदार भरोसा दिला रहे थे कि जल्द ही मदद पहुंचने वाली है, लेकिन वो मदद कभी नहीं आई फिर भी हम मोर्चे पर डटे रहे और अगले तीन दिनों तक जबतक हमारे हथियार खत्म नहीं हुए हमने कब्जा नहीं होने दिया।"

नायब सूबेदार अता मोहम्मद को मौत के बाद पाकिस्तान का सबसे बड़ा वीरता पुरस्कार दिया गया।

बाना याद करते हैं कि भारतीय सेना ने दुश्मन के शवों के साथ भी तमीज और कायदे के साथ सलूक किया था... एसएसजी के छह जवानों के शव भारतीय ले आए और फिर बाद में उन्हें कारगिल में हुई फ्लैग मीटिंग के दौरान पाकिस्तान को सौंप दिया गया।

27 जून, 1987 की सुबह, ब्रिगेड कमांडर ब्रिगेडियर सीएस नुग्याल जो शुरू से ही ऑपरेशन की योजना बनाने और इसे अमल करने में शरीक थे हेलीकॉप्टर से बटालियन के लॉन्च बेस पहुंचे और उन्होंने बाना और उनके जवानों को अपने गले से लगाया। उन्होंने एलान किया कि अब से

21153 फीट की ऊंचाई पर जिस पोस्ट को नायब सूबेदार बाना सिंह और उनके जवानों ने पाकिस्तान से अपने कब्जे में लिया उसे उनके सम्मान में बाना टॉप कहा जाएगा। इस फैसले को देश और सेना ने सम्मान के साथ आगे लागू किया।

सूबेदार (मानद कैप्टन) बाना सिंह

नायब सूबेदार बाना सिंह को जंग में सर्वश्रेष्ठ वीरता के लिए दिया जाने वाले परमवीर चक्र से नवाजा गया। जो उन्होंने एकदम मुश्किल हालात में ऑपरेशन राजीव के दौरान दिखाया, इसके अलावा सूबेदार संसार सिंह के लिए महावीर चक्र और सात वीर चक्र और एक सेना मेडल भी मिला जो परमवीर चक्र से अलग है। सीओ और कमांडर को भी UYSM दिए गए। 8 JAK LI और 102 इंफैंट्री ब्रिगेड के लिए ये वाकई बड़े फक्र की बात थी और ऐसा था भी, उन्होंने दुनिया की सबसे ऊंची जगह पर हुई अभी तक की सबसे मुश्किल जंग में फतह हासिल किया था।

जैसा कि जनरल राघवन लिखते है... इस ऑपरेशन के लिए सैनिकों में हैरानी की हद तक वचनबद्धता और अफसरों में कमाल की नेतृत्व क्षमता की जरूरत थी। सालतोरो पर मौजूद बटालियन और ब्रिगेड़ कमांड़र खुद पूरे ऑपरेशन के दौरान एक एक हरकत पर नजर रखे हुए थे और निर्देश दे रहे थे। दुनिया भर की सेना के इतिहास में 21,000 फीट से ऊंचाई पर हमले की ऐसी कोई मिसाल नहीं है।

लेकिन 'लेफ्ट सोल्जर' जो कि अब बाना टॉप कहलाता है, की जंग में भारतीयों के हाथों मिली हार भी पाकिस्तानियों के दुस्साहस को रोक नहीं सकी। सितंबर 1987 में एसएसजी ने बिलाफोंड ला पर एक दूसरा हमला किया, उस समय की न्यूज रिपोर्ट और लिखे दूसरे दस्तावेजों के मुताबिक उस हमले की योजना परवेज मुशर्रफ ने बनाई थी जो तब एसएसजी में ब्रिगेडियर थे।

ऑपरेशन के दौरान अफसर और जवान

ऑपरेशन कयादत के कोडनेम से हुए इस हमले का मकसद बिलाफोंड ला के उत्तर में अशोक और यू टर्न नाम के दो पोस्ट पर कब्जा जमाना था, सितंबर 1987 में अशोक पर तब कुल आठ सैनिक हुआ करते थे जिनकी अगुवाई नायब सूबेदार लेखराज के हाथों थी। सितंबर के तीसरे हफ्ते में पाकिस्तान ने बिलाफोंड ला इलाके के सारे पोस्ट और खासकर अशोक और यू टर्न पर जबरदस्त गोलीबारी और मोर्टर हमला किया। जो उस वक्त वहां मौजूद थे उनके मुताबिक बर्फ का पूरा इलाका गोले फटने की वजह से काला पड़ गया था। तब 8 JAK LI अपनी तैनाती पूरी कर जाने को थी और 3/4 गोरखा राइफल्स उत्तरी ग्लेशियर की कमान अपने हाथों में लेने वाला था।

23 सितंबर 1987 को अशोक पोस्ट पर पाकिस्तान का हमला शुरू हो गया, उस वक्त किसी को पता नहीं था कि पाकिस्तानी हमले में कौन लोग शामिल थे, बाद में जानकारी मिली को उसमें एसएसजी की 1 और

3 बटालियन के जवान और 2 नॉर्दन लाइट इंफैंट्री शामिल थी, भले बाद में ये खुदकुशी की एक कोशिश साबित हुई।

ब्रिगेडियर विलियम्स तब पास के एक पोस्ट सोनम पर बतौर मेजर तैनात थे और उस जंग के दौरान पूरे बिलाफोंड ला इलाके में सबसे सीनियर ऑफिसर थे। ठीक सुबह 5.55 बजे पाकिस्तान की इलिट फोर्स एसएसजी के बहादुर, दिलेर और नौजवान सैनिकों ने अपने कमांडर के ऑर्डर को अंजाम दिया। सवेरा होने पर हमने देखा कि दुश्मन के जवानों की कतार संकरी पहाड़ी से चिपकते हुए अशोक की तरफ आ रही है। चूंकि पहाड़ी पर एक साथ दो से ज्यादा लोग नहीं चल सकते थे लिहाजा हम एक के पीछे एक सैनिकों की लंबी लाइन देख सकते थे। हमला शुरू हुआ, अशोक पोस्ट पर 8 JAK LI के सिर्फ 8 लोगों की एक कमजोर टुकड़ी थी जिन्हें बाद में 3/4 गोरखा राइफल्स से मदद मिली।

हम सुबह के तीन बजे तक हमले का इंतजार करते रहे, 22–23 सितंबर की रात हम मुश्किल से ही सोए होंगे, जब हमें अशोक पर तैनात एक जेसीओ का रेडियो संदेश मिला कि पाकिस्तानी बड़ी संख्या में हमारे पोस्ट की तरफ आ रहे हैं। पहले हमें लगा कि रिपोर्ट गलत है क्योंकि कोई भी दुरुस्त दिमाग वाला उस वक्त अपने से ऊंचाई पर मौजूद किसी जगह पर हमला कैसे कर सकता है। लेकिन रिपोर्ट सही थी दुश्मन पहाड़ के कगार के सहारे ऊपर चढ़ रहा था और हम उसे साफ देख सकते थे। ये हमारे सैनिकों के लिए चांदमारी साधने का शानदार मौका हो सकता था। लेखराज और उनके दोस्तों ने पाकिस्तानियों का अच्छे से स्वागत किया, पाक सैनिक संख्या में बहुत ज्यादा थे लेकिन लेखराज ने हमें भरोसा दिलाया कि जबतक वो जिंदा है पोस्ट को कुछ नहीं होने वाला। रेडियो पर हुई बातचीत के मुश्किल से 15 मिनट बाद ही दुश्मन के फायर बेस से एक TOW मिसाइल आकर सीधे बंकर पर लगी जिसमें जेसीओ और दो जवान मौके पर ही शहीद हो गए।

अगले दो दिनों तक भारत अशोक पोस्ट को मजबूत करता रहा और जबरदस्त गोलीबारी जारी रही। भारत के जवाबी हमले का कोडनेम ऑपरेशन वज्रशक्ति था। जैसा कि 314 फील्ड रेजिमेंट के साथ सियाचिन

खड़ी ढाल पर चढ़ाई

में तैनात नौजवान आर्टिलरी ऑफिसर सुरेश नायर याद करते है... 314 फील्ड रेजिमेंट एक बेहद नई यूनिट थी जिसे 1984 में बनाया गया था, बनने के फौरन बाद ही हमें ग्लेशियर भेज दिया गया था और यकीन कीजिए हमें उससे बेहतर ट्रेनिंग ग्राउंड नहीं मिल सकता था।

इस ऑपरेशन में तोपखाने ने अपनी फुर्ती, सटीक निशाने और धुआंधार गोलीबारी की वजह से जीत में बेहद अहम भूमिका निभाई। इसे बेहद सधे तरीके से और सही वक्त और जगह पर अंजाम दिया गया जो जंग में निर्णायक साबित हुआ।

सुरेश नायर आगे बताते हैं कि... 23 सितंबर को जब तड़के सुबह हमला शुरू हुआ और अशोक पर तैनात जवान बहादुरी से उसका मुकाबला कर रहे थे, हमने अपने मीडियम लाइट और फील्ड गन से दुश्मन की पोजीशन पर फायरिंग शुरू कर दी। 11:30 बजे तक दुश्मन को टोला हिल और एचएमजी रिज के पीछे हटने को मजबूर होना पड़ा। हमारे गोले हवा और जमीन दोनों जगह फटकर कहर बरपा रहे थे। खासकर हवा में इनका असर जोरदार रहा। दुश्मनों ने 24 सितंबर की रात एक

बार फिर अशोक और यू कट पर फायरिंग शुरू कर दी। इसबार उनके साथ कुछ सिविलियन कुली भी थे, इस प्लाटून के पीछे चार कॉलम में एक पूरी बटालियन थी। हमारी गोलीबारी से वे तितर बितर हो गए और उन्हें आगे बढ़ने से रुकना पड़ा।

इस जंग के दौरान हमने तीन 130 मिमी गन, तीन 105 मिमी एलएफजी और तीन 120 मिमी मोर्टार का इस्तेमाल किया था। हमारी आर्टिलरी ने तीन रातों में 3000 राउंड फायर किए थे जो इतने कम गनों से हुई फायरिंग का रिकार्ड होगा। एक 130 मिमी गन लगातार फायर की वजह से फट गई, एक इंटरसेप्ट किए गए रेडियो संदेश से ये बात पता चली कि पाकिस्तानी कंपनी कमांडर अपने वरिष्ठों को इस बात का संदेश दे रहा था कि आर्टिलरी की धुंआधार और सटीक फायरिंग की वजह से आगे बढ़ना मुमकिन नहीं है।

इतने सालों बाद भी नायर एक वाकये को याद करते हैं कि... मैं एक बेहद यादगार घटना का जिक्र करना चाहूंगा जो जंग के मैदान में लीडरशिप से जुड़ी है और मैं इसका गवाह रहा हूं। तब हमारे कमांडर रहे ब्रिगेडियर नुग्याल अगले मोर्चे के दौरे पर थे, वो आए और हमसे पूछताछ की, कुछ देर बाद एक हेलीकॉप्टर आया और उन्हें लेकर चला गया। बाद में सीओ ने मुझसे पूछा कि क्या कमांडर ने बताया कि वो जख्मी थे। हम सभी को बेहद झटका लगा कि हमारे बीच रहने के दौरान ब्रिगेडियर नुग्याल ने अपने जख्मी होने की भनक तक नहीं लगने दी। वो शायद गोलेबारी के दौरान जख्मी हो गए थे फिर भी अपने दौरे के दौरान मुझसे या मेरे आदमियों से अपने दर्द या किसी तरह की डाक्टरी मदद को लेकर कुछ नहीं कहा।

आखिर में ब्रिगेडियर विलियम्स लिखते है... पाकिस्तानी रिपोर्ट और इंटरसेप्ट किए गए सिग्नलों के मुताबिक दुश्मन के करीब 300 सैनिक मारे गए थे। तब *इंडिया* टुडे के लिए लिखने वाले राज चेंगप्पा ने अक्टूबर 1987 में लिखा ... बिलाफोंड ला ग्लेशियर के भारतीय सेना की चौकी पर तैनात जवान उस कंपा देने वाली सर्दी में पाकिस्तान के हमले का इंतजार कर रहे थे। अपनी दूरबीन के जरिए उन्होंने देखा कि इस बार पाकिस्तानी बड़ी तादाद में हैं और ढेर सारे हथियारों से लैस हैं। भारतीय कमांडरों ने अनौपचारिक तौरपर उन्हें चेतावनी संदेश भी भिजवाया कि

वो कोई हमला ना करें। लेकिन पाकिस्तानी सैनिकों ने इसे तवज्जों नहीं दी और 23 सितंबर को भारतीय पोस्ट पर मोर्टार से गोलेबारी शुरू कर दी। जंग से फौरन लौटे एक भारतीय अधिकारी ने कहा... वे हर मोर्चे पर तैयार होकर आए थे कि मोर्टार से गोलीबारी, लांग रेंज की मिसाइल की वजह से हमें काफी ज्यादा नुकसान होगा। लेकिन हम पूरी तरह से तैयार थे और अपने नीचे की पहाड़ी पर मिडियम रेंज गन से धुआंधार फायरिंग की साथ ही मोर्टार की वजह से उन्हें काफी नुकसान पहुंचा। रात भर चली इस लड़ाई में पाकिस्तानी हमलावरों को मुंह की खानी पड़ी लेकिन उनके हमले अगली दो रातों तक जारी रहे। 25 सितंबर को उन्होंने आखिरकार वापस लौटने का फैसला किया। भारतीयों ने दावा किया कि उन्होंने कम से कम 150 दुश्मनों को मार गिराया तकरीबन उतने ही जख्मी हुए हैं।

इस बीच रक्षा मंत्रालय से सूत्रों ने कहा कि सिर्फ 20 के करीब भारतीय शहीद हुए जबकि दूसरे स्रोतों ने ये आंकड़ा 50 के करीब बताया। भारतीय सेना के एक बड़े अधिकारी के मुताबिक 1984 में सियाचिन में भारतीय सैनिकों की तैनाती के बाद से ये पाकिस्तान की ओर से हुआ सबसे बड़ा हमला था... पाकिस्तानियों के लिए ये हमला करो या मरो सरीखा था, जो मरो पर खत्म हुआ और वे कर कुछ भी नहीं सके।

जहां भारतीय रक्षा मंत्रालय ने हमले को सफलतापूर्वक नाकाम करने का एलान किया वहीं पाकिस्तान फौरन इसे विवादित बनाने की कवायद में लग गया। पाकिस्तान के रक्षा राज्यमंत्री राणा नईम मोहम्मद ने कहा ... भारतीय पक्ष मुठभेड़ के आंकड़ों को काफी बढ़ा चढ़ा कर पेश कर रहा है पाकिस्तान के हुए नुकसान की रिपोर्ट मूर्खतापूर्ण है।

लेकिन असल सवाल ये है कि आखिर पाकिस्तान ने अपने सबसे बड़े हमले के लिए वही वक्त क्यों चुना... इसका एक जवाब ये है कि भारत उस समय श्रीलंका की समस्या में उलझा हुआ था और उसकी तिब्बत से लगी उत्तरी सीमा पर भी गंभीर समस्याएं थी साथ ही राष्ट्रपति जियाउल हक पर सियाचिन के इलाके पर पाकिस्तान के कब्जे को लेकर विपक्ष का खासा दबाव था।

जबकि दोनों देशों ने इस बात का भरोसा दिलाया था कि वो ताकत का

इस्तेमाल किए बगैर सियाचिन इलाके के किसी भी विवाद को बातचीत से सुलझाएंगे, लेकिन इस बात की हमेशा अनदेखी की गई, जाहिर है कि दोनों देशों के बीच किसी तरह का संपर्क नहीं था। दरअसल पाकिस्तान ने एक और हमला अक्टूबर के पहले हफ्ते में भी किया लेकिन इसे भी नाकाम कर दिया गया।

भारतीय सेना अपनी चौकियों की सुरक्षा को लेकर बेहद इत्मीनान है और सीनियर ऑफिसर कहते हैं कि ... हम वहां सबसे ऊपर हैं और मेरी ये बात सौ फीसदी सही है। हम उस पूरे इलाके को नियंत्रित करते हैं। अगर पाकिस्तान विवाद चाहता है तो ऐसा वो नुकसान उठाकर कर सकता है, उन्हें इसकी महंगी कीमत चुकानी होगी। लेकिन इस तरह की बातें पाकिस्तान शायद ही समझ सके।

1987 और इसके बाद 1989 में दक्षिणी ग्लेशियर पर हुई जंग आमलोगों की नजरों से दूर रही, ऐसा इसलिए हुआ क्योंकि वे बेहद दूर दराज के इलाके में हुई थी, जहां सेना भी बेहद मुश्किलों से गुजर कर ही पहुंच पाती है।

1984 में सालतोरो को खोना और फिर 1987 और 1989 में लगातार हार की वजह से पाकिस्तान सेना की खासी छिछालेदर हुई। सितंबर 1987 के हमले की योजना तब ब्रिगेडियर रहे परवेज मुशर्रफ ने बनाई थी जिसमें पाकिस्तान के 300 से भी ज्यादा सैनिक मारे गए और कायद पोस्ट जो अब बाना टॉप के नाम से जाना जाता है उनके लिए खुदकुशी का मिशन साबित हुआ। अक्टूबर 1998 में पाकिस्तानी सेना के प्रमुख बने और फिर 1999 में कारगिल घुसपैठ की साजिश रची जिसके दायरे में जोजीला दर्रे से लेकर सियाचिन के सिरे प्वाइंट 5770 तक को शामिल किया गया।

मई 1999 में भारतीय सेना को पाकिस्तानी घुसपैठ की खबर लगी जिसके बाद 8 माउंटेन डिवीजन को भारतीय इलाके से घुसपैठियों को बाहर करने की जिम्मेदारी सौंपी गई। अगले दो महीने तक एलओसी पर भयानक जंग चली। कारगिल जंग एक सीमित इलाके में लड़ी गई भारतीय उपमहाद्वीप की पहली ऐसी जंग थी जो टीवी पर देखी सुनी गई, दो महीने से भी ज्यादा वक्त तक जंग के मैदान से भारतीय सैनिकों के बहादुरी के कारनामे लोगों तक पहुंचते रहे।

लेकिन हम में से कोई भी 102 सियाचिन ब्रिगेड के हेडक्वार्टर परतापुर और तुर्तुक से आगे सुदूर पूर्वी इलाकों तक नहीं पहुंच सका जहां ये जंग लड़ी जा रही थी। हम में से ज्यादतर लोग आसान पहुंच रखने वाले कारगिल–द्रास सेक्टर से ही रिपोर्ट कर रहे थे, रिपोर्टिंग के लिहाज से बटालिक, याल्डोर–चोरबाटला–चालुंका–तुर्तुक सेक्टर को बेहद कम तवज्जो मिली। मुझे अपनी भी याद है कि कारगिल जाने के कुछ दिनों बाद किसी तरह मैं बटालिक तक ही पहुंच सका लेकिन वहां से लौट गया।

लेकिन मीडिया की सुर्खियों से दूर, मैं ये कह सकता हूं और सेना के ऊंचे अफसर भी इससे इत्तेफाक रखते हैं कि मई–जून 1999 के दौरान 27 राजपूत ने एक बड़ी जीत हासिल की। इस दौरान 27 राजपूत ने तुर्तुक और दक्षिणी ग्लेशियर के इलाके में एक बेहद अहम चोटी को वापस अपने कब्जे में लिया जिसकी अहमियत श्योक घाटी के पश्चिम तक पहुंच रखने की वजह से काफी बढ़ जाता है, इसे 1971 की जंग में मेजर रिशेन ने फतह किया था। इसे कारगिल जंग के दौरान मिली एक बड़ी जीत की नजर से नहीं देखा जाता, जबकि ये एक बड़ी बात थी। दुश्मन अगर

प्वाइंट 5770 फतह के बाद 27 राजपूत के जवान

पश्चिम की तरफ से श्योक घाटी तक पहुंचे तो थोइस एयरफील्ड और पूरी नुब्रा घाटी पर तलवार लटक सकती है। ऐसे में सालतोरो और सियाचिन पर कब्जा बनाए रखना मुश्किल होगा।

कब्जे में लिए पाकिस्तानी नक्शे में NJ 9842 से काराकोरम पास तक एक सीधी लाइन खींची गई थी और यहां तक कि DBO को भी उसमें शामिल किया गया था इससे सियाचिन को लेकर पाकिस्तान की नीयत साफ पता चलती है, लेकिन कारगिल जंग की शुरुआत में किसी भी भारतीय योजना बनाने वालों ने तुर्तुक सेक्टर में पाकिस्तान के आगे बढ़ने को गंभीरता से नहीं लिया। बाद में जब पाकिस्तान की तरफ से आर्टिलरी फायर और उसके लागा हेलीकॉप्टरों के फेरे काफी बढ़ गए तब उसकी बदनीयती साफ हो गई।

मई 1999 के मध्य तक जब पाकिस्तान की घुसपैठ की हद पता चली तो सियाचिन ब्रिगेड कमांडर ब्रिगेडियर प्रकाश कटोच ने कर्नल के एच सिंह, जो तब 27 राजपूत के कमांडिंग ऑफिसर थे, उन्हें उस इलाके में पाकिस्तानियों को आगे बढ़ने से रोकने को कहा।

सिंह, जो फरवरी 2014 में भारतीय सेना के लेफ्टिनेंट जनरल बनने वाले उत्तर पूर्व के पहले ऑफिसर बने, उन्होंने एक गश्ती दल को इस बात की तस्दीक के लिए भेजा कि क्या पाकिस्तानियों ने प्वाइंट 5770 पर कब्जा जमा लिया है, 2 जून को उन्हें इस बात के पुख्ता सबूत मिल गए कि वहां पाकिस्तानी मौजूद हैं जब गश्ती दल पर वहां से फायरिंग की गई, संयोग से इसमें कोई हताहत नहीं हुआ।

सिंह अपने सैनिकों के लिए एक खुशमिजाज लेकिन सख्त और प्रेरणा देने वाले लीडर थे, उनमें से ज्यादातर रेगिस्तानी राज्य राजस्थान और उसके पड़ोसी हरियाणा के जवान थे, जिन्होंने अपनी जिंदगी में पहाड़ों को देखा तक नहीं था, लेकिन अब बात सिर्फ उन पर चढ़ने की नहीं बल्कि उस पर कब्जा जमाने के लिए लड़ने की थी।

सिंह के साथ एक बात अच्छी थी कि उनके ऑपरेशन पर मीडिया की कोई नजर नहीं थी और उनके पास इसकी तैयारी के लिए वक्त था। प्वाइंट 5770 को पाकिस्तानियों से खाली कराने की योजना बनाना ऐसा कर दिखाने के मुकाबले काफी आसान था। इसके लिए एकदम 90 डिग्री

बरामद हुए साजोसामान (ऊपर और नीचे)

की खड़ी ढाल पर 1,800 फीट ऊपर चढ़कर जंग लड़नी थी, प्वाइंट 5770 की चोटी खुद 19,000 फीट की उंचाई पर है, पारंपरिक अनुभव तो यही कहता है कि इसमें बहुत ज्यादा नुकसान की आशंका थी और ऐसा करना खुदकुशी से कम नहीं था। लेकिन ना तो सिंह और ना ही ब्रिगेडियर कटोच इस बारे में सोच रहे थे।

हमारा पूरा फोकस अपने काम पर था, पहाड़ों पर किसी भी कार्रवाई के लिए तैयारी और पूरी जानकारी की जरूरत होती है, रेकी हमने पहले कर ली थी, अब हम जवानों को मानसिक और शारीरिक तौर पर तैयार कर रहे थे। वे पूरी तरह खुद को माहौल में ढाल चुके थे लेकिन मैं ऑपरेशन को बेहद सतर्कता से करना चाहता था लिहाजा वक्त लग रहा था। सिंह ने ये बातें मुझे फरवरी 2014 में बताई जब मैं उन्हें 15 साल पीछे लेकर गया।

सिंह ने हमले की अगुवाई के लिए मेजर नवदीप सिंह चीमा को चुना। चीमा की कंपनी की मदद के लिए HAWS की एक टीम थी जिसकी अगुवाई कैप्टन श्यामल सिन्हा और स्थानीय लद्दाख स्काउट्स के चार जवान कर रहे थे। उनका पहला टास्क 1800 फीट की खड़ी चट्टान पर चढ़ने के लिए रस्से फिक्स करना था। ये काम बेहद खामोशी और कामयाबी से 23–24 जून की दो रातों में पूरा कर लिया गया।

इसके बाद सैनिकों को तैयार होने में एक हफ्ते लगे, हमले वाली रात में कंपनी ने ऊपर चढ़ना शुरू किया लेकिन जब वो चोटी से 200 फीट दूर थे, मौसम अचानक खराब हो गया और पूरे इलाके को बर्फीले तूफान ने अपनी चपेट में ले लिया। सिंह एक सुरक्षित जगह से अपनी हमलावर टीम के साथ लगातार संपर्क में थे और उन्होंने हमला रोकने का आदेश दिया।

अगले दिन, दिन के उजाले में दूसरा हमला शुरू हुआ, खामोशी के साथ ऊपर चढना कोई आसान काम नहीं था। लेकिन चीमा और सिन्हा की अगुवाई में दो कॉलम में ऊपर चढने में खासा वक्त लगा। सूर्यास्त होने को था और सिंह रात में लड़ाई का जोखिम उठाना नहीं चाहते थे, इस बार 50 फीट पहले टीम को फिर से वापस बुला लिया गया।

हमले की दो बार कोशिश कर चुके दो कॉलम अब पूरी तरह थक चुके थे लिहाजा एक नई टीम चुनी गई लेकिन उनकी अगुवाई करने वाले ऑफिसर

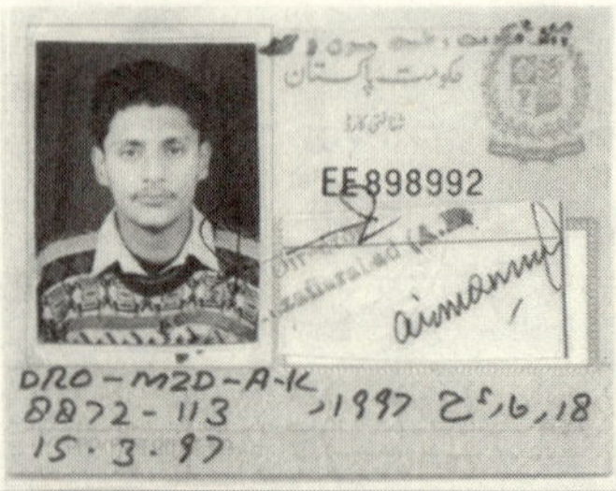

DL OF CAPT TAIMUR MALIK

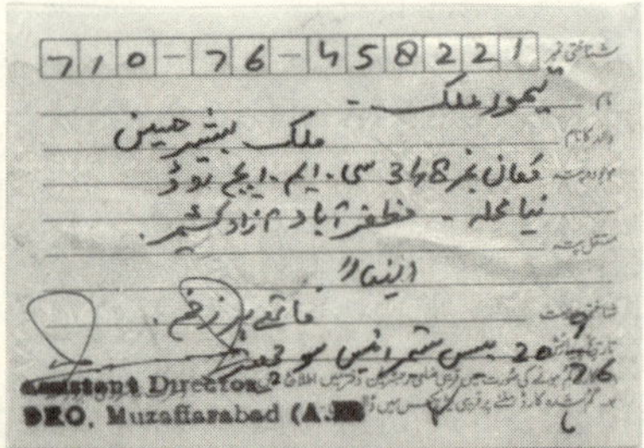

DL OF CAPT TAIMUR MALIK

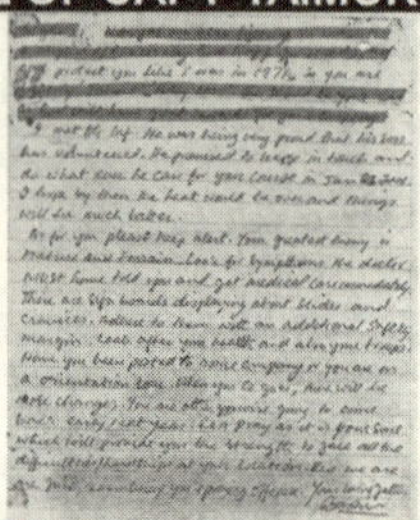

PERS LETTERS OF CAPT TAIMUR MALIK

LATE CAPT TAIMUR MALIK

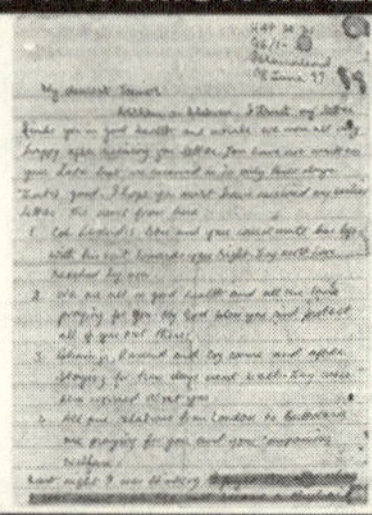

PERS LETTERS OF CAPT TAIMUR MALIK

कैप्टन तैमूर मालिक का खत

वही थे, 27 जून की सुबह 3 बजे प्वाइंट 5770 को कब्जा करने की तीसरी कोशिश शुरू हुई, वो मंगलवार दिन था भगवान को मानने वाले राजपूत सैनिकों के लिए पवित्र दिन और इससे भी ज्यादा तारीख 27 थी जो राजपूत रेजिमेंट की इस बटालियन का नंबर भी था। जवान पूरे जोश में थे जैसे वो उनका दिन हो और ऐसा हुआ भी।

चढ़ना शुरू करने के 11 घंटे बाद दिन के 2 बजे हमला करने वाली पहली टीम उस बड़ी चट्टान के नीचे पहुंची जिसपर एक पाकिस्तानी सैनिक बैठा हुआ था, वो शायद खत लिख रहा था, जैसे सिंह ने सिग्नल दिया, संतरी को खामोश कर बंकरों पर हमला बोल दिया गया। पाकिस्तानी एकदम हैरान थे और रत्ती भर भी विरोध नहीं कर सके। कैप्टन तैमूर मलिक और नॉर्दन लाइट इंफैंट्री के दस जवान मारे गए और इसे करिश्मा ही कहा जाएगा कि राजपूतों में से किसी को खरोंच भी नहीं आई।

भारतीय सेना ने पाकिस्तानी घुसपैठियों के खिलाफ अपनी पहली कामयाबी हासिल कर ली, लेकिन तुर्तुक मीडिया की जद से बेहद दूर था और यहां तक सेना के बड़े अफसर भी टाइगर हिल, तोलोलिंग और कारगिल–द्रास

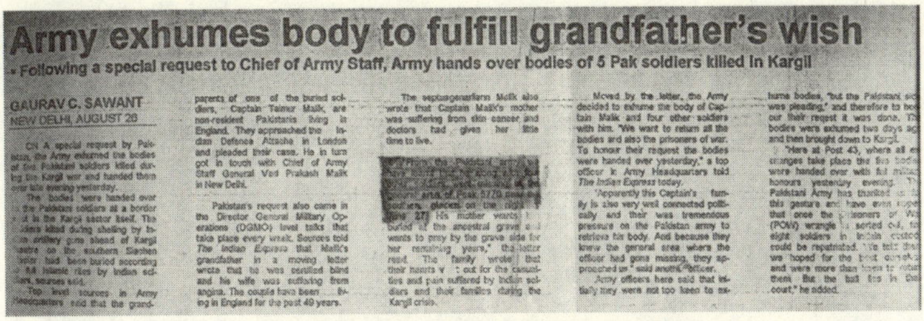

Army exhumes body to fulfill grandfather's wish

• Following a special request to Chief of Army Staff, Army hands over bodies of 5 Pak soldiers killed in Kargil

GAURAV C. SAWANT
NEW DELHI, AUGUST 26

parents of one of the buried soldiers, Captain Taimur Malik, are non-resident Pakistanis living in England. They approached the Indian Defence Attache in London and pleaded their case. He in turn got in touch with Chief of Army Staff General Ved Prakash Malik in New Delhi.

Pakistan's request also came in the Director General Military Operations (DGMO) level talks that take place every week. Sources told *The Indian Express* that Malik's grandfather in a moving letter wrote that he was certified blind and his wife was suffering from angina. The couple have been living in England for the past 49 years.

एक मानवीय कदम

कर्नल (अब लेफ्टि जनरल) के एच सिंह टिप्सी के साथ

सेक्टर के दूसरों इलाकों से घुसपैठियों को खदेड़ने पर जुटे हुए थे और इस बात पर किसी की नजर नहीं गई कि बिना किसी आर्टलरी या फिर हवाई मदद के इतनी बड़ी कामयाबी हासिल कर ली गई। तोलोलिंग और टाइगर हिल की लड़ाई बाद में बच्चे बच्चे की जुबान पर थी, क्योंकि मीडिया में इसे काफी तवज्जो मिली जबकि इसके बदले हमें भारी कीमत चुकानी पड़ी।

लेकिन केएच सिंह के दिमाग से ये बातें बहुत दूर थी, चोटी पर कब्जे के बाद उनके सैनिकों ने पाकिस्तानी सैनिकों को पूरे सैनिक सम्मान के साथ दफना दिया और इसके बाद एलओसी और पूरे इलाके में अपनी पकड़ मजबूत बनाने में जुट गए।

कर्नल के एस सिंह अपने विजेता सैनिकों के साथ

कहानी का अगला हिस्सा भी है जब प्वाइंट 5770 पर कब्जा जमाने के ठीक दो महीने बाद केएच सिंह और उनके जवानों ने कब्रों की खुदाई कर पाकिस्तानी सैनिकों के शव बाहर निकाले और उन्हें कारगिल में पोस्ट 43 के जरिए पाकिस्तान के हवाले किया।

दरअसल ऐसा हुआ कि कार्रवाई में मारा गए पाकिस्तानी कैप्टन का ताल्लुक एक रसूख वाले प रवार से था, लंदन में रहने वाले उसके दादा–दादी भारतीय डिफेंस अटैची के संपर्क में थे, उन्होंने सेना के अधिकारियों से शव को पाकिस्तान भेजने की विशेष तौर पर गुजारिश की, जिसके बाद हाई लेवल पर फोन की घंटियां घनघनाने लगीं और कैप्टन मलिक के शव को पाकिस्तान भेजने का फैसला किया गया। इसपर के एच सिंह ने तय किया कि सिर्फ कैप्टन तैमूर ही नहीं बल्कि सारे पाकिस्तानी जवानों के शव को वापस घर भेजे जाने का सम्मान मिलना चाहिए। सच्चे सैनिकों के लिए कहा जाता है कि दुश्मन का सम्मान करो, उसके शवों का भी सम्मान करो।

सालों बाद केएच को 25 इंफैंट्री डिवीजन कमांड करने का मौका मिला जो जम्मू डिवीजन में पीरपंजाल के दक्षिण में एलओसी के एक बड़े हिस्से की सुरक्षा करता है और अब वो एक कॉर्प्स को कमांड करते हैं, सियाचिन में

पाकिस्तानियों को नाकाम करने के ठीक 15 साल बाद। तुर्तुक की कुछ यादों में जो उनके साथ है उनमें एक स्थानीय कुत्ता टिप्सी भी है... वो हमेशा मेरे साथ रहा और मेरे लिए बेशकीमती भी था, ऐसे कई मौके आए जब टिप्सी ने हमें संदिग्ध गतिविधियों पर सतर्क किया और लगातार हमारे साथ बना रहा।

परमवीर चक्र के लिए प्रशास्ति पत्र

नायब सूबेदार बाना सिंह, 8 JAK LI (JC–155825)

नायब सूबेदार बाना सिंह ने स्वेच्छा से उस टास्क फोर्स की सदस्यता स्वीकारी जिसे जून 1987 में सियाचिन के इलाके में 21,000 फीट की ऊंचाई पर मौजूद घुसपैठिए दुश्मनों को हटाने के लिए बनाया गया था। दो तरफ से 1,500 फीट ऊंची बर्फीली दीवारों की मौजूदगी से वो पोस्ट किसी किले से कम नहीं था। बाना सिंह ने एक बेहद मुश्किल और खतरनाक रास्ते का चुनाव करते हुए अपने लोगों की अगुवाई की, अदम्य साहस का परिचय देते हुए अपने जवानों का हौसला बढ़ाते रहे, बहादुर बाना सिंह अपनी टुकड़ी के साथ एक खाई से दूसरी खाई होते हुए रेंग कर दुश्मन तक पहुंचे और उन पर ग्रेनेड और संगीनों से हमला कर पोस्ट को दुश्मनों से आजाद कराया। बाना सिंह ने बेहद मुश्किल हालातों में अतुलनीय साहस और नेतृत्व की मिसाल कायम की है।

एक डॉक्टर की यादें

जुलाई 1987 में मुझे उत्तरी ग्लेशियर पर चार महीनों के लिए तैनात किया गया। कुमार (15000 फीट) पहुंचकर जहां 8 JAK LI बटालियन का हेडक्वार्टर था, वहां मुझे 22000 फीट की ऊंचाई वाली बाना टॉप पर एक महीने पहले दिखाई गई अपने सैनिकों की बहादुरी के किस्से सुनने को मिले। उस जंग का कोडनेम 8 JAK LI के सेकेंड लेफ्टिनेंट और एक AMC ऑफिसर के बेटे राजीव पांडे के सम्मान में ऑपरेशन राजीव रखा गया था, जो दुश्मन की नाक के नीचे रस्से लगाते वक्त शहीद हुआ। कुमार के ऑफिसर्स शेल्टर में राजीव की बहन का भेजा

वो बर्थडे कार्ड चिपकाया हुआ था जो इस घटना के अगले ही दिन वहां पहुंचा, इस कार्ड को पढ़ने के बाद रोकने की तमाम कोशिशों के बावजूद आंखें नम हो जाती थी।

मैं जिस मेडिकल ऑफिसर की जगह ले रहा था उसने मुझे राजीव और 8 JAK LI की बहादुरी के किस्से बताए कि कैसे पूरी बटालियन ऑपरेशन राजीव को अंजाम दिया। उसने मुझे बताया कि गोली लगने और गंभीर तौर पर जख्मी होने के कई केस उसने देखे, लेकिन बर्फ की वजह से भी हुई मौतों की संख्या जंग में हुई मौतों से कहीं ज्यादा थी। क्योंकि जवान लगातार तीन रातें 21,000 फीट की ऊंचाई पर माइनस 30 डिग्री तापमान में लड़ते रहे।

माहौल के मुताबिक खुद को ढालने के बाद मैं 18,500 फीट पर मौजूद बिला बेस पहुंचा। जिसे रेजिमेंटल एड पोस्ट के तौर पर चुना गया था, क्योंकि वहां हेलीपैड था साथ ही वहां दो तरफ से रास्ते मिल रहे थे। पहला ओपी 75 से बिला टॉप और दूसरा अशोक यू कट से बिला सैडल। इन चौकियों पर तैनाती सालतोरो रिज को बचाए रखने के लिए बेहद जरूरी थी। उस इलाके का कंपनी कमांडर बिला सैडल पर होता था क्योंकि वहां से अशोक और यू कट की फॉर्वर्ड लोकेशन पर नजर रख सकता था। यही वो जगह थी जहां से आप सालतोरो के सामरिक अहमियत को समझ सकते हैं। जो इस रिज पर नियंत्रण रखेगा उत्तरी ग्लेशियर पर भी उसी का नियंत्रण होगा।

जैसे ही सितंबर आया, 8 JAK LI के जवान त्योहारों के जश्न के मूड में आ गए और आएं भी क्यों नहीं। सेना प्रमुख जनरल के सुंदरजी हमारे यहां आए और बाना टॉप पर कब्जे को लेकर तारीफ की, जो बटालियन के लिए तोहफे से कम नहीं था। सितंबर के आखिर में 3/4 गोरखा राइफल्स उनकी जगह लेने वाला था। 8 JAK LI ने अपना काम कर दिया था और अब आगे की कमान 3/4 GR को संभालनी थी। तभी चीजें बड़ी नाटकीय तरीके से बदली, 20 सितंबर के आसपास एक रात मुझे जंग में दो जवानों के जख्मी होने की सूचना मिली, OP 75 बिला टॉप के आगे की चौकी थी जिसपर दुश्मन के कब्जे वाले एचएमजी रिज से आर्टिलरी फायरिंग हुई थी। दो

जवानों को रात के करीब दस बजे लाया गया जिन्हें पूरे जिस्म में बुरी तरह छर्रे लगे थे। चूंकि आरएपी होने के नाते वहां बुखारी थी मैं उन्हें आईवी लाइन देकर जरूरी इलाज मुहैया कराने लगा। जैसे ही सुबह की पहली रोशनी फूटी वायुसेना के बहादुर पायलट हेलीकॉप्टर लेकर आए और जख्मी जवानों को बेसकैंप ले गए तब हमारे हेलीकॉप्टर रात में उड़ान नहीं भर सकते थे। उसके बाद कई दिनों तक हमारे सामने लगातार गोलीबारी होती रही और एक गोला तो हमारे आरएपी पोस्ट से मुश्किल से 50 मीटर दूर गिरा।

22 सितंबर की रात मेरे नर्सिंग असिस्टेंट राम सेवक ओझा ने बिला सैडल से मुझे टेलिफोन पर बताया कि 8 JAK LI का एक सीनियर जेसीओ दुश्मन की गोलेबारी में गंभीर तौर पर जख्मी है। उसे फौरन एक आईवी ड्रिप चाहिए थी और ये काम माइनस चालीस डिग्री वाले उस बर्फीले बंकर में अंजाम देना मुमकिन नहीं था। लिहाजा लगातार हो रही गोलीबारी के बीच वो एक ऐसे टेंट की तरफ भागा जहां बुखारी मौजूद था ताकि जख्मी जवान को कम से कम रात भर जिंदा रखा जा सके। और वहां से आगे के बंदोबस्त और बाहर निकालने के लिए मेरे पास भेज सके। मैं सिर्फ 21 साल के उस एएमसी नर्सिंग असिस्टेंट की बहादुरी का गवाह बन सकता हूं, जो उसने अपने जख्मी जेसीओ की जिंदगी के लिए अपनी जान जोखिम में डालकर आईवी लाइफलाइन को बनाए रखने पर तैयार था। 23 सितंबर की सुबह करीब 3 बजे उसने मुझे खबर दी कि जेसीओ की हालत में सुधार है और आगे के बंदोबस्त के लिए वो मेरे पास भेज रहा है। मैं उस नौजवान पैरामेडिकल स्टाफ के जज्बा और काबीलियत को देखकर हैरान था लेकिन मेरी खुशी थोड़ी देर के लिए ही थी। कंपनी कमांडर ने मुझे फोन कर बताया कि जिस टेंट में ओझा जख्मी जेसीओ का इलाज कर रहा था दुश्मन का गोला उसपर आ गिरा है, ओझा बुरी तरह जख्मी है और खून बह रहा है। मैंने उनसे गुजारिश की कि जख्म के ऊपर कस कर बांध दे और आगे के इलाज के लिए मेरे पास स्लेज या स्नो स्कूटर से भिजवा दें। दोनों घायलों को मेरे पास भेजा गया और शुरुआती इलाज के बाद अगली सुबह तड़के हेलीकॉप्टर से बाहर निकाला गया। भीषण दर्द

के बावजूद ओझा की आंखें चमकने लगी जब मैंने ये कहा कि सिर्फ उसकी वजह से सीनियर जेसीओ की जान बच जाएगी। ओझा को सीनियर जेसीओ की जान बचाने और बहादुरी से अपने कर्तव्य पालन की मिसाल कायम करने के लिए सेना मेडल से सम्मानित किया गया।

अब चूंकि बिला सैडल का नर्सिंग एसिस्टेंट जा चुका था और उस इलाके में जंग चल रही थी तो मुझे वहां जाना पड़ा। वो भयानक था हर तरह हो रही गोलीबारी के बीच पोस्ट तक 1 किमी चलकर जाना पड़ा। लेकिन जैसे ही मैं बिला सैडल पहुंचा मुझे देखकर 8 JAK LI और 3/4 जीआर के जवानों में खुशी की लहर दौड़ गई। तब मुझे पता चला कि जंग के मैदान में सिर्फ एक आरएमओ की मौजूदगी ही जवानों का हौसला बढ़ाने के लिए काफी होती है, वे काफी हद तक बेफिक्र हो जाते हैं। एक नया आरएपी खोदा गया, इसके लिए ज्यादा जगह की जरूरत थी जो सीजीआई शीट से ढंकी थी। यहां मेरे लिए फाइबर ग्लास की बुखारी लगी आरएपी वाली हट नहीं थी। हर तरफ जबरदस्त गोलीबारी जारी थी, दरअसल एक दिन पहले वहां से गए ओझा ने ये तय कर दिया था कि सारा कुछ बंकर के भीतर ही हो। खाना बनाने की कोई गुंजाइश नहीं थी, खाने के लिए बिस्किट, चॉकलेट और चिक्की थे जब तक कि जंग खत्म नहीं हो जाती। इतनी ऊंचाई पर आकर आपको पके हुए खाने की अहमियत समझ में आती है। जवान बिस्किट और चॉकलेट बहुत ज्यादा पसंद नहीं करते थे और फिर खाने के लिए किसी के पास वक्त ही कहां था।

23 सितंबर की रात पाकिस्तानियों ने हमारी पोस्ट पर कब्जा करने के लिए जोरदार हमला बोला, सिर्फ हौसला, जज्बा और कड़े इरादे के दम पर ये यकीन था कि दुश्मन को हम मार भगाएंगे। दोनों ही तरफ काफी जवान मारे गए, मेरे पास अशोक और यू कट से कई जख्मी जवान आए, सभी गंभीर तौर पर गोलियों से जख्मी थे। सबसे बड़ी समस्या आईवी लाइफलाइन को बनाए रखने की थी। हम उसे गर्म पानी से निकाल कर जैसे ही लगाते, फौरन जम जाता। आखिरकार कुछ जवानों की मदद से हमने भीतर जलते स्टोव लगाए ताकि आईवी लाइन जारी रखी जा सके। जख्मी जवानों को

गरमाहट के लिए अलग से स्लीपिंग बैग और पेन किलर्स दिए जाते थे, जिसकी कोई कमी नहीं थी। कई मामलों में जख्म से बहते खून को रोकने के लिए उसके आसपास कस कर बांधने के अलावा और कोई चारा नहीं होता। और ज्यादा जख्मी आए तो उनके इलाज के लिए दूसरे बंकरों का इस्तेमाल किया गया। अपने जेसीओ से सीखे गुर के मुताबिक अब हम गोलेबारी के बीच एक बंकर से दूसरे बंकर जाने के मामले में एक्सपर्ट हो चुके थे। जैसे ही कोई गोला गिरता या फटता, हम बाहर आकर दूसरे बंकर की तरफ भागते, हमें दो धमाकों के बीच का वक्त मिल जाता था। इसके बाद हम अपने आरएपी से हेलीपैड तक घायलों को ले जाने के लिए स्नो स्कूटर्स का इस्तेमाल करते ताकि सुबह की पहली उड़ान से उन्हें आगे के इलाज के लिए बेसकैंप ले जाया जा सके।

हालांकि इस रात हमने दुश्मन को मुंहतोड़ जवाब दिया लेकिन इसकी कीमत भी चुकानी पड़ी। दोस्तों को खोना पड़ा, डिहाइड्रेशन (पानी के लिए बर्फ पिघलाना मुश्किल था, क्योंकि पूरा इलाका दुश्मन के गोलों की वजह से काला पड़ गया था।) और पकाए हुए खाने की कमी से हमें मुश्किल हो रही थी, 24 की रात हमले से निबटने के लिए हमारे पास लोग कम पड़ रहे थे। मदद के लिए हेलीकॉप्टर से कैंप 1 और कैंप 2 से 3/4 जीआर के जवान लाकर उन्हें जग के मैदान में ड्रॉप किया गया। ये भारतीय सेना के स्वास्थ्य सेवाओं की देन थी कि हम अनुकुलन का ऐसा तरीका विकसित कर चुके थे जिसकी वजह से HAPO के बहुत कम मामले सामने आए। बेशक वो जंग थी जो अनुकुलन के लिए कोई वक्त नहीं देती। ऐसे में वे जवान चूंकि कम ऊंचाई से हेलीकॉप्टर के जरिए लाए गए थे और इनका अनुकुलन नहीं हुआ था लिहाजा तकरीबन हर किसी को भीषण सिरदर्द और कुछ को उल्टी की शिकायत थी। उनमें पहाड़ों पर होने वाली सिकनेस के गंभीर लक्षण थे दो जवान HAPO के शिकार हो गए, लेकिन मौजूदा हालात को देखते हुए मैं सिर्फ इतना ही कर सकता था कि HAPO के रोगियों को वहां से बाहर भेज सकता था। बाकियों को उनकी बीमारी के बावजूद जंग में शामिल होना था क्योंकि वक्त का तकाजा था। मैंने उन्हें जरूरी ट्रेनिंग, दर्द की एक गोली और एक लैसिक्स

टैबलेट दिया ताकि HAPO से बचाव हो सके, ये सब मेरी दवाओं की लिस्ट में शामिल होने की वजह से मौजूद थी।

यहां इंफैंट्री के जवानों में सौहार्दता, भाईचारा, अपनापन और दूसरों की मदद करने की मिसालें देखने को मिली। 24 तारीख की शाम पांच बजे मैं अपने आरएपी में 8 JAK LI के 9 जवानों से बात कर रहा था, वे सब अशोक और यू कट से आए थे और रात में मोर्चे की सुरक्षा के लिए उन्हें फिर वापस जाना था। उन बहादुरों में से किसी ने भी बीते 48 घंटे से कुछ नहीं खाया था और अपने मोजे में नमी महसूस होने के बावजूद बर्फ से जलने के खतरे को देखते हुए जूते नहीं उतारे थे। उन्हें पूरी तरह पता था कि अगर वो जंग जीत जाते हैं तो उन्हें अपने पंजों का एक हिस्सा खोना पड़ेगा। उन्होंने मुझसे पूछा कि क्या वे जंग के लिए पूरी तरह फिट हैं। मैं उनसे झूठ नहीं बोल सकता था लिहाजा कहा कि वे यहां से बाहर निकाले जाने के लिए एकदम फिट केस है लेकिन इस हालत में जंग कौन लड़ेगा। उनमें से सबसे सीनियर ने एक 20 साल के नौजवान को दिखाते हुए कहा कि 'हम यहां से बाहर जाने के लिए नहीं आए हैं, मोर्चे की किसी भी कीमत पर सुरक्षा होगी क्योंकि ये पलटन की इज्जत का सवाल है, लेकिन सर, ये लड़का नायब सूबेदार लेखराज का भतीजा है जो कल शहीद हो गया। उसका परिवार जंग में दूसरा नुकसान बर्दाश्त नहीं कर पाएगा, अपने संयुक्त परिवार में ये इकलौता पुरुष सदस्य बचा है, आप सिर्फ उसे यहां से बाहर निकाल दो। "लड़के को मैंने बर्फ से जलने की वजह बताते हुए वहां से बेसकैंप भेज दिया, उस मुश्किल रात अशोक पोस्ट को बचाते हुए उन आठ में से चार जवान शहीद हो गए और बाकी गंभीर तौर पर घायल हुए। मैं अभी तक उन जवानों के त्याग को महसूस करता हूं। बतौर आरएमओ मैं सिर्फ घायलों का इलाज ही नहीं करता, बल्कि जवानों का उत्साह भी बनाए रखना मेरे काम का हिस्सा है और हम ऐसे ही जीत में अपनी भागीदारी तय करते हैं। इसके लिए जवानों को अपने आरएमओ में पूरा भरोसा होना चाहिए दूसरी तरफ स्वास्थकर्मियों को अपने काम को लेकर पूरी तरह ईमानदार होना पड़ता है।

24 तारीख की शाम किस्मत ने साथ दिया और संयोग से हम दुश्मन

की रेडियो फ्रीक्वेंसी से जुड़ गए, इस तरह हम उनकी मूवमेंट पर नजर रखते हुए जवाबी कार्रवाई करने लगे। इससे हमारे आर्टिलरी बैटरी कमांडर को काफी मदद मिली और वो दुश्मन के ठिकानों पर गोलेबारी करने लगे। 25 सितंबर की सुबह करीब 4 बजे मेरे पास लाए गए 3/4 जीआर के एक जख्मी ऑफिसर ने मुझे बताया कि दुश्मन चोटी पर पहुंच गया है और गोरखा अपनी खुखरी से आमने सामने की लड़ाई लड़ रहे हैं। एक जंगी पैतरे की तरह बिला बेस पर मौजूद एयर डिफेंस आर्टिलरी गन का इस्तेमाल करते हुए उन्हें पहाड़ की चोटी पर दुश्मन को उलझाए रखने की जिम्मेदारी दी गई जहां वे आगे बढ रहे थे। एयर डिफेंस के इतिहास में ये पहला मौका होगा जब उन गनों का इस्तेमाल जमीनी टार्गेट के लिए किया गया हो। गोरखाओं की बहादुरी ने दुश्मन की कमर तोड़ दी। दिन निकलते ही उन्हें जंग रोकनी पड़ी और इस तरह भारतीय सेना सोलतारो रिज को ऑपरेशन विजयशक्ति के कोडनेम वाली इस जंग के जरिए बचा लिया। 1989 के गणतंत्र दिवस पर मैं युद्ध सेवा मेडल का सम्मान हासिल करने वाला पहला एएमसी ऑफिसर बना और मेरे नर्सिंग असिस्टेंट राम सेवक ओझा को वीरता के लिए सेना मेडल मिला जिसका वो हकदार था।

इस लड़ाई से ये पता चला कि जंग के दौरान आर्म्ड फोर्सेज मेडिकल सर्विसेज कितना करीबी हिस्सा है, हम इलाज करने के अलावा उनके साथ रहे, जीत के जश्न और मातम में शरीक हुए। जिससे पता चलता है कि एक एएमसी ऑफिसर एक सैनिक डॉक्टर होता है जिसमें वही जवानों वाले जज्बात होते है इस लक्ष्य के साथ कि "सर्वे संतु निरामया"।

ग्लेशियर पर चिकित्सा सुविधा एफडीएल तक पहुंचाई जाती है इसके लिए हर कंपनी लोकेशन पर एक मेडिकल ऑफिसर होता है, जबकि पारंपरिक तौर पर डॉक्टर सिर्फ बटालियन हेडक्वार्टर में ही होते हैं। मेडिकल ऑफिसर और नर्सिंग स्टाफ अपनी इंफैंट्री सब–यूनिट के साथ उसका अभिन्न हिस्सा बनकर रहते हैं और उनका काम मुश्किल हालातों में सैनिकों के उत्साह को बढ़ाए रखने के अलावा उनपर पड़ने वाले मनोवैज्ञानिक दबाव को कम करने का होता है। सियाचिन के

ग्लेशियर वाले माहौल में हुए ऑपरेशन्स ने आधुनिक लड़ाई के तौर तरीके में एक नया अध्याय जोड़ दिया। इससे पहले इंसान की कुदरत से इस तरह लोहा लेने की मिसाल कहीं नहीं मिलती, सियाचिन से चिकित्सा के कायदे कानूनों मे बड़े अहम बदलाव आए। किताबों की पढ़ी और रटी रटाई चीजें इन हालातों में लागू नहीं होती। मौके पर दिमाग चलाकर और मौजूदा संसाधनों का बेहतर इस्तेमाल कर ही हम उतने मुश्किल हालातों में कुछ अच्छा कर सकते हैं।

इंडियन आर्म्ड फोर्सेज ने जंग के मैदान के दौरान ग्लेशियर पर अपने मौजूदा सैनिकों की चिकित्सा मुहैया कराने में शानदार भूमिका निभाई। मेडिकल चेन ठीक उसी तरह चलती है जैसा कि तेल डालने पर मशीन। लेकिन ये काम सिर्फ बहादुर सैनिकों की मदद करके ही नहीं होता बल्कि अपने कमांडरों से तारीफ भी मिलती है। शायद यही वजह है कि हमारे जवानों की जुबान पर हमेशा रहता है।

"When the going gets tough the tough get going."

यानी जब जाना हर किसी के लिए मुमकिन नहीं हो तो सबसे सख्त लोग ही जाते हैं।

गर्मियों में बड़ी संख्या में दरारें खुल जाती हैं

XI

सियाचिन ग्लेशियर और मेडिसिन मैन

"मेडिकल स्कूल मे सीखा है कि कुछ भी यहां लागू होता है।"

सियाचिन ग्लेशियर इंसानी शरीर के लिए पर्यावरण के लिहाज से एकदम अलग किस्म की चुनौतियां पेश करता है। कम ऑक्सीजन, ऊंचाई की वजह से दबाव में हुई कमी, अत्यधिक ठंडा, अल्ट्रा वॉयलट रेडिएशन का बढ़ा स्तर, हवा एकदम सूखी और नमी की हमेशा कमी। एक ऐसी जगह जहां इन हालातों में ना सिर्फ जिंदा रहना है बल्कि दुनिया से अकेले सबसे कट कर रहना है। जहां जीने के लिए डब्बाबंद खाना होता है और पीने के साफ पानी के लिए जंग लड़नी होती है। रहने के लिए एक एक बंकर या टेंट जिसकी हालत बहुत अच्छी नहीं कही जा सकती, बिना बिजली समेत उन चीजों के, जो आम सभ्य समाज में बेहद जरूरी और बुनियादी समझी जाती है। इतने पर भी दुश्मन की कार्रवाई का खतरा जिससे निपटने के लिए इंसान और उसकी मशीन के बीच चौबीसों घंटे बेहतर तालमेल बिठाए रखना जरूरी है।

लिहाजा सियाचिन भारतीय सैनिकों के लिए सबसे मुश्किल जिम्मेदारी है। जैसा कि एक आर्मी के डॉक्टर का कहना है, "इंसानी जिस्म उस तरह के माहौल में जिंदा रहने के लिए खुद को उसके मुताबिक ढालता है, उसके साथ तालमेल बिठा लेना ही अनुकुलन है। इस दौरान सांस लेने की गहराई को बढ़ाया जाता है और हेमोग्लोबिन के स्तर को भी ऊपर

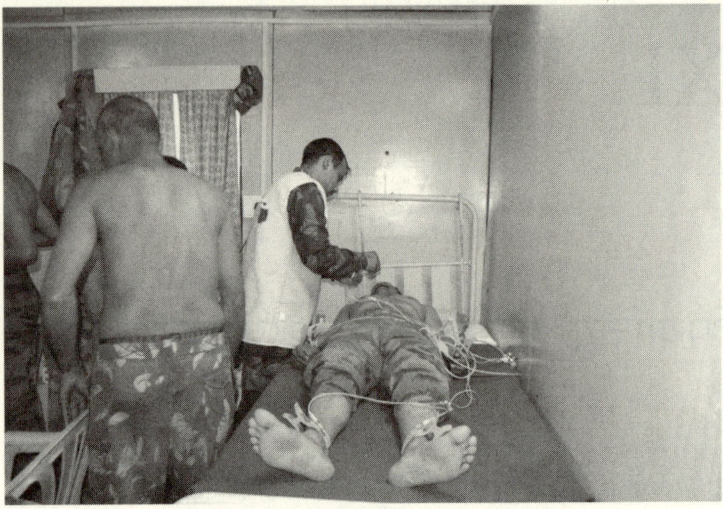

शोध के लिए बेस कैंप पर ईसीजी

ले जाता है। दरअसल सियाचिन में इंसानी जिस्म से समुद्रतल के बराबर काम नहीं लिया जा सकता। मिसाल के लिए 5000 मी की ऊंचाई पर किसी स्वस्थ सैनिक के खून में ऑक्सीजन का वही स्तर होगा जो समुद्र तल पर फेफड़े की किसी गंभीर बीमारी ग्रस्त मरीज का। ऐसे मरीजों को आईसीयू में भर्ती कर उन्हें लगातार ऑक्सीजन दिया जाता है दूसरी तरफ ऑक्सीजन के उसी स्तर पर जवान ना सिर्फ शारीरिक काम करते हैं बल्कि दुश्मनों से भी लड़ते हैं।"

शोध साबित कर चुके हैं कि स्वास्थ्य संबंधी समस्या ऊंचाई पर पहुंचते ही हो सकती है या फिर एक महीने रह कर भी। एक्यूट माउंटेन सिकनेस, यहां आनेवाले 20–30 फीसदी जवानों को ऊंचाई पर ये समस्या हो सकती है। हालांकि डॉक्टर कहते हैं कि अगर वक्त पर इनकी पहचान हो गई और सही तरीके से इनका इलाज हो गया तो काबू किया जा सकता है नहीं तो सैनिकों के लिए ये बेहद परेशानी और निराशा वाली बात होती है। इसका अंदाजा इसी से लगाया जा सकता है कि पूरी तरह से फिट एक सैनिक अचानक सरदर्द, उल्टी, भूख की कमी महसूस करने लगता है जबकि उसे इसकी कोई वजह पता नहीं चलती, उसे एक अनजाना डर सताने लगता है कि इसके आगे अब क्या होगा?

इस तरह की जगहों पर लंबे समय तक रहने से इलाज को लेकर एकदम नई चुनौतियां सामने आती है, इंसानी जिस्म इतनी ऊंचाई पर रहकर काम करने के लिए नहीं बना है और ना ही वैसे हालात के लिए पूरी तरह अनुकुलन कर उसे तैयार ही किया जा सकता है। आंतों में पोषक तत्वों का शोषण कम होना, खाने का बेस्वाद लगना, भूख एकदम खत्म हो जाना, कम ऑक्सीजन, बढ़ा हेमोग्लोबिन, पानी की कमी किसी भी सैनिक को बीमार बना सकती है। इसकी वजह से कई तरह की समस्याएं हो सकती है जैसे ब्लड प्रेशर बढ़ना, इंफैक्शन का खतरा, वजन में कमी, फेफड़े, दिमाग, आंत और दिल में खून के थक्के जमना, जिनसे जान भी जा सकती है। कई सैनिक अनिद्रा और याददाश्त जाने की भी शिकायतें करते हैं, पर सवाल है कि क्या इन चीजों को फिर से उस हालत में वापस लाया जा सकता है जैसा कि समुद्र तल या सामान्य वातावरण में होता है, ये बातें अभी भी शोध का विषय है।

ये वे बातें हैं जहां किसी डॉक्टर की जरूरत होती है

सालों की मेहनत के बाद आर्मी मेडिकल कॉर्प्स (एएमसी) एक बेहद

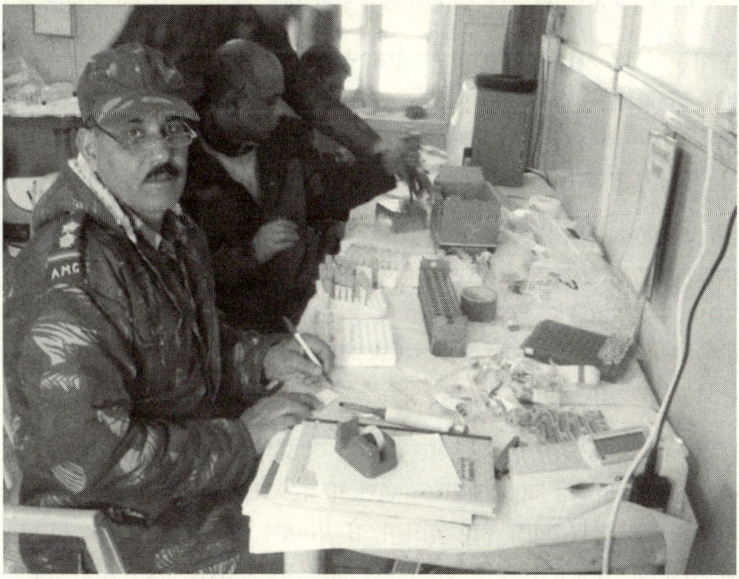

तांगसे पर बनी एक 'फील्ड' लैबोरेट्री

कारगर सिस्टम बनाने में कामयाब रहा है जिसमें इंसानी सेहत को समुद्र तल से शुरुआत कर धीरे–धीरे ऊंचाइयों पर मौजूद पोस्ट जैसे हालात के मुताबिक ढाला जा सकता है। सैनिकों को इन बातों के लिए सतर्क किया जाता है कि ऊंचाई के साथ उन्हें किस तरह की चुनौतियों का सामना करना पड़ सकता है, इसकी वजह से जैसे ही कोई मुसीबत आती है वे उसके लक्षणों के आधार पर शुरुआत में ही फौरन पहचान कर लेते हैं और उसका इलाज मुमकिन होता है।

एएमसी के कई डॉक्टरों के मुताबिक ऊंचाई पर पहले हफ्ते आमतौर पर दो बेहद खतरनाक हालात पैदा हो सकते हैं जिन्हें पल्मोनरी एडेमा और सेरेब्रल एडेमा यानी फेफड़े और दिमाग में तरल पदार्थों का जमा होना कहते हैं। अगर इनकी पहचान कर इलाज नहीं हुआ तो जानलेवा साबित हो सकते हैं।

इसका सेहरा डॉक्टरों और स्वास्थ्यकर्मियों की उस टीम को जाता है जो इतनी ऊंचाई पर किसी जवान की तरह ही सक्रिय होते है। एक वक्त था जब आमतौर पर सियाचिन में तैनात होने वाले 100 में से 15 सैनिक HAPE के शिकार होते थे, लेकिन अब 100 में 1 से भी कम का औसत है।

ऊंचाई की वजह से होने वाली बीमारियों पर इतनी मजबूत पकड़ सिर्फ इस वजह से हो सकी क्योंकि सियाचिन पर महीनों बिताकर एएमसी की टीम ने सैनिकों के साथ कंधे से कंधा मिलाकर शोध किए और मुश्किलों से निबटने के रास्ते तलाशे।

इन डॉक्टरों में वर्दी में रहकर इतनी ऊंचाई पर होने वाले मनोवैज्ञानिक प्रभावों पर शोध किया। फिर वो तरीके इजाद किए जिससे यहां खुद को बचाए रखा जा सके, हकीकत तो ये है कि आज की तारीख में ग्लेशियर पर पल्मोनरी एडेमा और सेरेब्रल एडेमा की वजह से शायद ही किसी सैनिक की जान जाती है।

सियाचिन के डॉक्टर एकदम अलग श्रेणी के प्रोफेशनल हैं। दुनिया में ऐसा कोई स्कूल नहीं है जो सियाचिन जैसे माहौल में होने वाली बीमारियों का इलाज करना सिखाता हो। दुनिया से एकदम अलग और उन सैनिकों के बीच जो अपनी जिंदगी को लेकर आप पर भरोसा करते हों। जबकि हालात ये है कि इलाज के लिए उपलब्ध संसाधन उस मौसम में कितना

हैपो बैगः एक जीवनरक्षक उपाय

साथ देगा ये पक्के तौर पर नहीं कहा जा सकता, ऐसे में नौजवान डॉक्टरों के लिए ये जिंदगी की परीक्षा साबित हुई। जहां नसों में चढ़ाए जाने वाली बोतलें जम जाती हो, तापमान इतना कम कि मरीज के दिल की धड़कन नापने के लिए कपड़े हटाने का मतलब उसे शून्य से नीचे के तापमान में खुला छोड़ने जैसा हो, डॉक्टरों की टीम के लिए ये पूरी तरह से अनदेखा और अनजानी चुनौतियां थी।

मेडिकल कॉलेजों में पढ़ाई जाने वाली कोई चीज यहां इस्तेमाल नहीं हो सकती थी। ब्लड टेस्ट, एक्स–रे, ईसीजी और दूसरे किसी तरह की जांच यहां मुमकिन नहीं है। आमतौर पर सबसे ज्यादा मुश्किल ये तय करने में होती है कि सैनिक को बेसकैंप ले जाया जाए या फिर ग्लेशियर पर ही उसका इलाज कर दिया जाए। हेलीकॉप्टर के जरिए बाहर निकालना आसान रास्ता है लेकिन कई बार इसके लिए मौसम और जमीनी हालात का मुंह देखना पड़ता है। हेलीकॉप्टर सारे पोस्ट पर लैंड नहीं कर सकता और बर्फीली खाइयों से भरे धरातल पर किसी मरीज को लेकर चलना तकरीबन नामुमकिन काम है। अगर कभी किसी को बर्फ की दीवार पार

करने की नौबत आती है तो पतली हवा में हर एक कदम आगे बढ़ाने के बाद फेफड़े ऑक्सीजन के लिए मचलने लगते हैं।

ग्लेशियर पर तैनात रह चुके एक सीनियर डॉक्टर बताते हैं कि बेहतर साधन और दिमाग का इस्तेमाल ही मौत और जिंदगी के बीच फर्क करते हैं। जब मैं नौजवान डॉक्टर था मुझे याद है कि दुश्मन की गोलीबारी से जख्मी होने के तीन मामले थे, चूंकि हम अपने पोस्ट पर गोलीबारी देख चुके थे लिहाजा हमारे पास करने को बहुत कुछ नहीं था फिर भी बेहतरी की उम्मीद तो कर ही सकते थे। तभी रेडियो पर संदेशा आया जिसकी हमें आशंका थी, तीन सैनिकों को कई जगहों पर छर्रे लगे थे। गोलेबारी के थमने तक का इंतजार बेहद बुरा था मैं ये जानने के लिए बेचैन था कि कितना खून बह चुका है।

जैसे ही रात हुई और हमें जाने की इजाजत मिली हमने पास के एक पोस्ट से कहा कि जख्मी सैनिक को नीचे हमारी तरफ ले आएं और हम उसी ओर आगे बढ़ चले ताकि बीच रास्ते में ही उनसे मुलाकात हो जाए और जल्दी इलाज हो सके। हम आधे घंटे बाद उस विशाल ग्लेशियर पर

लेह के आर्मी अस्पताल में एएमसी सैनिकों से बातचीत

मिले। टॉर्च की ढंकी रोशनी में उनके जख्मों का जायजा लेने के बाद लगा कि उन्हें फौरन दर्द से आराम की जरूरत है। वो मेरे लिए आज तक का सबसे मुश्किल इंजेक्शन था जो किसी मरीज को मैंने दिया। 17,000 फीट की ऊंचाई, शून्य से नीचे तापमान, ग्लेशियर का खुला सन्नाटा, सर पर आसमान और दुश्मन के हमले का डर ये वो जगह थी जहां मैंने जख्मी सैनिक का इलाज किया। हमने स्की बोर्ड का इस्तेमाल करके घायलों को बर्फ पर फिसलाते कंपनी बेस तक लाए, पूरी रात केरोसिन का स्टोव जलाकर उन्हें गर्मी दी गई। अपने जख्मी दोस्त को जगाए रखने के लिए हम गाने गाते रहे, फिर मजाक करते कि कुछ घंटे बाद कितनी खूबसूरत नर्सें उनका ख्याल रखने वाली हैं। उधर चुपके से इस बात की प्रार्थना भी कर रहे थे कि अगले दिन मौसम अच्छा हो और उन्हें फौरन हेलीकॉप्टर से बाहर निकाला जा सके।

तो क्या चीजें बीते तीन दशकों में बदल गई हैं।

इसका जवाब हां है, इतने समय तक इतनी ऊंचाई पर रहने की वजह से सेना के डॉक्टरों ने काफी कुछ हासिल कर लिया है। सैनिकों के लिए होने वाली अनुकुलन की ट्रेनिंग में काफी सुधार आया। समय के साथ उसमें बेहतरी और बदलाव किए गए। जिसकी वजह से बीते तीन दशकों में बीमारियों और वहां होने वाली मौतों पर काफी हद तक काबू पा लिया गया।

हालांकि ग्लेशियर पर अभी भी मौतें होती हैं लेकिन इनमें से ज्यादातर हादसे होते हैं। इस तरह से पहले ऊंचाई पर सैनिकों के जो शारीरिक और मनोवैज्ञानिक प्रदर्शन हुआ करते थे वो अब बदल गए हैं। अब शोध इस बात को लेकर चल रहे हैं कि कैसे उन इलाकों में सैनिकों की तैनाती का वक्त कम किया जाए। साथ ही जेनेटिक तौर पर ये पहचान करने की कोशिश हो रही है कि ज्यादा ऊंचाई पर किसे बीमारी की आशंका ज्यादा हो सकती है। ऐसे सैनिकों की पहचान कर उन्हें ऊंचाई पर तैनात नहीं किया जाएगा। एएमसी की इस मुहिम में डीआरडीओ भी साझीदार की भूमिका निभा रहा है। जो इसके लिए लोग और दूसरे संसाधन जुटाता है ताकि सैनिकों की बेहतर मदद की जा सके।

ऊँचाई पर वेनस थ्रोमबॉसिस का अध्ययन

हालांकि बेहद उंचाई के लिए जरूरी चिकित्सा अभी भी शुरुआती दौर में ही है, हालत ये हैं कि आज भी वैसे माहौल में इंसानी जिस्म पर होने वाले असर की खोज जारी है, बीते 30 सालों में ऊंचाई की वजह से सैनिकों की नसों में खून जमने की घटनाएं अंतरराष्ट्रीय स्तर पर छिटपुट तौर पर ही सामने आई जबकि बेहद ज्यादा ऊंचाई पर तैनात हमारी सेना के जवानों में इस तरह के मामले अक्सर होते रहे हैं।

एक एक्सपर्ट डॉक्टर ने मुझे बताया... बतौर हेमोटोलॉजिस्ट (खून से जुड़ी बीमारियों के इलाज करने वाले) मैंने पूर्वी और उत्तरी दोनों ही हिस्सों में ऊंचाई पर तैनात कई सैनिकों का इलाज किया। किसी इंसान के नसों में खून का जमना बेहद खतरनाक हो सकता है।

खासतौर पर मुझे 2005 में डोगरा रेजिमेंट के एक नौजवान ऑफिसर का मामला अभी भी याद है। ये अफसर 18,000 फीट से भी ज्यादा ऊंचाई पर ग्लेशियर में तैनात था, आने के कुछ दिनों के भीतर उसके दिमाग, दोनों पांव और एक हाथ की नसों में खून के थक्के जम गए। इसके बाद कई

हैपो बैग बेशकीमती जिंदगी बचाता है

दिनों तक खराब मौसम की वजह से उसे बाहर नहीं निकाला जा सका। फिर उसे बेहोशी की हालत में दिल्ली के आर एंड आर अस्पताल लाया गया। जहां मैंने उसे पहली बार देखा। इससे पहले मैंने किसी शख्स में इतने बड़े पैमाने पर खून को जमते नहीं देखा था, देर की वजह से वो थक्के ज्यादा बढ़ गए थे। डॉक्टरों की एक पूरी टीम कई हफ्ते तक इलाज करती रही तब उसे बचाया जा सका। कई बार सर्जरी और थक्के घुलाने वाली दवा देकर किसी तरह 30 साल के उस अफसर की जान बचाई गई, लेकिन उसे अपने पांव और बायां हाथ गंवाना पड़ा। एक नौजवान अफसर के साथ जो हुआ वो बेहद दुखद था, लेकिन एक सच्चे सैनिक और हीरो की तरह उसने तमाम मुसीबतों से लोहा लिया और तकरीबन सामान्य जिंदगी जी रहा है, लेकिन ये मामला उस माहौल में इंसान के लिए होने वाले खतरों को जरूर उजागर करता है जिससे अपनी मातृभूमि की रक्षा करने वाले सैनिक दिनरात जूझते हैं बगैर उनकी परवाह किए।

डॉक्टर बताते हैं कि समुद्र तल या मैदानी हिस्सों में नसों में खून जमने की घटनाएं शायद ही कभी होती है और जो होती है उसकी कई सारी दूसरी वजहें जैसे कैंसर, पॉलीसाईथैमिया (लाल रक्तकणों का ज्यादा बनना) या फिर पानी की कमी और लंबे समय तक निष्क्रियता की वजह होती है। ऐसे में किसी स्वस्थ इंसान के दिमाग, फेफड़े पांव और दूसरे अंगों में खून का जमना हैरान करने वाली बात है। भारत और विदेशों में हुए शुरुआत शोध ये बताने में पूरी तरह सक्षम नहीं रहे कि ऊंचाई पर आखिर नसों में खून क्यों जम जाता है। इसलिए इसे कुदरती मानते हुए पुरानी बातों की दलील दी गई जैसे खराब मौसम की वजह से शिथिलता, सूखी हवा की वजह से पानी की कमी, आरबीसी बढ़ने की वजह से खून का गाढ़ा होना वगैरह–वगैरह। दरअसल ऊंचाई पर ऑक्सीजन कम मिलने की वजह से खून में आरबीसी खुद–ब–खुद बढ़ जाता है।

आखिर में 2009 में डॉक्टरों की एक टीम को ऊंचाई पर खून जमने की समस्या का अध्ययन करने की जिम्मेदारी दी गई। दरअसल कमांडर इसबात को लेकर चिंतित थे कि लगातार ऐसी शिकायतों से एक तो जवानों की जिंदगी खतरे में पड़ती इसके अलावा इसका असर दूसरे जवानों के हौसले पर भी पड़ सकता था।

ग्लेशियर से उतरी टुकड़ी के साथ शोध टीम

इस टीम के लीडर ने कहा... मैंने इस मौके को हाथ से नहीं जाने दिया, मैंने ठान लिया था कि ग्लेशियर पर तैनात अपने बहादुर जवानों के लिए कुछ करना ही होगा ताकि इस बीमारी से उन्हें बचाया जा सके। हमने उन आंकड़ों को निकाला जो ऊंचाई पर तैनात सैनिकों के खून के थक्के जमने की वजह से अलग अलग अस्पतालों में रेफर किए गए थे। हमें इस बात की हैरानी नहीं हुई कि इनमें से ज्यादातर सबसे ऊंचाई पर मौजूद सियाचिन पर तैनात सैनिकों के थे।

मैंने अपने सहयोगियों के साथ मिलकर ये तय किया कि शोध कैसे हो और इसकी डिजायन कैसी हो, लेकिन शुरू में ही एक बात तय थी कि हम शोध असली हालात में करेंगे। हम बढ़ती ऊंचाई के साथ होने वाले कई सारे बदलावों का कोई प्रारुप लैबरोटरी में नहीं पैदा कर सकते थे। लिहाजा हमने एक मॉडल तय किया जिसके तहत बढ़ती ऊंचाई के साथ सैनिकों के खून में थक्के जमने की प्रक्रिया और उससे होने वाले खतरों का अध्ययन कर सकें। हम खून जमने की पूरी प्रक्रिया का गहराई से निरीक्षण करने वाले थे।

करीब दो साल तक चलने वाले इस शोध के तहत हर चरण में सैकड़ों जवानों का कई बार टेस्ट किया जाना था जो मैदानी हिस्से से शुरू होकर सबसे ऊंचाई पर बसे इलाकों तक पूरा होता। बेशक इसके लिए बहुत

बड़े पैमाने पर साजोसामान और संसाधन की जरूरत थी लेकिन ये भी सही था कि इस मामले को लेकर इस तरह का शोध तब पूरी दुनिया में कहीं भी नहीं किया गया था।

लेकिन सबसे पहली और अहम समस्या डॉक्टरों और वैज्ञानिकों की एक ऐसी टीम तैयार करने की थी जो ना सिर्फ अपने क्षेत्र के एक्सपर्ट हों बल्कि उनमें इस बात का हौसला और जज्बा उत्साह और दिलचस्पी होनी चाहिए कि वो लंबे वक्त तक चलने वाले इस शोध में पूरी गर्मजोशी से हिस्सा ले, क्योंकि इसके लिए उन्हें कई बार आना जाना पड़ता और कई बार हफ्तों ऊंचाई पर और मुश्किल हालात में ठहरने की भी जरूरत पड़ती।

आर्म्ड फोर्सेज मेडिकल सर्विसेज के पूरे समर्थन से टीम के नेता को इसबात की पूरी छूट दी गई कि वो देशभर के एएफएमएस अस्पतालों से स्पेशलिस्ट की एक बड़ी टीम चुन सके। लेकिन एक शर्त थी हर स्पेशलिस्ट को कम से कम एक कार्यकाल ऊंचाई वाली किसी जगह पर बिताना होगा, कोई जरूरी नहीं कि वो सियाचिन ही हो। इसके बाद रक्त रोग विशेषज्ञ, पैथोलॉजिस्ट, फिजियोलॉजिस्ट, मेडिकल स्पेशलिस्ट, रेडियोलॉजिस्ट और साथ ही

तांगसे में पांवों की डोपलर जांच

डीआरडीओ के वैज्ञानिकों को मिलाकर एक टीम तैयार हुई इसमें आर एंड आर अस्पताल दिल्ली, एएफएमसी पुणे, कमांड अस्पताल चंडीमंदिर, 153 जनरल अस्पताल लेह, द हाई अल्टीट्यूट मेडिकल रिसर्च सेंटर लेह और लद्दाख में सेना के कई अस्पतालों और डीआरडीओ के डिफेंस इंस्टीट्यूट ऑफ फीजियोलॉजी एंड एलायड साइंसेज के लोग भी शामिल थे।

हालांकि डिजाइन करना काम करने के मुकाबले ज्यादा आसान था, अगली समस्या सही समूह के चुनाव को लेकर थी, यानी ऊंचे ग्लेशियर पर तैनात सैनिकों का एक ऐसा समूह जिसमें हर समुदाय के लोग हों, ताकि ये देखा जा सके कि कौन सा समुदाय ऊंचाई पर तैनाती के ज्यादा अनुकुल है।

टीम लीडर ने बताया... हमें एक आदर्श समूह मिल गया, जो ग्रेनेडियर्स रेजिमेंट की इंफैंट्री सैनिकों की बटालियन थी। इस बटालियन में राजस्थान, हरियाणा, यूपी, एमपी और बिहार से, जाट, राजपूत, गुजर, भारतीय मुस्लिम हर समुदाय के सैनिक थे।

हमें ब्लड सैंपल लेकर उसके प्रोटीन और जीन्स का अध्ययन करते हुए खून जमने पर उसके असर का पता लगाना था। इसके लिए हमें एक ही सैनिक के ब्लड सैंपल मैदान में बसे जम्मू में लेने थे फिर बढ़ती ऊंचाई के साथ ऊंचे ग्लेशियर तक आगे जाना था।

चूंकि हम एक ही जवान से बारबार ब्लड सैंपल लेते लिहाजा हर सैनिक से करीब 40–50– मिली तक खून लेते, जैसा कि आमलोगों के दिमाग में एक डर होता है कि जिस्म से खून निकाले जाने से कमजोरी और स्टेमिना कम होती है साथ ही इसे पुरुषत्व से भी जोड़ा जाता है। इसलिए अध्ययन से पहले ही इस बारे में उन्हें पूरी जानकारी देकर व्यक्तिगत तौर पर काउंसलिंग भी की गई। हमारी कोशिश कामयाब रही और अब तो हर तीन से छह महीने पर स्वेच्छा से रक्तदान के लिए लोगों को प्रेरित किया जाता है। साथ ही ये बताया जाता है कि जिस्म से कम मात्रा में खून निकलने का कोई नुकसान नहीं होता और उसकी पूर्ति फौरन ही हो जाती है। लेकिन इन तमाम बातों के बावजूद हमारा फल वाला लगातार उस समूह को अनार खिलाता रहा जिसे लेकर माना जाता है कि वो स्वास्थ्य के लिए लाभदायक है।

ब्लड टेस्ट को लेकर भी समस्याएं थी, कई ऐसे टेस्ट थे जिनके लिए काफी आधुनिक उपकरणों की जरूरत थी लेकिन उन्हें फील्ड में ले जाना या फिर हाईटेक लैबोरेटरी के बाहर ले जाकर इस्तेमाल करना मुमकिन नहीं था। ज्यादातर लैब्स आर एंड आर और डीआईपीएएस दिल्ली में थे लिहाजा जम्मू और दो ऊंची जगहों तांगसे और लद्दाख के बेसकैंप से लिए गए हजारों सैंपल रोड या हवाई रास्ते से दिल्ली लाए जाते। एक और मुश्किल थी कि सैंपल को माइनस 40 डिग्री सेंटीग्रेड पर रखा जाता। थोड़ी देर के लिए माइनस 20 डिग्री भी चल जाता। इसके लिए एक डीप फ्रीजर बेवना का इस्तेमाल होता था जो उन्हें लाते वक्त माइनस 20 डिग्री तापमान बनाए रखता।

चूंकि उस वक्त कोई बैटरी बैकअप नहीं होता था इसके लिए इसे हर तीन चार घंटे पर बिजली से जोड़ना होता ताकि तापमान कम बना रहे। लेकिन इस डिवाइस के लिए सबसे बड़ी चुनौती तब होती जब 2012 की जून जुलाई में सैंपल को जम्मू से दिल्ली रोड के रास्ते ले आया जाता।

टीम लीडर याद करते हैं कि... हमारे धुन के पक्के पैथोलॉजिस्ट दोस्तों को अपने बेशकीमती कारगो को लेकर किसी पर भी यकीन नहीं था, जो डीप

लेह आर्मी अस्पताल में डॉक्टरों से बातचीत

फ्रीजर ले जाने वाले मिनी ट्रक पर जम्मू से दिल्ली तक का सफर किया, वे रास्ते में तीन–चार घंटे बाद टोल पोस्ट पर उसे बिजली से जोड़ते और एक बार तो एक छोटे शहर के थाने में ऐसा करना पड़ा, लेकिन उनकी इस मेहनत का फल ये रहा कि सैंपल सुरक्षित दिल्ली पहुंच गए।

लेकिन नफे के साथ नुकसान भी होता है, जहां ऊंचाई की ठंडक सैंपल को रखने में मददगार थी वहीं कम दबाव की वजह से टीम के साथ मौजूद दो पोर्टेबल सेमीऑटोमेटिक ब्लड एनालाइजर ने काम करना बंद कर दिया, जिसे हेमोग्लोबिन की संख्या और ब्लड काउंट जैसे सामान्य टेस्ट के लिए ले जाया गया था। माइक्रोट्यूब के जरिए ब्लड सैंपल को टेस्ट करने वाली मशीन में खून का सैंपल खिंचने के लिए वैक्यूम नहीं बन पाता था। उपकरण को बनाने वाले इंजीनियर्स से जब इस समस्या के बारे में पूछा गया तो उन्हें कोई जवाब नहीं सूझा क्योंकि ऐसी हालत से उनका भी पहले कभी सामना नहीं पड़ा था।

एक बार फिर मुश्किल से उबारने पैथोलॉजिस्ट आगे आए, ज्यादातर उपकरण समुद्र तल के दाब और ताप पर काम करन के लायक बनाए

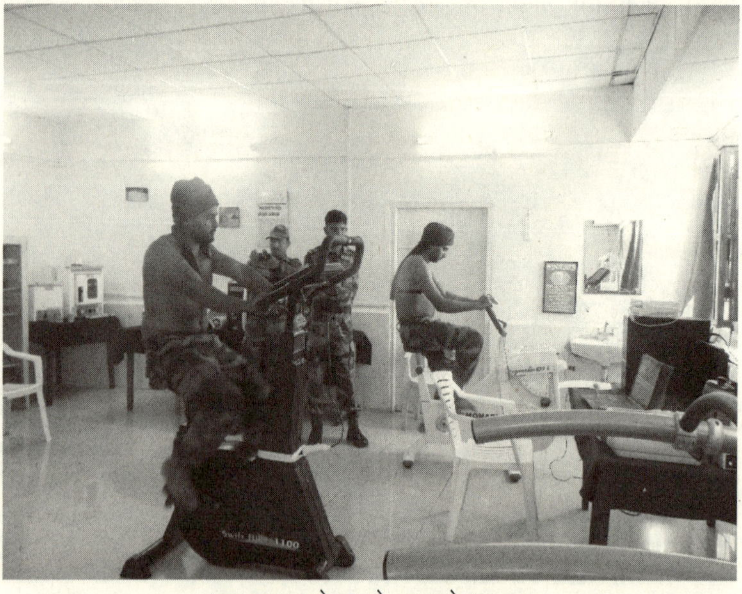

एक अहम टेस्ट से गुजरते जवान

जाते हैं या फिर लैब या अस्पताल के नियंत्रित माहौल में। इससे पहले शायद ही किसी ने इतनी ऊंचाई पर इसके इस्तेमाल के बारे में सोचा हो। चुनौतियों भरे माहौल में नए रास्ते भी निकलते रहते हैं।

मिसाल के तौर पर फाइबर ग्लास की हट में ईसीजी रिकार्ड करना एक मुश्किल काम था, पूरे कपड़े पहना किसी शख्स के लिए ये आरामदायक हो सकते थे लेकिन ईसीजी के लिए अगर कपड़े उतारने की नौबत आ जाए तो हड्डियां जमा देने वाली उस ठंड में डॉक्टरों को 'P' 'QRS' और 'T' वेब की जगह कुछ अजीबोगरीब आकृतियां देखने को मिलती।

हम हट और बिल्डिंग को *बुखारिस*, स्टोव और केरोसिन हीटर हर तरह से गर्म करते। इसके बाद ढेर सारे लोगों की भीड़ अंदर आने देते ताकि ईसीजी के लिए कपड़े उतारने से पहले वे अपने जिस्म में गर्माहट का अहसास करने लगे। यहां पर हम डॉक्टर जो आम हालत में प्राइवेसी को तरजीह देते हैं, उसकी अनदेखी की जाती थी, दूसरी तरफ सैनिक भी अपने दोस्तों के बीच अधखुले कपड़ों को लेकर बहुत ज्यादा संवेदनशील नहीं होते थे, आखिर खोज भी एक खेल का नाम है। बेशक गर्म करने के सारे उपकरणों की वजह से थोड़ा धुआं भी होता लेकिन इसकी कोई परवाह नहीं करता, गर्माहट सबसे ज्यादा अहम थी।

लद्दाख के हर फेरे में हजारों किलो के उपकरणों की ढुलाई होती, लेह से दिल्ली तक ब्लड सैंपल लाने में इंडियन एयरलाइंस के स्टाफ भी काफी मददगार रहे। रिसर्च टीम के सदस्यों को बार बार ऊंचाई पर आने के दौरान उनके अनुकुलन को लेकर भी सवाल उठे। बेहद व्यस्त वक्त में ऊपर जाने से पहले इसे लेह में पूरा किया गया। कुछ डॉक्टर पहली यात्रा में एएमएस यानी एक्यूट माउंटेन सिकनेस के भी शिकार हो गए, फिर बाद में लगातार आने पर ये खत्म हो गई।

टीम लीडर याद करते हुए बताते हैं...अपने शोध के प्रोटोकॉल के दौरान हमने सैनिकों का चार चरणों में अध्ययन किया। पहले चरण में जब सैनिक मैदानी इलाके जम्मू में स्वस्थ थे। दूसरा चरण तब पूरा हुआ जब वे तांगसे और बेस कैंप में ऊंचाई पर अनुकूलन के लिए एक महीना गुजार चुके थे और उन्हें अगले ही दिन ग्लेशियर के ऊंचे इलाकों के लिए निकलना था, ये सारे सैनिक 17,000 फीट से ज्यादा और कुछ तो

20–22 हजार फुट तक की ऊंचाई पर जाने वाले थे। फिर जब सैनिक उन बेहद मुश्किल हालातों में वहां 90 से 120 दिन गुजार कर लौटे तब उनकी जांच की गई ताकि ये पता चल सके कि उन कठोर हालातों का उनके शरीर पर क्या असर पड़ा है। चौथे चरण में, तांगसे में एक बार फिर ग्लेशियर से उतरने के छह महीने बाद उनका टेस्ट किया गया ताकि ये पता चल सके कि ऊंचाई पर शरीर के मानकों में आए बदलाव का असर कितने दिनों तक रहता है और सैनिकों को सामान्य होने में कितना वक्त लगता है। अभी पांचवें चरण का अध्ययन बाकी है जिसे फिर से मैदानी या समुद्रतल के स्तर पर सैनिकों का किया जाना है। हमें लगता है कि ऊतनी ज्यादा ऊंचाई पर रहने के असर से निकल कर सामान्य होने में करीब दो साल का वक्त लगता है।

हमारे इस शोध का अहम मकसद उस समूह की पहचान करना है जिनके लिए ऊंचाई पर तैनाती जोखिम का काम हो सकता है यानी उनके खून में थक्के जमने की आशंका दूसरों से ज्यादा है। इसमें ये भी पता चलेगा कि खून के जमने का असर कितने दिनों तक बना रहता है फिलहाल इसे लेकर कहीं कोई आंकड़ा उपलब्ध नहीं है।

दिलचस्प बात ये है कि सैनिकों के साथ लगातार संपर्क में रहने की वजह से डॉक्टरों को उन्हें होने वाली दूसरी कई स्वास्थ्य संबंधी शिकायतों के बारे में पता चला। कई लोगों की ग्लेशियर से लौटने के बाद वजन घटने की समस्या थी, ज्यादा नींद आना, बातें भूलना और कुछ में सेक्स को लेकर कमी की भी शिकायतें मिली। वजन घटना एक आम बात थी जिसकी वजह शरीर में चर्बी और मांसपेशियों के वजन में कमी थी। ज्यादातर सैनिक ग्लेशियर पर नींद के पैटर्न और कम घंटे के शिकार थे। नींद में कमी को लेकर एक बात अहम थी कि बेहद ऊंचाई पर रहने और कम सोना ही कहीं दिन के वक्त ज्यादा नींद आने की वजह तो नहीं। ये तब होता जब जवान वापस लौटकर बेसकैंप पहुंचते तो उन्हें अगले कुछ दिनों तक बहुत ज्यादा नींद आती जैसे वो नींद की कमी पूरी कर रहे हों।

ऊंचाई से उतरे तकरीबन सारे जवानों में बातें भूलने की घटना आम होती है, डॉक्टर बताते हैं कि... वो फौरन हुई घटनाएं भूल जाते हैं जैसे ये बात आम है कि किसी ने कोई सामान मान लीजिए कि किसी ने चंद मिनटों

पहले टॉर्च कहां रखी, कहा जाता है कि ये शिकायत मैदानों में वापसी के बाद ठीक हो जाती है लेकिन पूरी तरह ठीक होने में कितना वक्त लगता है इस बारे में अभी छानबीन की जानी है।

शोध पूरा होने में अभी काफी कुछ बाकी है लेकिन इसका दायरा और विषय इतना बड़ा है कि ये उम्मीद की जा सकती है कि इसके नतीजे ऊंचाई पर नसों में खून जमने जैसी गंभीर समस्या से जुड़े कई राजों पर से पर्दा उठाने में कामयाब रहेंगे और इसके जरिए हम अपने बहादुर सैनिकों की समस्याओं पर काबू पा सकेंगे। जैसा कि टीम लीडर ने मुझे बताया... बटालियन के सैनिकों ने शोध के लिए जिस तरीके से खुद को हमारे लिए पेश किया वो इस बात की एक और मिसाल है कि वो अपनी छुट्टियां, घर के आराम और दूसरी सुख–सुविधाओं को कुर्बान कर किस तरह मातृभूमि की रक्षा के लिए हंसते मुस्कुराते अपनी जान तक न्योछावर करने को तत्पर हैं।

सियाचिन ग्लेशियर पर एक रेजिमेंटल चिकित्सा अधिकारी की यादें

सेंट्रल ग्लेशियर के चंदन पोस्ट के लिए मैंने मार्च 1995 में चढ़ना शुरू किया। सुबह–सुबह बेसकैंप में पारंपरिक प्रार्थना के बाद हमने 30

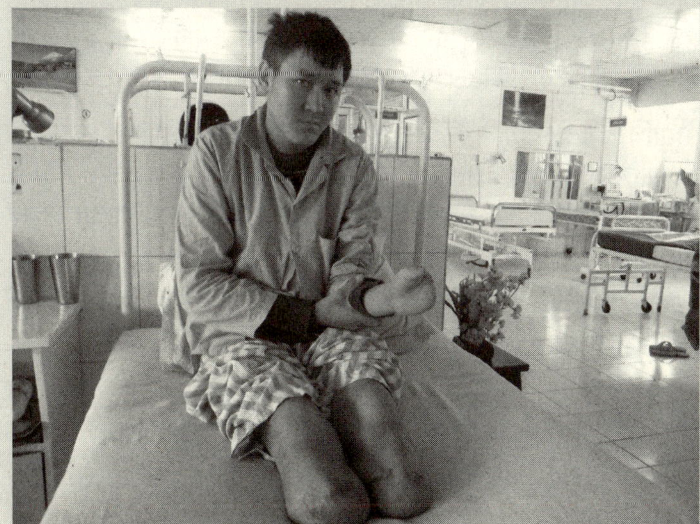

नीमा नोरबू को अपने पांव गंवाने पड़े, वे 25 घंटे तक बर्फ में फंसे थे

डिग्री की ढलान पर धीरे–धीरे चढ़ना शुरू किया और हाथ हिलाकर तब तक विदा लेते रहे जब तक कि हमारे बीच एक टीलेनुमा पहाड़ नहीं आ गया।

एक हफ्ते पहले जब मैं बेसकैंप 1 के एडीएस यानी एडवांस ड्रेसिंग स्टेशन रिपोर्ट करने पहुंचा तो वहां मेरे कॉलेज के तीन साल सीनियर रहे कैप्टन श्रीनिवास ने स्वागत किया। एक खुशमिजाज शख्स जिन्होंने मुझे ऊंचाई पर होने वाली बीमारियों के शुरुआती लक्षणों के बारे में बताया और खासकर उनमें सबसे खतरनाक HAPO और फॉर्स्टबाइट को लेकर। उनका कहना था... हमेशा याद रखो कि ऊंचाई पर होने का मतलब ये नहीं कि तुम्हारे पास सिर्फ उन्हीं बीमारियों के मरीज ही आएंगे जो ऊंचाईयों पर होती है। ये तय करने से पहले कि HAPO ही है, उससे मिलते जुलते लक्षणों वाली दूसरी बीमारियों पर भी ध्यान दो साथ ही HAPO या HACO के मामले में घबराने की जरूरत नहीं है, उन्हें सीधा मेरे पास नीचे भेज दो। अगर किसी वजह से मरीज को वहां से फौरन नहीं भेजा जा सकता तो शुरुआती इलाज के साथ ऑक्सीजन दे दो, जो ग्लेशियर पर होनी वाली किसी भी बीमारी के लिए सबसे बेहतर और कारगर उपाय है। उनकी दी गई ये बुनियादी सलाह हमेशा मेरे दिमाग में रही और अगले पांच महीनों तक ग्लेशियर पर तैनाती के दौरान इस पर बखूबी अमल किया।

सियाचिन बेटल स्कूल में ट्रेनिंग के दौरान मेरी मुलाकात स्कूल के सहपाठियों से हुई, लिहाजा एसबीएस ट्रेनिंग और बेसकैंप में मेरी तैनाती एक मजेदार अनुभव रहा। हम दिनभर खूब मेहनत करते और रात में जमकर पार्टियां उड़ाते। मैंने वहां एक महीने के दौरान जितने दोस्त बनाए उतने आगे के 19 सालों की नौकरी में नहीं बन पाए।

जब हमने चढ़ना शुरू किया तो सूरज चमक रहा था और ये अगले तीन घंटों की शुरुआती चढ़ाई के दौरान आसमान साफ ही रहा जब तक कि हम पहले स्टेज कैंप तक नहीं पहुंच गए। लेकिन मैं तब हैरान रह गया जब मिनटों के भीतर ही साफ नीला आसमान बादलों से भर गया और अगले दस दिनों तक बर्फबारी होती रही। मैं 14,000 फीट

पर रुका रहा और इस मायने में खुशकिस्मत रहा कि इस तरह मुझे मौसम के मुताबिक ढलने का मौका मिल गया।

आगे की चढ़ाई केकवॉक साबित होने वाली थी, ये सोचता हुआ मैं बेताब हो रहा था लेकिन कमर भर की बर्फ में हम चलने की बजाय मुश्किल से सरक पा रहे थे। मेरा दम उखड़ने लगा। मुझे हर चार पांच कदम के बाद ही आराम करना पड़ता, गला सूखने लगा और पांव भारी होने लगे और जल्द ही लग गया कि ये केकवॉक से काफी अलग चीज है। हम सुबह 9 बजे चले थे और हाफ–लिंक प्वाइंट पहुंचने में दोपहर के 1 बज गए यानी दो किमी का सफर चार घंटे में।

मेरे साथ कुछ सैनिक भी थे जो उन पहाड़ी इलाकों से ही थे और वहां दो तीन महीनों से तैनात थे, इतनी ऊंचाई पर भी उनमें इतनी फुर्ती थी जैसे राजाजी नेशनल पार्क में हिरण कुलांचे मार रहे हों।

मेरी धीमी रफ्तार पर उनमें से कुछ को कोफ्त हो रही थी और मैं शर्मिंदगी महसूस कर रहा था। अगले पोस्ट के आधे रास्ते लंच और आराम के लिए आधे घंटे रुकने के बाद मैंने तय किया कि अपनी रफ्तार बढ़ाऊंगा। लेकिन मेरी ये सोच शुरुआत में ही ध्वस्त हो गई। हम जहां रुके थे वहां से कुछ सौ गज के भीतर ही पहाड़ी रास्ता था, जहां अगले 50 मीटर के बीच 4–5 फीट के उतार चढ़ाव कम से कम 7–8 बार आए। बीते दस दिनों से हो रही बर्फबारी के दौरान वो सबसे गर्म घंटा था और बीच बीच में बर्फ की चट्टानें टूट कर गिर रही थी। लिहाजा हमारे टीम लीडर नायक ने तय किया कि इस पूरे हिस्से को हम दौड़ कर पार करेंगे और वो सबसे आगे रहकर गिरते बर्फ के टुकड़ों पर नजर रखेगा। वो अच्छा था और दो बार धंसकती बर्फ से हमें रोका भी, लेकिन मेरी लिए वो आखिरी लड़ाई साबित हुई, जैसे ही सारे लोग इसके बाद दम लेने को रुके मैं बर्फ पर जम कर बैठ गया और हिलने से इंकार कर दिया। मैंने अपने साथी सैनिकों से कहा कि वो आगे बढ़े क्योंकि मैं रात में वहीं सोऊंगा और अगले दिन उनके साथ आ जाऊंगा।

मैं नहीं जानता वे हैरान थे या नाराज, उस वक्त मैं जो कह सकता था ईमानदारी से कह दिया। मुझे जबरदस्त सरदर्द हो रहा था, मैं

प्रार्थना करता रहा कि किसी को भी उन हालातों से कभी ना गुजरना पड़े, अगले एक घंटे तक वे मुझे फ्रूटी, चाय और बिस्किट देते रहे और आराम से अपने साथ चलने के लिए समझाते रहे।

मैं अपने खामोश दोस्त के साथ ये सोचता हुआ बैठा था कि क्या मेरा दर्द कम होगा और मैं रात में सो सकूंगा। वो मेरे साथ बैठा रहा और पीने को बेहद मीठीं चाय दी और चल रहे क्रिकेट सीरीज, दिल्ली की राजनीति और दूसरी कई बातों के बारे में कुछ कुछ बोलता रहा। अगले एक घंटे में मैं कुछ बेहतर महसूस कर रहा था और मैं उसके साथ चलने पर राजी हो गया। चंद कदमों पर रुकते चलते सूर्यास्त तक मैं अगले कैंप पहुंच गया।

कैंप की गर्मी, भरपूर चाय, ठुकपा और कुछ ब्रूफेन के टैबलेट ने कुछ घंटों के भीतर ही मुझे सामान्य कर दिया और मेरे अगले कुछ दिन सैनिकों के साथ स्वीप खेलते हुए बीते, यहां तक कि इससे पहले जो कुछ गुजरा था उस पर हंसता भी रहा, वो पानी की कमी थी, थकान थी या ऊंचाई पर होने का असर?

मैं अभी भी नहीं जानता लेकिन उस वक्त ये बात कोई मायने नहीं रखती थी। अहम है कि मैंने ये सीखा ऊपर चढ़ता हुआ कोई शख्स जब थकता है तो उसके साथ क्या हो सकता है और उसका इलाज क्या है। मैं सिर्फ और सिर्फ अनुभवों से इलाज सीख रहा था किताबों से उनका कोई वास्ता नहीं था।

ग्लेशियर पर बीमारी

ग्लेशियर पर एक सैनिक की जिंदगी बेहद व्यस्त होती है, दिन के रोजाना कामों में लिंक ड्यूटी (राशन और दूसरे सामान को आधे रास्ते में बने प्वाइंट से लाना जहां नीचे के कैंप वाले छोड़ जाते हैं और फिर यही काम अपने से ऊपर वाले कैंप के लिए करना होता है), हैलीपैड की देखभाल, टेलिफोन लाइनों की मेंटेनेंस और कैंप का रख रखाव, ये सब करने में ठीक ठाक मेहनत हो जाती है। ग्लेशियर और बहुत ऊंचाई पर काम थोड़ा थोड़ा और धीरे धीरे किया जाता है, हल्की चढ़ाई पर भी सामान लेकर चलने में सांसे उखड़ने लगती है,

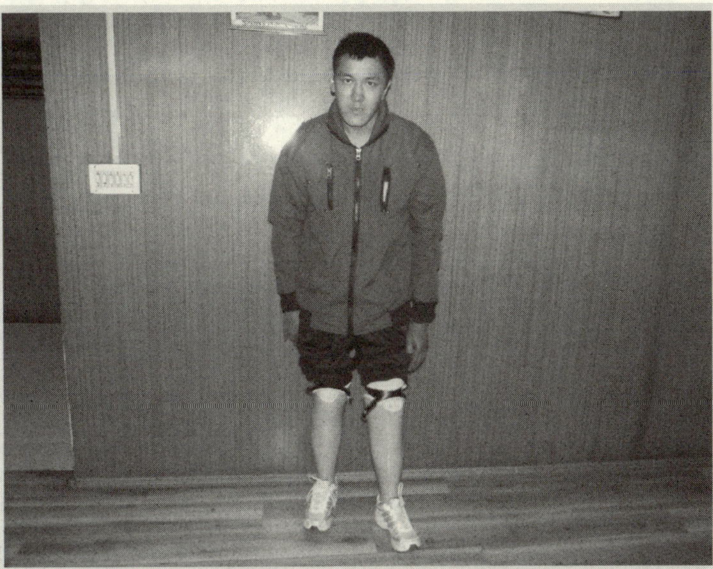

उपचार के पश्चात नीमा नोरबू

फिर भी या इसी वजह से उतने मुश्किल हालात में भी हमारे सैनिक स्वस्थ रहते हैं।

अगर जंग ना चल रही हो तो रोजाना की जिंदगी में यहां मरीज शायद ही कभी आते हैं, यहां सैनिकों को वायरल इंफैक्शन, गैस्ट्रिक, बुखार या सामान्य सर्दी खांसी की शिकायत कभी कभार ही होती है, जिनसे मैदानी हिस्से के आरएमओ आए दिन जूझते रहते हैं। इसकी शायद दो वजहें है, यहां के बेहद ठंडे मौसम और वीरान इलाके में बीमार करने वाले बहुत कम ही वायरस और बैक्टीरिया मौजूद हैं सिवाय कुछ के जो ऊपर आए सैनिकों के साथ होते हैं। दूसरी वजह ये है कि हर सीवी इस बात को पुख्ता करता है कि सिर्फ हर तरह से फिट जवान ही ग्लेशियर के ऊपर जाएंगे।

फिर वहां डॉक्टर क्या करते हैं? मेरे दिन की शुरुआत बेहद इत्मीनान के साथ सुबह 8 बजे ब्रेकफास्ट से होती। इसके बाद जब सैनिक अपनी सुबह के कामों में व्यस्त होते तो मैं कंपनी कमांडर के साथ एक लंबे बालों वाले नौजवान की देखरेख में स्कीइंग की प्रैक्टिस

करता। स्की क्लास के बाद हम अपने काम कर चुके सैनिकों के साथ चाय–पकौड़े का लुत्फ लेते।

दिन का बचा हुआ वक्त ताश, शतरंज, नॉट या क्रॉस खेलते हुए या फिर घर परिवार और कंपनी से जुड़े किस्से कहानियां कहते सुनते हुआ गुजारते। हम एक परिवार की तरह रहते थे। आमतौर पर सारे सैनिक एक हट के करीब जमा होते और फिर हंसी मजाक करते, मेरी भूमिका वहां सिर्फ सुनने वाले की होती थी सिवाय जब मैं सिर्फ कंपनी कमांडर के साथ होता। वक्त काटने का एक और बेहतर तरीका था कि हम सारे सेटेलाइट और स्टेजिंग पोस्ट पर फोन करते और जिस किसी ने उठा लिया उसके साथ बातचीत करते। ये एक तरफ जहां मुझे व्यस्त रखता था वहीं किसी की तबियत बिगड़ने का संकेत या सूचना भी पहले मिल जाती थी। मुझे लगता है कि मेरी सबसे अहम भूमिका सलाह के लिए आए जवानों की बातों को तसल्ली से सुनना और उन्हें भरोसा दिलाना था, साथ ही मैं अपने पास चुटकुले और मजेदार शब्दों के भंडार रखता ताकि हंसा कर उनका मनोरंजन कर सकूं।

बतौर डॉक्टर सबसे संवदेनशील वक्त तब होता जब ग्लेशियर पर सैनिकों की नई टुकड़ी आती, ऊंचाई से जुड़ी बीमारियों के सबसे ज्यादा मामले पहले ही हफ्ते में आते क्योंकि तब शरीर हवा के कम दबाव और ऑक्सीजन के गिरते स्तर के साथ तालमेल बिठा रहा होता था। जैसे ये काम एक या दो हफ्ते में पूरा हो जाता, ऊंचाई से जुड़ी जोखिमें तेजी से कम होने लगते। इस तरह मुझे बहुत ज्यादा हैरानी नहीं होती जब किसी नई बटालियन के आने पर मुझे उनके रास्ते या फिर पोस्ट पर पहुंचते ही एएमएस के कई मामले देखने को मिलते। शुक्र है कि इस तरह के केस अपनेआप या फिर मामूली दवाओं से ही एक–दो दिनों में ठीक हो जाते। मुझे नहीं याद है कि किसी शख्स को ऑक्सीजन या फिर एसिटाजोलामाइड देने की नौबत पड़ी। हम ऑक्सीजन बचाना पसंद करते थे क्योंकि वो सीमित मात्रा में होती। HAPO और HACO जैसी दो खतरनाक बीमारियों में उसकी जरूरत पड़ती थी।

एक बार जूलू पोस्ट पर नई आई बटालियन के दो लड़के HAPO की चपेट में आ गए, वो पोस्ट HAPO के लिए बदनाम थी, शायद इसलिए कि वहां जाने के लिए दिनभर में 4,000 फीट की चढ़ाई करनी होती, ऐसे में एक जवान सुबह में करीब 15,000 फीट से चलना शुरू करता और शाम को वो 19,000 फीट पर होता, चढ़ाई के आखिरी हिस्से में 100 फीट ऊंची बर्फ की खड़ी दीवार थी, जिसपर कैंप बना था। दोनों लड़कों में वहां पहुंचने के अगले दिन की शाम HAPO का असर दिखना शुरू हुआ। रात में उनका इलाज हुआ और अगली सुबह हेलीकॉप्टर से निकालने के लिए कहा गया। लेकिन अगले दिन घने बादल छाए रहे और बर्फबारी होती रही, उस दौरान बटालियन बदली जा रही था और नए सैनिक उन्हीं पहाड़ी इलाकों से थे जो इन हालात में एकदम फिट बैठते।

ऑक्सीजन रिजर्व कम होता जा रहा था ऐसे में फैसला किया गया कि लड़कों को नीचे के पोस्ट पर लाया जाए तो हालत पक्के तौर पर सुधर जाएगी। एक मरीज की हालत बेहद खराब थी और वो चल भी नहीं सकता था जबकि दूसरे की हालत चलने फिरने लायक थी। पहले को एक स्ट्रेचर पर लिटाकर दो पहाड़ी सैनिकों ने बर्फ की उस दीवार से नीचे उतारना शुरू किया जिसपर पोस्ट बना था। जैसे ही उन्होंने नीचे पहुंचकर चलना शुरू किया खराब मौसम की वजह से एक झटके में स्ट्रेचर समेत सबकी नजरों से ओझल हो गए मानो जमीन निगल गई। उन्हें बर्फ की उन खाइयों से बचते हुए गुजरना था जो हरतरफ भरी पड़ी थी। हमने मरीज और उसे ले जा रहे दोनों जवानों को खो दिया।

टेलिमेडिसिन सेना की खोज है, एक बार एक सीनियर ने दावा किया।

मैं भी यही मानता हूं।

काफी पहले मैंने उन्हें टेलिमेडिसिन के बारे में बोलते सुना था और हम सब ऐसा कर चुके हैं जैसा कि सेना का हर नौजवान डॉक्टर करता है। हम अक्सर बेसकैंप या फील्ड हॉस्पीटल के सीनियर को फोन कर केस की गुत्थियों से जुड़ी जानकारियां हासिल करते हैं।

लेकिन एक बार नई तैनाती के दौरान मैंने टेलिमेडिसिन को एक नए तरीके से अनुभव किया।

जुलू पर सैनिकों की नई टुकड़ी बीते शाम ही आई थी जब मुझे सुबह 4 बजे वहां के एक ऑफिसर ने कॉल किया। एक जवान सो नहीं पा रहा था, उसे सांस लेने में दिक्कत थी और बहुत ज्यादा कफ हो गया था। ये लक्षण HAPO से मिलते–जुलते हैं लिहाजा मैंने मरीज से बात कराने को कहा। जैसे मरीज लाइन पर आया मुझे लगा मैं किसी गड़गड़ाते पानी के झरने के सामने खड़ा हूं। उसके फेफड़े में पानी भरा था जिसकी वजह से सांस घरघराहट के साथ आ जा रही थी और पानी के बुलबुलों का अहसास होता। अगर मैं एक्स रे भी करता तो इससे बेहतर डायग्नोस्टिक सबूत नहीं मिलता। यही वो वक्त था जब मैंने किसी मरीज के लिए HAPO बैग, दवाएं और ऑक्सीजन के लिए कहा। शुक्र है कि दो घंटे बाद उसकी तबियत सुधरी और सुबह में उसे हेलीकॉप्टर से निकाल लिया गया। बेसकैंप में डॉक्टरो ने उसे HAPO का गंभीर मरीज बताया।

मौसम वहां सबसे बड़ा दुश्मन था और है।

वहां खराब मौसम की वजह से ज्यादा मौतें होती हैं। सच तो ये है कि दुश्मन की गोली जितना नहीं मारती उससे ज्यादा मौसम की मार पड़ती है।

हमने अपना आर्टिलरी ऑब्जर्वेशन पोस्ट एक नए ऑफिसर को दिया, जो OTA से निकला, जोश–जज्बे से भरपूर नौजवान था। वो दुश्मन की गोलेबारी में शहीद हो गया, उसके छाती सिर में छर्रे लगे थे। उसके रेडियो ऑपरेटर को भी सीने और लीवर में छर्रे लगे थे, लेकिन फेफड़े और लीवर को नुकसान नहीं पहुंचा, क्योंकि हड्डी से टकराकर छर्रे करीब के मांस में धंस गए उसे बचा लिया गया। एक दूसरी घटना में हमारे पास के पोस्ट पर हुई गोलेबारी में तीन जवान शहीद हुए और उसी दौरान हमने तीन लोगों को बर्फीली खाइयों की वजह से खोया। जैसा कि ऊपर लिखा जा चुका है इसके अलावा उत्तरी ग्लेशियर में पहाड़ पर बना एक पोस्ट रात में बर्फीली हवाओं ने उड़ा दिया। जिसमें मौजूद पांच सैनिकों या उस पोस्ट का कोई निशान

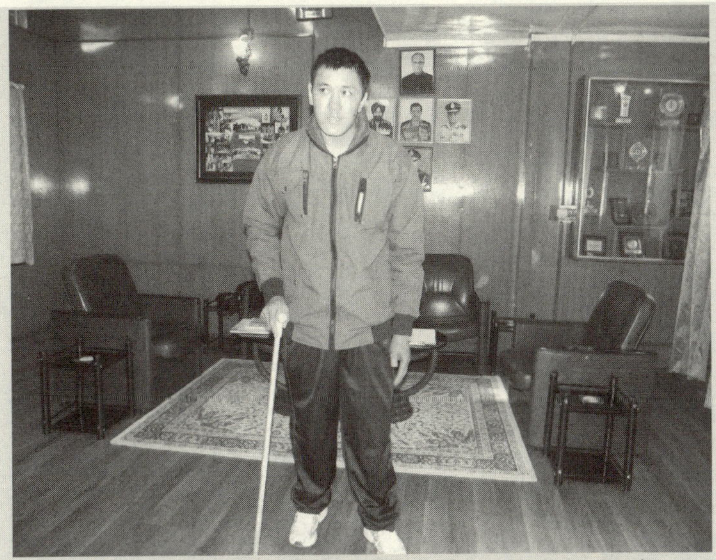

कोई नही बता पायेगा कि नीमा नोरबू के तीन कृत्रिम अंग हैं

देखने तक को नहीं मिला। यहां फैसले में हुई छोटी सी गलती की भी भयंकर सजा भुगतनी होती है, गर्मी के दिनों में हिमस्खलन और नई बर्फीली खाइयों के मुंह खुल जाते हैं। सर्दियों के दिनों में खाइयों के ऊपर बर्फ की मोटी परत होती है जबकि गर्मियों में बर्फ की परत भी पतली हो जाती है और वो मुंह बाए रोज उधर से गुजरने वाली किसी जवान की गलती का इंतजार करती हैं।

कुत्ते बेहद उपयोगी जानवर हैं यहां तक कि इतनी ऊंचाई पर भी। अच्छे दोस्त के अलावा वे बेशकीमती सेवाएं भी देते हैं। हमारे पास एक छोटा सा मस्टिफ नस्ल का पिल्ला था, जिसे ऊपर आता कोई जवान अपने साथ ले आया था। उसका नाम स्टूपिड था, क्योंकि उसकी आदत थी कि वो जूठे गोश्त के टुकड़ों को ले जाकर हमारे स्लीपिंग बैग में जमा कर देता। जब वो बड़ा हुआ तो लिंकिंग पेट्रोल में साथ जाने लगा और ऐसे कई मौके आए जब उसने जवानों की जान बचाई। दरअसल वो जब भी किसी छुपे हुए बर्फीले गड्ढे के करीब पहुंचता तो पांव से बर्फ खोदता हुआ अड़ जाता और भौंककर आगे बढ़ने से मना करता। जल्द ही हम उसके फैसलों का सम्मान करना

सीख गए और ऐसी कई बर्फीली खाइयों से बचे जो हमारी जान ले सकती थीं।

तीन महीने बाद मैं चंदन से दर्शक चला आया, जो थोड़ा और ऊंचाई पर और दुश्मन की नजर के सामने था। यहां हम दुश्मन की गोलीबारी से बचने के लिए बर्फीली गुफाओं में फाइबर ग्लास के हट में रहते थे, इससे पहले जमीन पर एक बर्फीली दीवार की ओट में बने हट में सो रहे तीन जवान शहीद हो चुके थे। यही वजह थी कि जवानों ने बर्फ में गुफा बनाकर उसमें रहना शुरू कर दिया क्योंकि कोई भी तोप का गोला एक फुट से ज्यादा मोटी बर्फ का नुकसान नहीं पहुंचा सकता।

एक पहाड़ी पर बना ये पोस्ट घाटी की तली से करीब 1,800 फीट पर था। हमें बर्फ से ढंके उस पहाड़ की खड़ी ढाल रस्से से चढ़नी पड़ी, इस दौरान ये सोचकर ही दिल बैठने लगता कि अगर गिरा तो क्या होगा? पक्की मौत... लेकिन कुदरत एक दयालु शिक्षक भी हो सकती है। एक नौजवान नायक, जो सियाचिन बैटल स्कूल की बटालियन ट्रेनिंग का हिस्सा था कुछ ज्यादा ही आत्मविश्वास से भरकर बिना रस्से से खुद को सुरक्षित किए ही निकल गया। संयोग कुछ ऐसा था कि चंद कदम बाद ही वो फिसला और उसके बाद एकदम नीचे तक घाटी में फिसलता गया, जो दुश्मन का इलाका था। दुश्मन ने हमें उसकी तलाश में मदद की। हमने उन्हें रेडियो पर संपर्क कर बताया कि क्या हुआ है और हम अपने जवान की तलाश कर रहे हैं। रेडियो पर हमें कोई जवाब नहीं मिला लेकिन उस दिन जब हम बर्फीली खाइयों और घाटी की तली में अपने लापता हुए जवान की तलाश कर रहे थे, करीब दस घंटे फायरिंग नहीं हुई। हम अनिष्ट से आशंकित थे, देर शाम जब सूरज डूबा हमारी उम्मीदें भी खत्म हो रही थी, तभी पहाड़ों की ओर एक खोजी दस्ते ने किसी बर्फीली खाई से कराहने की आवाज सुनी। सबने राहत की सांस महसूस किया, उसे बर्फ से निकालकर जांच किया गया। मुझे और कुछ नहीं सिवाय इसके कि कुछ पसलियां टूट गई थी। हमने उसे नीचे बेसकैंप के लिए रवाना कर दिया। अगले दिन हमने सुना कि हमारा जवान तंदुरुस्त है बिना किसी घाव या जख्म के, चोट लगी थी तो कहीं अहम को लगी।

तो क्या हम डर गए... क्या हम अक्सर खतरे और मौत के बारे में सोचते थे... एकदम नहीं।

मैं जानता हूं कि मैं और मेरे साथ रहने वाले दूसरे ऐसा नहीं करते थे। इस तरह की सोच आपके जोश को खत्म कर देती है, मुझे लगता है हम सब इस तरह की बातों से ऊपर उठ चुके हैं। जब दुश्मन हमारे लोगों को मारता है तो हम उबल पड़ते हैं जबतक कि उससे बदला ना चुका लिया जाए और जब कुदरत की वजह से कोई हादसा होता है तो उसकी यादों को दिल में बिठा लेते हैं और बहादुरी के साथ सावधानी से उन खतरों का सम्मान करना सीखते हैं। हमारे जवान पूरे जोश और उत्साह के साथ कंधे से कंधा मिलाते हुए ग्लेशियर पर अपने कर्तव्यों का पालन करते हैं और उनके मुस्कुराते चेहरे पर कहीं कोई शिकन नहीं होती। हमारे सैनिकों का हौसला अजेय है।

सभी बाधाओं के खिलाफ जीत

10 डोगरा रेजिमेंट के राजेश गेहता ने कशी सोचा नहीं था कि सियाचिन पर तैनाती के बाद उनकी जिंदगी एकदम से बदल जाएगी। 2005 में जब वहां के मौसम में खुद को पूरी तरह ढालकर 18,000 फीट की ऊंचाई पर उत्तरी ग्लेशियर पहुंचे जहां उन्होंने अपने लोगों फी अगुवाई की। ग्लेशियर जाने रो पहले वे आतंक प्रशावित इलाकों में तैनात थे और कमांडो कोर्स कर कोवेटेड इंस्ट्रक्टर ग्रेड हासिल कर चुके थे। फरवरी 2005 में जब वे अपने पोस्ट पर रम चुके थे, कैप्टन राजेश के दिमाग, हाथ और पांव की नसों में खून के थक्के जमने लगे। डॉक्टरों ने उन्हें फौरन बाहर निकालने को कहा लेकिन अगले दस दिनों तक भीषण बर्फबारी होती रही जिसकी वजह से हेलीकॉप्टर उड़ान नहीं भर सके। उनकी हालत बिगड़ती गई और जब मौसम सुधरा तो पहली उड़ान से ही उन्हें पहले परतापुर और फिर वहां से चंडीगढ़ लाया गया और आखिरकार दिल्ली के आर एंड आर अस्पताल में भर्ती कराया गया।

थक्के इतने ज्यादा थे कि डॉक्टरों के पास और कोई रास्ता नहीं था और उनका दायां पांव कूल्हे से, बायां पांव घुटने से और बाएं हाथ को कोहनी से अलग करना पड़ा। कोई भी दूसरा शख्स और संस्था इतने

पर जवाब दे जाती लेकिन सेना के डॉक्टर, उनकी काबीलियत और देखभाल के अलावा कैप्टन राजेश का जज्बा, उनकी बहादुर पत्नी के हौसले ने तमाम आशंकाओं को गलत साबित कर दिखाया।

सेना ने उन्हें बेहतरीन मेडिकल केयर और उनके लायक काम देकर नई जिंदगी की शुरुआत में मदद की। चार साल के लगातार इलाज के बाद राजेश ठीक हुए, जब उनका स्वास्थ्य स्थिर हुआ तो फिर कृत्रिम अंग मुहैया कराए गए। ग्लेशियर से बाहर निकाले जाने के करीब नौ साल बाद पुणे में तैनात राजेश को प्रोमोशन मिला और अब वे लेफ्टिनेंट कर्नल हैं।

रिटायर हो चुके एक दूसरे अधिकारी कहते हैं... उन्होंने जिन शारीरिक और मानसिक चुनौतियों का सामना किया, उसके बावजूद राजेश मेहता में अपने काम को लेकर वही समर्पण है और वो हमेशा दूसरों की मदद के लिए तत्पर और समस्या का हल निकालने वाली सोच रखते हैं। ऐसी शारीरिक हालत में कोई दूसरा हार मान लेता लेकिन इस नौजवान ने कमांडो ट्रेनिंग ले रखी थी और दूसरों को प्रेरणा देने वाला लीडर रह चुका है, जिनका नारा ही होता है... मुश्किल वक्त कमांडो सख्त।

हादसे से पहले राजेश मेहता

राजेश कहते हैं... मैं खासतौर से चुनौतियों भरे दौर में अपनी पत्नी ही हिम्मत, हौसले और मदद का आभारी हूं। मेरा छोटा बेटा भी मेरे लिए एक अनूठा दोस्त साबित हुआ। मुझे गर्व है कि मैं इतनी शानदार संस्था का हिस्सा हूं, मैं अपने और अपने परिवार की हर तरह से मदद और ख्याल रखने के लिए भारतीय सेना के मानवीय पहलू और रोजगार प्रबंधन को धन्यवाद देता हूं।

मैं बताना चाहता हूं कि मेरे तीन अंग अलग किए जाने और सेरेब्रल वैसकुलर एक्सिडेंट के बाद कौन सी चीजें मेरे लिए मददगार साबित हुई। डॉक्टर के पुर्जे के मुताबिक मुझे जिंदगी भर दवाएं लेनी होंगी, अंगों को अलग किए जाने के बाद जब मेरा पूरा वक्त अस्पताल के बेड पर बीतता और एक्सरसाइज की कोई गुंजाइश नहीं थी सिवाय व्हील चेयर पर बैठकर बाहर आने जाने के। संयोग से मेरे डॉक्टर ने मुझे योग और प्राणायाम की सलाह दी जो टीवी पर सुबह–सुबह लाइव आता था। शुरू में मेरे लिए अनुलोम प्राणायाम की तकनीक सीखना मुश्किल लगा जिसमें बारी बारी से सांस लेते हैं।

लेकिन एक महीने बाद मुझे इसकी आदत पड़ी गई और धीरे धीरे गहरी

लेफ्टि कर्नल राजेश मेहता, कृत्रिम अंगों के साथ

सांस लेने लगा। मैंने 2009 के मध्य तक दवाएं ली और प्राणायाम भी करता रहा। मुझे दवाओं के ताकतवर साइड इफेक्ट को झेलना था, लेकिन जनवरी 2010 में मेरे न्यूरो फिजिशियन ने पूरे चेकअप के बाद ये महसूस किया कि मैं बिना दवाओं के भी रह सकता हूं।

और 2010 के आखिर तक ना मैंने सिर्फ दवाएं लेनी छोड़ दी बल्कि अपने बेड पर 50 उठक बैठक भी लगाने लगा। मैं लगातार उस रुटीन को जारी रखा और अब मैं प्राणायाम के साथ रोजाना 200 बार उठक बैठक लगा लेता हूं। आखिर में मैंने अपने सारे दोस्तों को कहा कि वे हर दिन थोड़ा वक्त निकाले और प्राणायम करके दवाओं से छुटकारा लें।

सियाचिन बेसकैंप के करीब के एक गांव वारशी के एक पोर्टर निमा नोरबू की कहानी भी इतनी ही प्रेरणा देने वाली है। एक खुशदिल नौजवान जिसने अपने बाकी दोस्तों और परिवार के सदस्यों की तरह ग्लेशियर तक सामान पहुंचाने का काम शुरु किया जब वो मुश्किल से 20 साल का था।

दिसंबर 2012 में, जब वो सैनिकों के प्लाटून और अपने दोस्तों के साथ जा रहा था अचानक फिसलकर बर्फ की एक खाई में गिर गया। खाई मुश्किल से दो फीट चौड़ी थी लेकिन उसकी गहराई में वो पूरी तरह समा गया। निकालने की शुरुआती कोशिशें नाकाम रही और जब रात हो गई तो बचाव काम रोक देना पड़ा। अगली सुबह नोरबू की तलाश फिर शुरू हुई, पूरे दिन सैनिक और पोर्टर उसे तलाशते रहे संयोग से जब दोबारा दिन ढलने लगा यानी गिरने के करीब 25 घंटे बाद नोरबू का पता चला। बेहोशी की हालत में उसे निकालकर फौरन परतापुर और अगले दिन चंडीगढ़ और फिर वहां से दिल्ली के आर एंड आर अस्पताल लाया गया। लंबे समय तक बर्फ के संपर्क में रहने की वजह से डॉक्टरों को राजेश की तरह उसके भी तीन अंग अलग करने पड़े।

उसके बाद जिंदगी बेकार लगने लगी लेकिन सेना के सपोर्ट सिस्टम ने अपनी भूमिका अदा की, लोगों ने अपनी तरफ से डोनेशन और आर्मी

वेलफेयर फंड की तरफ से नोरबू को विश्वस्तरीय इलाज और सुविधाएं मिली ताकि वो अपनी नई जिंदगी शुरू कर सके। जब मैं नोरबू से उसके गांव में मिला तो पहली नजर में वो पूरी तरह सामान्य दिखा। तीन कृत्रिम अंगों की मदद से वो खुद से चल फिर सकता है। 11 लाख रुपए की आर्थिक मदद से नोरबू ने अपनी नई जिंदगी शुरू की।

मैं अपनी पुरानी जिंदगी वापस तो नहीं पा सकता लेकिन सेना की मदद से मुझमें नई उम्मीद जागी है, मैं अपने बच्चों को अच्छी शिक्षा दिलवा रहा हूं ताकि उन्हें मेरी तरह पोर्टर नहीं बनना पड़े।... नोरबू ने मुझसे ये कहा।

"लेकिन उसके पुराने पोर्टर दोस्त क्या करते हैं... क्या वो ग्लेशियर पर जाने से डरते हैं।

नोरबू ने कहा कि ... हम पहाड़ और ग्लेशियर से कभी नहीं डरते वो हमारे कुदरती दोस्त हैं, मेरे दोस्त अभी भी जाते हैं और वो सेना की सहायता करते रहेंगे, आखिर रोना यहां हम लद्दाखियों की सुरक्षा के लिए है। उसकी बातों में गर्व झलक रहा था।

तो राजेश और नोरबू की कहानी दो अलग शख्सियत और हालात के शिकार दो अलग अलग लोग हैं लेकिन उनके हौसले और जज्बे एक जैसे हैं।

उत्तरी ग्लेशियर में डॉक्टर

अक्टूबर 2013 में लेह आर्मी हास्पिटल की कमांडेंट डॉ संगारिका पटियाल

खारदूंग ला मेडिकल पोस्ट

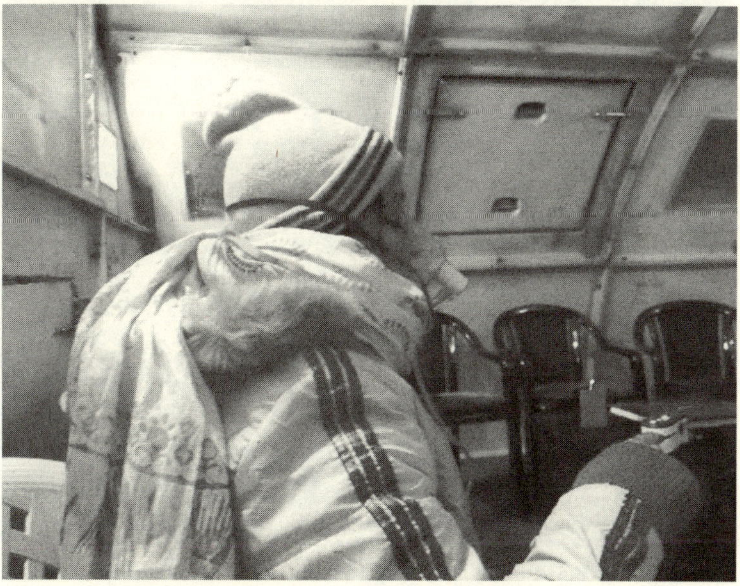

खारदूंग ला में एक नागरिक को ऑक्सीजन देते हुए

लेह आर्मी अस्पताल के डॉक्टर, लेखक के साथ

सियाचिन बैटल स्कूल में एक इंस्ट्रक्टर जवानों के जरूरी एहतियात के निर्दिश देते हुए

XII

एक नागरिक परिप्रेक्ष्य

"हमारा समूह उत्साहित स्कूली बच्चों के एक झुंड की तरह था"

जैरा कि गैं पहले बता चूका हूं कि 2007 गें रोना के जरिए आमलोगों के लिए सियाचिन की ट्रैकिंग दोबारा शुरू की गई, 2008 में NDTV की मेरी एक सहयोगी, जो तब मुंबई में काम करती थी, तीन हफ्ते के अभियान पर वहां गई... आगे की कहानी उनकी जुबानी:

2008 में नागरिक अभियान, जरूरी निर्देश लेते हुए

ओपी बाबा मंदिर परिसर

मुंबई में रहने का मतलब समुद्र तल पर रहना है, ऐसे में 15000 फीट की ऊंचाई पर अनुभव लेने का अवसर ना सिर्फ लुभावना था बल्कि मेरे लिए जोश और रोमांच से भरपूर एक ऐसा मौका था जो जिंदगी में एकाध बार ही मिलते हैं ऐसे में उन्हें गंवाने का कोई सवाल ही नहीं उठता।

सेना ने 2008 में आम लोगों के लिए दूसरी बार ट्रैकिंग आयोजित की थी जिसमें मेरे जैसे नौसिखुए शामिल थे और उन्हें दुनिया के सबसे ऊंचे जंग के मोर्चे को करीब से देखने का मौका मिला था।

हमारी हालत जोश से भरे स्कूली बच्चों के किसी झुंड सरीखी थी, जो किसी ग्लेशियर को करीब से देखने की हसरत लिए पिकनिक पर निकला हो। हमें एक बेसिक ट्रेनिंग दी गई जिसमें स्क्रापा जूते पहनना, उसके बारे में सिर्फ इतना ही कह सकती हूं कि वो काम दोनों पांवों में दो–दो किलो वजन बांधने जैसा था, बर्फ की दीवारों पर चढ़ने के लिए कुल्हाड़ी का इस्तेमाल करना, किसी घाटी या गहरी खाई को लेटी हुई सीढ़ियों के सहारे पार करना जैसी कई चीजें सिखाई गईं।

हमें तो वहां जाना है

हमारा मशहूर ओपी बाबा से भी परिचय कराया गया, जो सैनिकों के लिए किसी अभिभावक सरीखे हैं, ग्लेशियर पर कोई भी अभियान बिना ओपी बाबा के आशीर्वाद के शुरू नहीं हो सकता। हमने उनके सामने सर झुकाया, प्रार्थना की और फिर निकल पड़े।

लेकिन आगे जो कुछ सामने आने वाला था हम उसके लिए बिलकुल तैयार नहीं थे, घाटी में बिछे मोरेन से गुजरते वक्त हमे इतना तो लगा ही कि जिन चीजों से हम घिरे हैं वो कहीं से खूबसूरत नहीं हैं, अब चाहे वो नीला आसमान हो या चमकता सूरज। इनकी बजाय आपकी गहरी सांसे ही हमेशा साथ रहती हैं, 10,000 फीट की ऊंचाई पर आपके फेफड़े ऑक्सीजन के हर कतरे के लिए जूझते महसूस होते हैं। हिमालय की अगाध ऊंचाई आपको बौनेपन का अहसास कराती है, लेकिन जैसे ही आप साथ चल रहे कुलियों को देखते हैं, जो अपने साथ दोगुना बोझ लिए, यूं ही बेफिक्री से किसी सैर सपाटे पर निकले नजर आते हैं तो ये सब देखकर कहीं ठेस भी लगती है। लेकिन इससे बार बार ये चीज याद रहती है कि हम क्या करने जा रहे हैं। चूंकि मुझे ट्रैकिंग के दौरान अपनी डॉक्यूमेंट्री के लिए शूटिंग भी करनी थी, इस

वजह से सबसे बड़ी चुनौती ये सामने आई कि कैमरे को स्थिर कैसे रखें। हमारे साथ ट्राइपॉड नहीं था क्योंकि इससे बेकार में वजन ही बढ़ता और जब हम कहीं रुककर ब्रेक लेते या किसी दूसरे ग्रुप का इंतजार करते, तो उसी बीच में ही शूटिंग करनी होती थी। मैं कुछ अच्छे शॉट्स लेने की फिराक में थी लेकिन मेरे लिए कैमरे को हमेशा स्थिर रखना उम्मीद से ज्यादा मुश्किल साबित हो रहा था। एक हफ्ते की ट्रैकिंग में पहला दिन खत्म हुआ तो हम कैंप 1 पहुंचे। मैंने सोचा 10 किमी का इतना मुश्किल सफर तय करना कोई छोटी बात नहीं है। ये अलग बात है जो काम हमने पूरे दिन में किया वो हमारे जवानों के लिए कुछ घंटों का है, हमने अपनी थकान गर्म चाय और ड्राई फ्रूट्स के जरिए मिटाई जिसे जवानों ने पहले से ही तैयार रखा था।

कैंप 2 पर, हमें खराब मौसम का सामना करना पड़ा और हम अगले दो दिनों तक आगे नहीं बढ़ सके। हमने अपना प्लान बदला और 16,000 फीट पर बसे कुमार पोस्ट की बजाय 15,000 फीट पर बने कैंप 3 पहुंचे। कैंप 3 की उस रात तापमान माइनस 25 डिग्री था, हमारी हड्डियां जम रही थी। मैं जानती थी कि सिर्फ मैं ही नहीं बल्कि कई और लोग इस बात से खुश थे कि हम अगली सुबह से उतरने वाले हैं। ये हमारे लिए बड़ी

गर्मियों में ग्लेशियर पर अभियान

एक–दूसरे से बंधे हुए

राहत की बात थी कि हमें संघर्ष करते हुए वैसी सिर्फ दो रातें गुजारनी थी जब सोने के लिए अपने स्लीपिंग बैग में घुसना पड़ता और सुबह जब आंख खुलती तो बाहर जमी हुई बर्फ के टुकड़ों वाली सर्द हवाएं चेहरे से टकराती। इसके अलावा कैमरे की बैट्री की खत्म होने से बचाने और ठंड में कैमरे को खराब होने से बचाने के लिए जतन भी करना होता था। मैंने अपने दोनो कैमरे और अतिरिक्त बैटरियां स्लीपिंग बैग में रखी थी। मेरे पास एक चार्जर भी था लेकिन वो पहले दिन ही फ्यूज हो गया जब मैंने इससे सेल चार्ज करने के लिए जोड़ा (टेंट के भीतर एक बल्ब था जो एक बड़ी बात थी लेकिन इसपर और लोड नहीं दिया जा सकता था। एक तरह से कैमरा लाइफ सपोर्ट सिस्टम पर था, मुझे ट्रैकिंग के खत्म होने तक कैमरे की बैटरी चलानी थी और बीच में चार्ज करने की कोई उम्मीद नहीं थी।

हमारे लिए ट्रैकिंग कोई मामूली उपलब्धि नहीं थी, हमने कड़ाके की सर्दी, मुश्किल धरातल, सांस की मुश्किलों से जूझते हुए चिकने बर्फीले सतह पर अपनी यात्रा पूरी की जिसके बारे में हम बहुत कुछ नहीं जानते थे। लेकिन फिर भी हमने जो कुछ देखा और जाना वो असली हालात के मुकाबले कुछ भी नहीं था।

यहां दुश्मन की गोलियों के मुकाबले खराब मौसम की वजह से सैनिकों की जानें ज्यादा गई हैं। आगे के कुछ और भी ऊंचे पोस्ट पर रात का तापमान शून्य से 60 डिग्री नीचे तक चला जाता है। आप हफ्तों अपने आसपास एक ही चेहरे देखते हैं, जहां बात नहीं करना भी एक तरह से अपनी ताकत बचाना है। यहां आपको हमेशा अपनी ताकत बनाए रखने की जरूरत होती है, आखिरकार ये है तो जंग का मैदान ही।

हालांकि कई फॉर्वर्ड पोस्ट पर हेलीकॉप्टर उड़ान भरते हैं लेकिन जैसे ही वे आते हैं, मौसम का मिजाज बदल जाता है, कभी धूप तो कभी छांव। यहां तक कि रोजाना के काम जैसे ब्रश करना या चेहरा धोना भी एक मुश्किल काम है। इसके अलावा आइसबर्न और अंधेपन का खतरा भी चिंता की बात है। ऊंचाई पर होने वाली हापो और दूसरी बीमारियों की हालत में इलाज के लिए वापसी भी तभी हो सकती है जब मौसम इसकी इजाजत दे। सबसे बुरा तब होता है जब आप कुछ नहीं कर सकते, आपका दोस्त सांस लेने के लिए संघर्ष कर रहा होता है और उसे ले जाने के लिए आया हेलीकॉप्टर खराब मौसम की वजह से वापस लौट जाता है। इससे भी बुरा तब होता है जब वो अपने दोस्त के शव को लेटा देखता है कि कब उसकी बारी आए और उसे अपने परिवार के पास वापस भेजा जाए वो भी एक बैग में।

अभियान के बीच आराम

हमारे लिए ये ट्रैकिंग एक साहसिक अभियान थी, एक ऐसी चीज कि जब हम वापस लौटें तो अपने घरवालों और दोस्तों को इसके बारे में बताएं। लेकिन इन चौकियों पर जो जवान सालोंभर खराब से खराब मौसम में भी दिन रात जमे रहते हैं उनके लिए ये रोज की जंग है।

मयंक सिंह, द संडे इंडिया मैगजीन के साथ काम करने वाले एक जोशीले पत्रकार हैं जिनके पास घूमने का खासा अनुभव भी रहा है... वो भी केतकी के साथ उस ट्रैकिंग में थे... आइए अब उनकी सुनते हैं।

वीरता की ऊंचाइयां

सियाचिन हर मायने में एकदम अलग है, एक बार आप यहां पहुंच जाते हैं तो सख्त बर्फ, काराकोरम और सालतोरो पर्वत शृंखलाएं आपकी सबसे करीबी दोस्त होती है।

मेजर गोपाल से मेरी मुलाकात ने इस सोच को और पुख्ता कर दिया।

22,000 फीट की ऊंचाई पर तीन महीने तक तैनात रहे जो वहां के लिए जरुरी अधिकतम अवधि है, मेजर गोपाल और उनके दोस्त तथाकथित 'सियाचिन फैक्टर' के शिकार थे।

नीचे पूरी सेना वेतन आयोग के विवाद में उलझी थी लेकिन मेजर गोपाल और उनके साथी इस मामले से पूरी तरह अनजान थे, इसकी एक वजह सेना में पुरुष और महिलाओं को लेकर हो रहे भेदभाव के खिलाफ उठी आवाज भी थी।

जैसे ही मैंने इन मुद्दों को खोला, वे सब अपने घरों को याद करने लगे, टीवी सेट के सामने बैठना, हाथों में अखबार और कुछ गर्म सूप ... वो घर की जिंदगी।

मेजर गोपाल बाना पोस्ट से नीचे उतर रहे थे।

हम पहले 12,000 फीट पर बने बेस कैंप पहुंचे, हमारे इंस्ट्रक्टर लांसनायक मोहम्मद लतीफ खान ने हमें एडवेंचर न करने की सलाह देते हुए शांत रहने को कहा था।

लेकिन इतनी ऊंचाई पर जहां हर कोई खुद को कुदरत के बेहद करीब

बड़ी चुनौतीः हिम दरार को पार करना

महसूस करता है, मैं सम्मोहित करने वाली उस धरातल पर थोड़ा चलना चाहता था।

लेकिन पहले घंटे में ही मैंने खान का धन्यवाद अदा किया, मेरी सांसे बुरी तरह फूलने लगी। हमें वहां के मुताबिक ढलने में चार दिन लगे थे तब मैंने वहां कुलियों और लिंक कमांडर्स को देखा। ये वही लोग थे जिन्होंने हमारा सामान लाया था वो भी पहाड़ी बकरियों की तरह एक तरह से कुलांचे मारते हुए, दूसरी बात सैनिकों में दिखी जो कैंपों के बीच रास्ते पर आँखें बंद कर भी चल सकते थे, जबकि भारी बर्फबारी हर तरह के निशान खत्म कर देती थी। हमारे सच्चे दोस्त दो ही थे कुली और रस्से, जो जिंदगी और मौत के बीच फर्क रखते थे।

लिहाजा अगर सही में भगवान है तो उसने हमारे पास इन्हें अपने दूत बनाकर भेजा था और उन्हें ओपी बाबा पर पूरा भरोसा था।

ओम प्रकाश एक सैनिक थे, जो 1980 के दशक में दुश्मनों से अकेले लड़ते हुए शहीद हो गए थे। वे सैनिकों के सपने में आते और अक्सर आने वाली मुश्किलों से आगाह कर जाते साथ ही उबरने का रास्ता भी बताते। इसके बाद कोई भी टीम सियाचिन जाने या छोड़ने के वक्त ओपी

बाबा का आशीर्वाद लेना नहीं भूलती। सेना ने बाकायदा उनका मंदिर बनवा रखा है जहां हर धर्म के लोग आते हैं... हमने भी ऐसा ही किया।

यहां ऑक्सीजन की कमी इतनी है कि हर एक कदम बढ़ाना मुश्किल लगता है। ग्लेशियर के कई सारे कैंप और पोस्ट तक जाना हिम्मत और हौसले की परीक्षा से कम नहीं। बर्फीली दरारें अपनी मुंह खोले पाताल में पहुंचाने को बेताब दिखती हैं और उनपर रखी सीढ़ियों पर चलना खतरे से खेलने सरीखा है। उनके बीच से बहते पानी की आवाज माहौल में और दहशत घोल देती है। हमें बताया गया कि उन दरारों के भीतर का तापमान माइनस 200 डिग्री तक होता है।

हमने दो जवानों के शवों को बिलकुल सुरक्षित हालत में देखा जिन्हें बर्फ से 14 साल बाद निकाला गया था। वो एक दिल दहला देने वाला दृश्य था, फिर भी अगर वहां देखने को कोई चीज थी तो हर तरफ चमकती नीली बर्फ।

हालांकि रातें ज्यादातर खूबसूरत थीं, तारे एकदम साफ दिखते थे।

सियाचिन की जिंदगी जिस एक चीज का अहसास कराती है वो है, दमभर के सांस की अहमियत, क्योंकि ऊंचाई पर ऑक्सीजन कम होता है। दुर्गम

नागरिकों के लिए आवास

धरातल, अनिश्चित और खतरनाक मौसम, कम हवा सियाचिन में होने वाले हादसों की अहम वजह हैं।

वैसे हालात अब काफी सुधरे हैं, यहां की बर्फीली हवाओं में सैनिक पहले हाइपोथर्मिया और स्नोबर्न के शिकार होते। ऊंचाई की वजह से हवा की कमी उन्हें बीमार करती, जिसकी वजह से थकान, आलस, उल्टी सरदर्द और पानी की कमी या फिर धड़कनें अनियमित होने की शिकायतें मिलती थी।

कई लोगों को सियाचिन सिंड्रोम या मनोवैज्ञानिक समस्याएं भी होतीं, इसका रिश्ता अधिक ऊंचाई पर जंग के हालात में ऊपजे शारीरिक दबाव से होता है।

इतनी तीखी सर्दी किसी छोटे या पुराने दर्द को भी दोबारा उकसा देती है, किसी धातु को छूने का नतीजा आपकी चमड़ी को छिल्के की तरह उतार सकता है।

हमारी ही टीम के मोसेज कुनजांग को इस बात की जानकारी थी कि ऐसी हालत में गर्म पानी डालकर शरीर के हिस्से को धातु से अलग किया जाता है।

टॉयलेट के नाम पर केरोसिन के दो ड्रम पर रखे लकड़ी का तख्ता आपके संतुलन की परीक्षा लेता था, बर्फबारी और तेज हवाओं के दौरान सहारे के लिए पास ही मेटल का एक खंभा गड़ा था जिसपर पैराशूट का कपड़ा लपेटा था। शौच के दौरान ही मोसेज का संतुलन बिगड़ा और उसने खुद को पत्थरों पर गिरने से बचाने के लिए पोल को पकड़ लिया। फिर तो साथ में मौजूद आधे पानी की इस्तेमाल हथेलियों और पोल पर गिराकर उन्हें गर्म करने में हुआ। टीम का एक और सदस्य अमित कुमार की सांस धड़कने लगी और उन्हें खालीपन महसूस होने लगा।

संयोग से कैप्टन (डॉ) मनीष मिश्रा हमारे साथ थे और उन्होंने पहचान लिया कि अमित को दौरा पड़ा है, उन्हें हेलीकॉप्टर के जरिए कैंप 1 से फौरन बाहर निकाला गया। लेकिन कई बार हालात बहुत बिगड़ जाते हैं और कोई कुछ नहीं कर पाता, यहां तक कि डॉक्टर भी नहीं।

एक–दूसरे के करीब पहाड़ों की एकदम खड़ी ढलानों की वजह से हिमस्खलन आम बात है। आड़े तिरछी खाइयों की वजह से ग्लेशियर भी जगह जगह छिन्न–भिन्न रहते हैं। हिमालय की सर्द रातों के दौरान जमीन का तापमान माइनस 40 डिग्री पहुंच जाता है। अत्यधिक ऊंचाई, कम दबाव और बर्फबारी अक्सर बर्फीले तूफान को जन्म देते हैं जब हवा की रफ्तार 150 नॉट तक पहुंच जाती है।

ज्यादा वक्त इंतजार नहीं करना पड़ा जब हमारी जान पर बन आई। कैंप 2 पर ऊपर चढ़ते वक्त हमारी मुलाकात कुछ सैनिकों से हुई जो 20,000 फीट की ऊंचाई से नीचे आ रहे थे, तभी मौसम बदल गया। भीषण बर्फबारी शुरू हो गई, 10 मीटर से आगे दिखना बंद हो गया। एक जवान अमरजीत सिंह को दस्त आने लगे, डॉक्टर ने उन्हें कुछ दवाएं दी लेकिन कोई फायदा नहीं हुआ। हालत बिगड़ती जा रही थी पर वैसे मौसम में हेलीकॉप्टर उड़ नहीं सकते, ताजी बर्फ सारे निशान मिटा देती है लिहाजा कहीं जाना भी मुश्किल था क्योंकि कदम कदम पर बर्फीली खाइयां भरी पड़ी हैं।

अगले दो दिनों तक भारी बर्फबारी होती रही, संयोग से अगली सुबह अमरजीत की तबियत में सुधार आया। इस दौरान हमारे खाने का स्टॉक लगातार कम हो रहा था। दो दिनों बाद जब मौसम सुधरा तो सबसे पहले कैंप 2 के स्टॉक की दोबारा भरपाई की गई।

कैंप 3 तक का सफर कोई 7 घंटों का था जहां पहुंचने में शाम हो गई, कैंप 1 और 2 के मुकाबले कैंप 3 काफी छोटा है, यहां 15,000 फीट की ऊंचाई पर हवाएं रफ्तार में चल रही थी। रात होने पर हमें परेशानी होने लगी जबकि हम खासतौर पर ऑर्डर देकर ऑस्ट्रिया से मंगवाए गए दोहरे लेयर वाले टेंट में थे। रात का तापमान माइनस 25 डिग्री था और सुबह तक हमारी सांस की हवा निकलने वाली जगह पर बर्फ के टुकड़े जम चुके थे।

लेकिन हमें अगले दिन अपने मोटिवेशन का पता चला कि हम कनाट प्लेस जा रहे हैं या कैंप 4, जिसे कुमार पोस्ट भी कहा जाता है और ऊंचाई पर बसे दूरदराज के पोस्ट के लिए एक तरह से बेसकैंप का काम करता है।

आम नागरिक के लिए एक–एक कदम भारी हो सकता है

ऊंचाई और मुश्किल हालत इंसान को अकेला कर देते हैं, लेकिन हम वहां सिर्फ दो हफ्ते रहे पर आत्मविश्वास हमेशा बना रहा।

लेकिन जरा उनकी तकलीफों की सोचिए जो छह गुना छह फीट की जगह में महीनों तक रहते हैं, बर्फीले तूफान की वजह से हमें एक दूसरे को जानने का मौका मिला, हमने उस दौरान अंत्याक्षरी खेला इस बीच फोन लाइन पर बाना पोस्ट पर मौजूद जवान हमारे गाने को सुनते रहे।

कृपया एक दिन के लिए यहां भी आइए ताकि हम भी आनंद उठा सकें... उन्होंने कहा।

उनकी भावनाओं को कारपोरल प्रमोद की बातों से समझा जा सकता है कि ... हमने 20 दिन पहले सुना था कि आप आ रहे हैं, तबसे हम किसी ऐसे शख्स के इंतजार में थे जो वर्दी में नहीं होगा।

हमें कैंप 4 पहुंचना था लेकिन खराब मौसम की वजह से लौटना पड़ा। रास्ते में हम बात कर रहे थे कि सियाचिन के बाद जिंदगी की कीमत बढ़ जाती है।

विंगकमांडर शोभित प्रकाश कहते हैं कि वो अपने दोस्तों की तस्वीरें

भेजेंगे... उन्हें ये अहसास होना चाहिए कि हमारे सैनिक किन हालातों से जूझते हैं।

इंडियन माउंटेनियरिंग फेडरेशन की याना बे कहती हैं... किसी भी दूसरे ट्रैक के मुकाबले ये काफी बड़ा है मैं इस विशाल और मुश्किल सच में कही खो जाती हूं।

उनकी सियाचिन वाली तस्वीर एक प्रेरणा बनकर हमेशा ड्रॉइंग रुम की शोभा बढ़ाती है। मेरे लिए तो सियाचिन स्वर्ग था क्योंकि ये मुझे उस अनंत के करीब ले गया, लेकिन वहां टेंट में रह रहे उन जवानों के लिए ये इतना आसान नहीं।

सियाचिन का मतलब एक बर्फीली नदी के इलाके से है जिसे सही मायने में कहें तो सियाचिन ग्लेशियर कॉम्प्लेक्स होना चाहिए, जो सालतोरो रेंज से लगा 110 किमी लंबा मोर्चा है।

ये निर्विवाद तौर पर दुनिया का सबसे ऊंचा जंग का मैदान है, जिसकी मिसाल मानव के इतिहास में कहीं नहीं है। भारत और पाकिस्तान के सैनिक समुद्रतल से 6,000 मीटर से भी ज्यादा ऊंचाई पर आमने सामने हैं, जो बेहद खराब मौसम में किसी छत के ऊपर मोर्चा ले रहे हैं।

उन मुश्किल हालातों में हमारे सैनिक हिम्मत, हौसले और रोज नए तरीके की खोज के दम पर जिंदा हैं।

सियाचिन ग्लेशियर से जुड़े विवाद का कोई भावनात्मक विश्लेषण नहीं हो सकता। बल्कि जरूरत इसके सामरिक महत्व को बड़े परिपेक्ष में जम्मू कश्मीर समेत समझने की है।

जब मौसम साफ हो तो सियाचिन ग्लेशियर कॉम्पलेक्स की सिया कांगरी चोटी से आप तिब्बत, चीन का झिंग्झियांग, अफगानिस्तान और मध्यएशिया के देश एक साथ देख सकते हैं।

बर्फ पर चलने के दौरान सबसे शानदार अनुभव ये सोचना रहा कि चीन मेरी दाहिनी ओर था और पाकिस्तानी सैनिक बायीं ओर ये जानते हुए कि ये पूरा इलाका सामरिक तौर पर अहम हाइवे से नेटवर्क से घिरा है।

बेस कैंप पर गार्ड ऑफ ऑनर देते सियाचिन के जवान

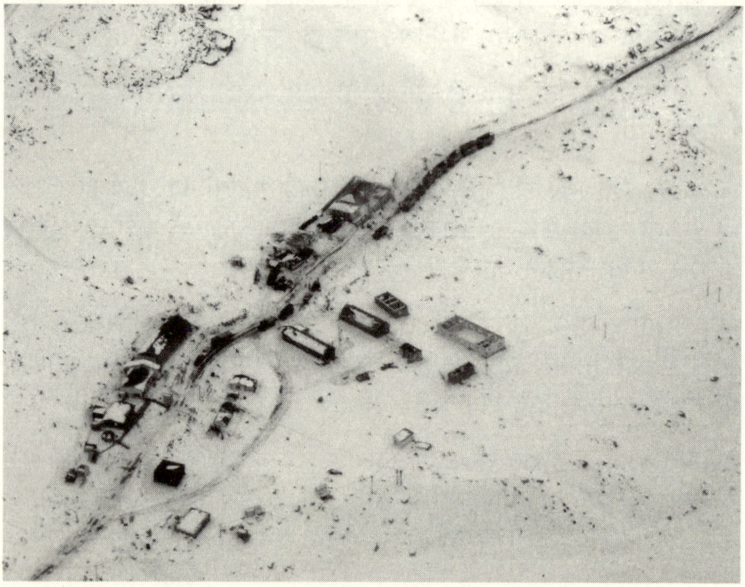

ऊंचाई पर एक कैंप

XIII

भारत सियाचिन को क्यों नहीं दे सकता

"यही मत भूलिए कि कारगिल के पीछे की वजह सियाचिन था"

अप्रैल, 2012 में पाकिस्तानी सेनाप्रमुख अशफाक परवेज कियानी ने अचानक पाकिस्तान के विकास और पर्यावरण से जुड़ी वजहों का हवाला देते हुए सियाचिन इलाके से सेना हटाने की मांग की। ये कहते हुए कि भारत और पाकिस्तान को शांति से एक–दूसरे के साथ रहना चाहिए क्योंकि विकास के बिना सुरक्षा नामुमकिन और बेमानी है। कियानी ने भारत–पाक के बीच चल रहे तमाम मुद्दों को बातचीत के जरिए हल करने की हिमायत की, जिसमें सियाचिन और सर क्रीक भी शामिल है, कियानी के मुताबिक शुरुआत कहीं से भी हो सकती है और आसानी से सुलझाए जा सकने वाले मामले एक–दूसरे को लेकर भरोसा पैदा कर सकते हैं।

ये बातें सियाचिन को लेकर पाकिस्तान के मंसूबे और उसकी अभी तक की कोशिशों के एकदम उलट थी।

आखिर इस हृदय परिवर्तन की क्या वजह थी?

दरअसल वो एक दुखद हादसा था जिसमें उसी साल 7 अप्रैल को ग्यारी में हुए एक भीषण हिमस्खलन में 6 नॉर्दर्न लाइट इंफैंट्री के 130 सैनिक मारे गए थे। घटनास्थल के दौरे के बाद जनरल कियानी ने स्कार्दू में कहा कि सियाचिन से सेना हटाने की जरूरत है। उन्होंने कहा कि पाकिस्तान

उन चोटियों पर यूं ही सेना नहीं रखे हुए है... दुनिया को पता है कि हम सियाचिन में क्यों हैं। पाक का बचाव करते हुए उन्होंने कहा कि भारत ने ही 1984 में विवाद की शुरुआत की।

लेकिन 'सियाचिन और सर क्रीक' का हवाला देते हुए शांति की बात करने वाले जनरल कियानी ने पूरा सच नहीं कहा।

जमीनी हकीकत ये है कि पाकिस्तानी सैनिक सियाचिन ग्लेशियर के करीब कहीं हैं ही नहीं। उनकी तैनाती सालतोरो रिज के पश्चिमी ढलानों पर है जो ग्लेशियर से काफी दूर और कम ऊंचाई पर हैं।

जबकि दूसरी तरफ भारत सालतोरो रिज के दर्रे बिलाफोंड ला और सिया ला की चोटियों पर बेहद मजबूत स्थिति में है और अपना दबदबा बनाए हुए है। जहां तक भारतीय सेना का सवाल है उसे चोटियों से सेना हटाने की कोई जरूरत नहीं है। क्योंकि ये पाकिस्तान को फिर से दगाबाजी का मौका देना होगा खासकर कारगिल जंग के दौरान जब उसने 1999 की गर्मियों में सियाचिन को अलग करने की कोशिश की थी।

सियाचिन से सेना हटाने के जनरल कियानी के दिए प्रस्ताव के तीन महीने बाद मैं कारगिल में था, जो सियाचिन से पश्चिम और उसके मुकाबले काफी कम ऊंचाई पर पाकिस्तान के साथ मौजूद लाइन ऑफ कंट्रोल पर है। भारतीय सेना हर साल 26 जुलाई को यहां विजय दिवस समारोह मनाती है। 1999 की जंग के दौरान मैंने इस इलाके से 45 दिनों तक रिपोर्टिंग की थी उसके बाद से मेरी कोशिश हर साल इस समारोह में शामिल होकर उन 500 से ज्यादा शहीदों को श्रद्धांजलि देने की होती है जिन्होंने इस इलाके से पाकिस्तानी घुसपैठियों को खदेड़ने में कुर्बानियां दी।

लेकिन 2012 में मुझे एक और अहम काम करना था, मैं तब नॉदर्न आर्मी के कमांडर लेफ्टिनेंट रहे बेहद सम्मानित जनरल के टी परनाइक का *एनडीटीवी* के लिए एक औपचारिक इंटरव्यू चाहता था जिसके लिए मैं काम करता हूं।

ऑपरेशन के लिहाज से नॉर्दन कमांड भारतीय सेना का सबसे सक्रिय कमांड है, जिसपर पाकिस्तान और चीन के साथ लगी भारत की विशाल

सीमा की सुरक्षा की जिम्मेदारी है। इसका इलाका काराकोरम की ऊंची दुर्गम चोटियों से शुरू होकर जम्मू के मैदानों तक है। इसके अलावा बीते 25 सालों से ये जम्मू कश्मीर में पाकिस्तान की ओर से होने वाली घुसपैठों से भी निबटता रहा है। 2012 में मेरी दिलचस्पी इस बात को लेकर थी कि नॉदर्न कमांड जरनल कियानी के सियाचिन मामले पर दिए बयानों पर क्या प्रतिक्रिया देता है।

जब हम इंटरव्यू रिकॉर्ड करने बैठे तो शुरुआत आतंकी खतरे, कश्मीर घाटी में शांति की संवेदनशीलता और एलओसी पर तैनाती जैसे मुद्दों से हुई, लेकिन मेरे मन में सियाचिन पर बात करने की अकुलाहट थी। आखिर में मैने पूछा.. सियाचिन को लेकर भारतीय सेना क्या सोचती है? उनका जवाब जो बाद में काफी सुर्खियों में रहा और सियाचिन से सेना हटाने के पाकिस्तानी मंसूबों पर पानी फेर देने वाला साबित हुआ।

जनरल परनाइक ने कहा...

देखिए, मुझे लगता है सियाचिन को समझने के लिए किसी को भी उस इलाके की भौगोलिक स्थिति पर गौर करना होगा। अगर आसान शब्दों में कहूं, क्योंकि बगैर नक्शे के बता रहा हूं, सियाचिन ग्लेशियर को पश्चिम से सालतोरो रिज ने घेर रखा है जो काफी ऊंची पर्वत श्रृंखला है, ये पूरब में काराकोरम और नुब्रा घाटी तक जाती है। सियाचिन अपने आप में बर्फ की एक नदी है जो इनके बीच बहती है। सालतोरो रेंज इस पूरे इलाके में दबदबा हासिल कराता है। सालतोरो रेंज की एक सामरिक अहमियत है, वो ये कि उत्तरी इलाके में पाकिस्तानी बैठे हैं, जिसके बारे में हम जानते हैं कि पाकिस्तान ने उस पर अवैध कब्जा जमा रखा है वो पाक अधिकृत कश्मीर है। अवैध कब्जे वाले दूसरे इलाकों के अलावा उन्होंने अवैध तरीके शाग्शम घाटी को भी चीन को दे रखा है। शाग्शम घाटी ग्लेशियर के उत्तर में हैं। ऐसे में अगर सालतोरो रेंज पर पाकिस्तान का कब्जा होता है तो वे व्यावहारिक तौर पर अक्साई चीन और उत्तरी इलाके को आपस में जोड़ने का मौका देता है और इसके साथ ही काराकोरम दर्रे पर भी उनका एकछत्र राज कायम हो जाएगा। इसलिए सामरिक तौर पर ये एक अहम इलाका है और हमें लगता है कि इस इलाके पर अपना प्रभाव रखते हुए हम लेह और कारगिल को सुरक्षित रख सकते हैं। सुरक्षा बातचीत

में देश के लिए ये अब सामरिक महत्व की बात है दूसरी बात ये कि हम लोग कई दौर की बातचीत कर चुके हैं जिसमें हल निकालने के कई रास्ते सुझाए गए हैं। बड़े मसलों में अभी तक एक भी हल नहीं हो सका है लिहाजा सियाचिन को लेकर कुछ भी हो, इससे पहले पाकिस्तान सबसे पहले जमीन पर एक्चुअल लाइन और ग्राउंड पोजीशन पर राजी हो और वो अपनी मौजूदा सेना की तैनाती दोबारा से करे। वे लोग ऐसा करने पर तैयार नहीं दिखते। वे कहते हैं कि हमें 1971 और 1953 वाली हालत में जाना चाहिए जब इस इलाके का मापांकन नहीं हुआ था इसलिए हम इसे खाली कर दें। ये मत भूलिए कि कारगिल के पीछे की वजह सियाचिन था। अगर आप उनके दस्तावेजों को देखेंगे जो अब सार्वजनिक हो चुके हैं तो कारगिल के पीछे की बड़ी वजहों में से एक सियाचिन ग्लेशियर को खाली करवाना भी था। अगर उनके मंसूबे और विश्वसनीयता यही है तो आप खुद फैसला कर सकते हैं कि हमें ग्लेशियर को खाली करना करना चाहिए या नहीं।

इससे जुड़ा ही मेरा अगला सवाल था... क्या सरकार इन सामरिक पहलुओं को समझती है।

जनरल परन इक ने जोर देकर कहा... *पाकिस्तान सेना प्रमुख के तरफ से आए प्रस्ताव के पीछे शायद ग्यारी में जो हादसा हुआ वो वजह थी। अगर उन्हें वहां मौजूदगी बनाए रखने में मुश्किल हो रही है तो वे सुरक्षित जगह वापस जा सकते हैं और मैं अपनी तरफ से भरोसा दिला दूं कि भारतीय सेना की ऐसी कोई मंशा नहीं है कि हम उन इलाकों में जाकर उनपर अपना कब्जा जमाएं। हमारे नेता भी इस बात को जानते है।*

एक छोटे और सधे जवाब में जनरल परनइक ने जनरल कियानी के इस प्रस्ताव को धराशायी कर दिया कि भारत और पाकिस्तान को सियाचिन ग्लेशियर से अपनी सेना हटा लेनी चाहिए। उन्होंने सिर्फ वही कहा जो बाद के सेना प्रमुखों और नॉर्दन आर्मी कमांडरों ने भी कहा।

बीते तीन दशकों के दौरान भारतीय सेना अपनी वायुसेना की मदद से दुर्गम पहाड़ों के मामले में मास्टरी हासिल कर ली है और ऊंचाई को लेकर अपने तौर तरीके ईजाद किए हैं जिसे देखकर दुनिया दांतों तले उंगली दबाती है। इस प्रक्रिया में भारतीय सेना को खून बहाना पड़ा और

अनगिनत कुर्बानियां देनी पड़ी। ऐसे में हैरानी की बात नहीं जब सेना बार बार कहती रही है कि सालतोरो और सियाचिन से सैनिकों को हटाने का कोई मतलब नहीं है।

जैसा कि हम देख चुके हैं समस्या की जड़ में 1949 के कराची और 1972 के शिमला समझौते का दोनों पक्षों का अलग अलग विश्लेषण रहा है। इन दोनों बातचीत में भारत और पाकिस्तान ने प्वाइंट एनजे 9842 तक ही सीमा निर्धारण की बात की, इसमें 772 किमी लंबी सीजफायर लाइन भी शामिल है जिसे अब लाइन ऑफ कंट्रोल कहते हैं। समझौते में लिखा गया है कि इसके बाद की सीमा... यहां से उत्तर होगी जिसके लिए एनजे 9842 को आधार बनाया गया है।

सीजफायर लाइन समझौता पर कराची में भारत और पाकिस्तान के आला सैन्य अधिकारियों और संयुक्त राष्ट्र के सैन्य पर्यवेक्षकों के दस्तखत हैं। जुलाई 18–27 को हुए कराची बैठक का मकसद जम्मू–कश्मीर राज्य में सीजफायर था। इसका उल्लेख 13 अगस्त, 1948 के संयुक्त राष्ट्र प्रस्ताव में है।

कराची कॉन्फ्रेंस में संयुक्त राष्ट्र के भारत–पाकिस्तान शांति आयोग के सदस्यों में, कोलंबिया के हरनाडो सेंपर अध्यक्ष, अमेरिका के एल एस विलियम्स, लेफ्ट जनरल मौरिस डेल्वो, सैन्य सलाहकार और माइगल ए मार्टिन के अलावा पाकिस्तान की ओर से मेजर जनरल डब्ल्यू जे काथ्रॉन, मेजर जनरल नजीर अहमद, ब्रिगेडियर शेर खान और कुछ पर्यवेक्षक थे।

जबकि भारत की तरफ से लेफ्टि जनरल एस एम श्रीगणेश, मेजर जनरल के एस थिमैया और ब्रिगेडियर सैम माणिक शॉ के साथ एच एम पटेल और विष्णु सहाय पर्यवेक्षक के तौर पर मौजूद थे।

कराची समझौते ने पूरी सीजफायर लाइन को फिर से तय किया जिसमें 740 किमी से ज्यादा लंबी रेखा का मापांकन किया गया। सीएफएल ऊंचे पहाड़ों और ग्लेशियर वाले इलाकों से उत्तर जाती थी, अक्सर किसी लैंडमार्क की कमी में ये दिशा के हिसाब से तय होती थी लिहाजा आखिर में श्योक नदी पर बसे चालुंका, खोर और उसके बाद ग्लेशियर से उत्तर, जो ग्रिड रेफरेंस के एनजे 9842 से था।

एनजे 9842 से आगे के हिस्से का बहुत ऊंचाई, ग्लेशियर से ढंके, अनजान, वीरान और किसी भी जंग की वजह नहीं होने की वजह से आपसी सहमति पर मापांकन नहीं करने का फैसला लिया गया। इसके बाद एक जनमत संग्रह किया जाना था और लगा कि मसले का फौरन ही कोई हल निकल आएगा।

सीएफएल के सबसे उत्तरी हिस्से की रूपरेखा इस तरह से धुंधली हो रही कि एनजे 9842 और उसके बाद ग्लेशियर की तरफ उत्तर। अगर 30 या उससे ज्यादा दिशात्मक निदेश सतर्कतापूर्वक सीएफएल की पहचान करते हैं तो चाहे भी वजह हो, इसबात से हटने की कोई वजह नहीं हो सकती जो इसे लेकर आखिरी बार कहा गया हो कि वहां से उत्तर। इसका यही मतलब हुआ कि जम्मू और कश्मीर राज्य की चाहे जहां हो ऊसके बाद उत्तर। इसके ठीक बाद वाले हिस्से में कहा गया है कि उपर बताई गई सीजफायर लाइन खींची जानी है कि जो किसी भी नो मैन्स लैंड की जगह ले लेगी। यानी जो लाइन खींची जानी थी वो सिर्फ हवा में नहीं रहेगी।

दोनों पक्षों ने सीजफायर की पुष्टि भी की। 23 साल बाद दिसंबर 1972 में हुए सुचेतगढ़ समझौते में इसे लाइन ऑफ कंट्रोल के तौर पर दोबारा मान्यता दी गई, जो प्रधानमंत्री इंदिरा गांधी और जुल्फीकार अली भुट्टो के बीच हुए समझौते के बाद आया था। दोनों पक्ष 1971 की जंग में जम्मू कश्मीर में एलओसी के दोनों तरफ जीते हिस्से पर भी राजी हुए। इस तरह कारगिल सियाचिन सेक्टर में जीते गए सारे इलाके भारत के हिस्से में आए इसमें इस बात पर भी रजामंदी हुई कि इसमें तुर्तुक और उसके आगे के पांच गांव, चालुंका, थांग, त्याक्षी, फरोल और तुर्तुक ठीक एनजे 9842 के नीचे हैं। इस छोटे लेकिन अहम सैन्य अधिग्रहण ने सियाचिन के दुर्गम धरातल पर भारत के काम को थोड़ा और बढ़ा दिया।

जहां भारत इसका मतलब सामान्यतौर पर उत्तर (पहाड़ की रिज लाइन जैसा कि अंतरराष्ट्रीय समझौतों में होता है) लेता है जिसका आखिरी छोर सालतोरो रिज का उत्तरी छोर इंदिरा कोल है, जबकि पाकिस्तान दावा करता है कि ये लाइन उत्तरपूर्व में काराकोरम दर्रे तक जाती है जो तिब्बत से जुड़ा है।

जितने भी अफसर ग्लेशियर और नॉर्दन कमांड में तैनात रह चुके हैं वो इस बात को मानते हैं कि सियाचिन और सालतोरो सैन्य बातचीत के दौरान एक बफर की भूमिका में होते है खासकर लद्दाख से कश्मीर को जोड़ने वाले ऊंचे पहाड़ी दर्रों के लिहाज से।

हालांकि कुछ एक्सपर्ट का ये भी कहना है कि सालतोरो पहाड़ियों पर मोर्चेबंदी निर्रथक है और इनकी अहमियत सिर्फ जंग के दौरान है सामरिक तौर पर नहीं। जैसे कि एक सेना के अधिकारी ने लिखा है... उन लोगों को सियाचिन में चल रहे हालात की वाकई कोई जानकारी नहीं है। अगर जंग में कोई जीत हासिल होती है तो वे सामरिक पहलुओं के आधार पर ही कई गुना ज्यादा होती है ये उनमें से एक है।

हालात में सुधार के लिए लगन, कड़ी मेहनत और नए तौर तरीके के दम पर भारतीय सेना इतना मजबूत और चौतरफा नियंत्रण बनाने में कामयाब रही है अब वो सियाचिन में ऑपरेशनल और मनोवैज्ञानिक सर्वोपरि की स्थिति का आनंद उठाती है, ऐसे में अब यहां से कदम वापस खींचना बहुत बड़ी मूर्खता होगी।

खुद को जानकार होने का दावा करने वाले सियाचिन में इंसानी मौजूदगी की ऊंची लागत और कीमत अदा करने का हवाला देते हुए वहां से सेना हटाने की दलील देते हैं, आइए अब हम उसकी बात करते हैं। संसद में दिए बयान के मुताबिक 1984 से 2007 के बीच 884 भारतीन जवान शहीद हुए और 13,011 जख्मी हुए, जिसका सालाना औसत 38 जवानों के शहीद होने और 550 से ज्यादा जख्मी होने का बैठता है। लेकिन इस आंकड़े में 2003 में हुए भारत और पाकिस्तान के बीच हुए सीजफायर के बाद से बदले हालात का तथ्य शामिल नहीं है, जिसके बाद से जंग में कोई मौत नहीं हुई है। अब तो मौसम की वजह से होने वाली सालाना मौतें दहाई भी नहीं छू पाती। शुरुआत के दो दशकों में वहां जंग और मौसम दोनों वजहों से ज्यादा मौते हुई हैं।

पैसे के लिहाज से देखें तो 1984 से अभी तक *ऑपरेशन मेघदूत* में 8,000 करोड़ रुपए खर्च हो चुके हैं और अब इसका सालाना खर्च घटकर 365 करोड़ हो गया है जिसे देश के सालाना 2,24,000 करोड़ (साल 2014) के रक्षा बजट के नजरिए से देखें तो कोई खास अहमियत नहीं रखता।

सियाचिन सेक्टर में कई सालों के दौरान बुनियादी ढांचा विकसित हुआ है, अब वहां तक केरोसिन और पानी की पाइपलाइनें बिछा दी गई है लिहाजा मौजूदा खर्च उसकी देखरेख और सेवाओं के सुधार में होता है, इतने सालों बाद वहां स्वास्थ्य संचार जैसी सुविधाएं मुहैया कराने की लागत में भी कमी आई है और आज के लिहाज से *ऑपरेशन मेघदूत* के खर्च को बहुत ज्यादा नहीं कहा जा सकता।

ऐसे में सियाचिन से सेना हटाने को लेकर ये नई फरियाद क्यों? इससे भी ज्यादा अहम बात ये कि क्या ऐसा करना मुमकिन है... भारत और पाकिस्तान के बीच तमाम मसलों को देखते हुए जब कई सारे एक्सपर्ट्स ने इसे तराजू पर तोला और कुल मिलाकर नतीजा खारिज करता दिखा।

सेना का हटाया जाना अपने आप में एक प्रक्रिया है जिसमें कई तार्किक चरण होते है... सीजफायर, सत्यापन, सीमांकन,पीछे लौटना, दोबारा तैनाती और उसकी जांच। अगर विचार ऐसे हों तो हर कोई ये मानता है कि ये सबसे अच्छा हल है। लेकिन ऐसा है तो फिर बात आगे क्यों नहीं बढ़ी?

दरअसल सेना हटाने की प्रक्रिया के चरणों के टूटने की सबसे बुनियादी बात ये रही कि भारत ने पहले चरण के तौर पर मौजूदा तैनात सैनिकों की पोजीशन के प्रमाणिकरण पर जोर दिया। पाकिस्तानी चाहते हैं कि भारत अपने सैनिकों को बगैर किसी बातचीत के ही 1972 के पहले वाली स्थिति पर ले जाए।

दरअसल यहां सवाल भरोसे का है।

क्या होगा अगर पाकिस्तानी सेना समझौते को धता बताते हुए उन जगहों पर अपना कब्जा कर ले। भारत और पाकिस्तान की सेनाओं के बीच एक दूसरे को लेकर अविश्वास की जड़ें इतनी गहरी हैं कि इसे आसानी से खत्म नहीं किया जा सकता।

हालांकि शांति की बात करने वाले ऐसे कई लोग भी हैं जो सियाचिन से एकतरफा सेना हटाने की पैरवी करते हैं, उनमें कुछ सैन्य अधिकारी भी शामिल हैं जो सेना में रहते हुए तो बाज की तरह हमलावर रहे लेकिन इससे निकलते ही खुद को शांति का पैरोकार बताने लगे।

कई जानकार और कूटनीतिक कहते हैं कि भारत को पाकिस्तान की मजबूरियों को समझना चाहिए और कोई ऐसा रास्ता निकालना चाहिए कि सियाचिन पर हुआ समझौता पाक सेना की हार के तौर पर ना दिखे और पाकिस्तान खुद को शर्मसार ना महसूस करे। ये बात पूरी तरह बकवास है। अगर पाकिस्तान सालतोरो सियाचिन से सेना हटाना चाहता है तो उसे सबसे पहले इस सच को कबूल करना होगा कि पाकिस्तानी सेना सियाचिन ग्लेशियर के करीब कहीं नहीं है।

लेफ्टिनेंट जनरल नानावटी सरीखे व्यावहारिक माने जाने वाले सैन्य नेताओं ने एक व्यावहारिक रास्ता भी सुझाया है, वे कहते हैं ... मामले को सुलटाने को लेकर भारत का कदम एक खास इलाके पर पूरी तरह स्पष्ट समझौते के तहत सीमित स्तर पर होना चाहिए। इसके लिए सीजफायर, सेना में कटौती, सीमांकन, विराम, दोबारा तैनाती और उसके सत्यापन जैसे जरूरी चरण आवश्यक हैं।

जनरल नानावटी के मुताबिक भारत–पाक विवाद के किसी भी शांतिपूण ा हल के लिए ये पहली और इकलौती शर्त है कि दोनों देशों की सेनाएं एक दूसरे को दुश्मन की नजर से देखना बंद करें।

औपचारिक तौर पर भी भारत और पाकितान ने सियाचिन मसले पर 1986 और 2012–13 के बीच कई दौर की बात की है। दो बार पास हो चुके प्रस्ताव में दोनों देश एक समझौते करीब पहुंचे लेकिन सैन्य सुरक्षा जरूरतों से ज्यादा राजनीतिक मसलों को देखते हुए किसी आखिरी नतीजे पर नहीं पहुंचा जा सका। जैसा कि जनरल राघवन एक दशक पहले कह चुके हैं कि... सैनिकों को हटाने की राह में सेना की जिद आड़े आ रही है ऐसा मानना गलत होगा, दस्तावेज बताते हैं सियाचिन से सेना हटाने को लेकर राजनीतिक मसले ही ज्यादा प्रभावी रहे हैं।

तब से अबतक कुछ ज्यादा नहीं बदला है।

जून 2012 में रावलपिंडी में हुई आखिरी दौर की दो दिनों तक चली बातचीत के साझा बयान से पता चलता है कि सियाचिन मसले पर कितनी धीमी रफ्तार से प्रगति हुई है। जिसमें कहा गया है:

- पाकिस्तान और भारत के बीच रक्षा सचिव स्तर की बातचीत रक्षा मंत्रालय, रावलपिंडी में 11–12 जून 2012 को हुई। पाकिस्तानी शिष्टमंडल की अगुवाई रक्षा सचिव सुश्री नरगिस सेठी और भारतीय शिष्टमंडल की अगुवाई भारत के रक्षा सचिव शशिकांत शर्मा ने किया।
- भारत के रक्षा सचिव, रक्षा मंत्री सैयद नावीद कमर के बुलावे पर आए थे।
- बातचीत बेहद दोस्ताना और सौहार्दपूर्ण वातावरण में हुई। दोनों पक्षों ने एक बार फिर से इस बात पर जोर दिया कि सियाचिन समस्या के मान्य हल के लिए गंभीर और भरोसे के प्रयास जारी रखे जाएंगे। इस बात पर सहमति थी कि सियाचिन पर दोनों देशों के नेता इससे जुड़े सारे मुद्दों पर जल्द से जल्द रास्ता निकालना चाहते हैं। दोनों पक्षों ने इस बात को माना कि 2003 से सीजफायर को जारी रखा गया है।
- इस बात पर सहमति बनी की सियाचिन पर अगले दौर की बातचीत की दिल्ली में होगी जिसकी तारीख कूटनीतिक चौनल के आपसी राय मशविरे से तय होगी।

देश का राजनीतिक नेतृत्व अभी तक सेना के स्टैंड के साथ खड़ा दिखा है बावजूद इसके कि प्रधानमंत्री मनमोहन सिंह ने सियाचिन को "शांति का पर्वत" बनाने की इच्छा जाहिर की थी। हालांकि बिना किसी मजबूत, पुख्ता और पक्की गारंटी के सियाचिन से अपना बना बनाया दबदबा खत्म करना अव्वल दर्जे की मूर्खता होगी। खासकर इस मुहिम में अभी तक अनगिनत जवानों की कुर्बानियों को देखते हुए, जो उन्होंने बीते तीन दशकों में दिए है सिर्फ इसके लिए कि सियाचिन में तिरंगा लहराता रहे।